Ullstein

Usedom, die zweitgrößte deutsche Ostseeinsel mit den berühmt- legendären Seebädern Ahlbeck, Bansin, Heringsdorf und Zinnowitz, ist reich an faszinierenden Kontrasten: die stillen Ufersäume der Boddengewässer, die kleinen Dörfer mit den weißgekalkten, rohrgedeckten Fischerhäusern, Laubwälder, lange Alleen und Wiesen, die klassische Bäderarchitektur – und dazu einer der schönsten Sandstrände der Ostsee. Eine Insel, in Vergangenheit und Gegenwart geschichts- und geschichtenträchtig, zudem ein Stück unserer Welt von einmaliger landschaftlicher Schönheit ...

Renate Seydel wurde 1935 in Schenkendorf, Niederlausitz, geboren, 1953–57 Studium der Germanistik an der Humboldt-Universität in Berlin. 1959–1992 Lektorin im Henschel-Verlag Berlin. Neben journalistischen Arbeiten Autorin von Bildbiographien über Asta Nielsen, Marlene Dietrich und Romy Schneider. Herausgeberin zahlreicher Schauspieler-Anthologien und eines Buches über Charlotte von Stein.

Im Ullstein Verlag erschienen von ihr das »Hiddensee-Lesebuch« und das »Rügen-Lesebuch«. Renate Seydel ist Inhaberin der Buchhandlung »Koralle« in Vitte auf der Insel Hiddensee. Sie lebt in Berlin-Pankow und auf Hiddensee.

Renate Seydel (Hrsg.)

Usedom

Ein Lesebuch

Ullstein

Ullstein Buchverlage GmbH,
Berlin
Taschenbuchnummer: 24425

Originalausgabe
April 1998

Herausgegeben von Renate Seydel

Umschlagentwurf:
Theodor Bayer-Eynck
Illustration:
Gemälde von Otto Niemeyer-Holstein:
Achterwasser Zempiner Ufer
© by Atelier Otto Niemeyer-Holstein, Lüttenort
Foto:
© by Bernd Lasdin, Neubrandenburg
Alle Rechte vorbehalten
© 1998 für diese Ausgabe by
Ullstein Buchverlage GmbH, Berlin
Satz und Reproduktionen: LVD GmbH, Berlin
Printed in Germany 1998
Druck und Bindung:
Ebner Ulm
ISBN 3 548 24425 4

Gedruckt auf alterungsbeständigem Papier mit chlorfrei gebleichtem Zellstoff

Die Deutsche Bibliothek – CIP-Einheitsaufnahme

Usedom : ein Lesebuch / Renate Seydel (Hrsg.). – Orig.-Ausg. –
Berlin : Ullstein, 1998
(Ullstein-Buch ; Nr. 24425)
ISBN 3-548-24425-4

Inhalt

Vorwort

Über acht Jahrhunderte der Geschichte und des Lebens der Bewohner der Insel Usedom umspannen die Texte und Bilddokumente, die in diesem Buch zusammengetragen sind. Sie reichen zurück in die Zeit der Christianisierung der pommerschen Gebiete in den ersten Jahrzehnten des 12. Jahrhunderts und führen den Leser bis in die Gegenwart hinein. In ihren Inhalten verbindet sich eine ursprüngliche, von Menschenhand fast unberührte Natur mit den unübersehbaren Formen modernen Daseins – eine Inselwelt öffnet sich dem Besucher, in der Vergangenheit und Alltäglichkeit zum Hier und Heute werden.

Das wechselvolle Schicksal der Inselbewohner findet seinen Niederschlag in den aufgenommenen Beiträgen in sehr unterschiedlicher Weise: Neben dem Chronisten, der sachlich die Zeitereignisse registriert, der über Sitten und Bräuche wie über Naturkatastrophen berichtet, tritt der schwärmerische Erzähler; neben die Welt der Sagen und Legenden sind die Dokumente der Historie gestellt; Gedichte spiegeln die von der einmaligen Natur ausgelösten Empfindungen wider, und schließlich geben Kochrezepte Auskünfte über die heimatliche Küche, Anzeigen und Annoncen verkünden die vielfältigen verführerischen Angebote, die den Badegast erwarteten.

Zum Markstein in der Geschichte der Insel Usedom wurde das Jahr 1128: Der Bamberger Bischof Otto II. setzte bei den einheimischen Herrschern die Annahme des christlichen Glaubens durch, der Verschmelzungsprozeß der wendischen Stämme mit den nun in das Land einwandernden germanischen Siedlern begann und prägte über längere Zeiträume das Leben in diesen Regionen. Mit den gegründeten Klosteranlagen und den Kirchenbauten wandelte sich das Erscheinungsbild der Landschaft, Zentren der Verwaltung und des Handels bildeten sich heraus – schon gegen Ende des 13. Jahrhunderts, 1298, wurde dem Ort Usedom lübisches Stadtrecht verliehen.

Das Wechselspiel der Geschichte nahm seinen Verlauf über die Jahrhunderte. Kriegswirren, Auseinandersetzungen zwischen den Herrschenden bedrohten immer wieder die karge und unsichere Existenz des einzelnen. Einige Texte sind ein beredtes Zeugnis dieser Bedrohung durch die finsteren Mächte der Gewalt und der Willkür.

Einen grundlegenden Einschnitt bedeutete der Beschluß des Landtages im Jahre 1534, im Herzogtum Pommern den reformierten Glauben anzunehmen. Der Dreißigjährige Krieg im nächsten Jahrhundert mit seinen glaubensmäßig motivierten Frontenbildungen ließ neben ungeheuren Verwüstungen in seinem Ergebnis die westlichen Gebiete Pommerns mit den Inseln Rügen und Usedom unter schwedische Oberhoheit geraten. Ihm folgte im 18. Jahrhundert der Nordische Krieg, in dessen Verlauf auf Befehl des russischen Zaren Peter I. die an der Flußmündung der Peene gelegene Hafenstadt Wolgast 1713 völlig niedergebrannt wurde – sie hatte noch vor der Stadt Usedom 1282 lübisches Stadtrecht erhalten und war Mitglied des mächtigen Hanse-Bundes geworden. Doch mit dem Ende des Krieges ergab sich für die Insel Usedom ein entscheidender geschichtlicher Wendepunkt: Sie wurde 1720 Brandenburg-Preußen zugeschlagen.

Damit setzte eine Phase staatlich gelenkten kontinuierlichen Aufschwungs ein. Swinemünde wurde mit großem materiellem Aufwand zu einem Seehafen ausgebaut, der eine ungestörte Verbindung zur Ostsee sicherte. Große Flächen des Insellandes wurden durch eine streng reglementierte Domänenwirtschaft für Ackerbau und Viehzucht erschlossen – neben der Fischerei ein wichtiger Erwerbszweig der einheimischen Bevölkerung. Deren natürliche Offenheit lobte Friedrich der Große in seinem Politischen Testament: »Verschmitztheit und Gerissenheit liegen ihnen nicht ... Die Pommern haben einen geraden und schlichten Sinn ... Nur mit diplomatischen Verhandlungen möchte ich sie nicht betrauen, weil ihr Freimut nicht für Geschäfte paßt.«

Die Napoleonischen Kriege bei Eintritt in das 19. Jahrhundert mit ihren verheerenden Auswirkungen auf ganz Europa, so auch auf die Ostseegebiete, unterbrachen diesen Prozeß. Aus den abgedruckten Briefen des in Wolgast geborenen Malers Philipp Otto Runge an die Eltern, an den Bruder und an Goethe kann man sich von den Schrecken dieser Tage ein Bild machen. Als nach Beendigung der Freiheitskriege durch die Friedensregelungen des Wiener Kongresses im Jahre 1815 ganz Schwedisch-Pommern mit der größten deutschen Insel Rügen an Preußen fiel, war ein neuer Grundstein gelegt auch für die Entwicklung Usedoms.

Wolgast, heute noch einer der zwei Verbindungswege zur Insel Usedom, erhielt nun, nicht mehr beengt durch fremdländische Interessen und ein behinderndes Zollwesen, eine zentrale Bedeutung für Handel und Wirtschaft. Ein Aufschwung für die ganze Region nahm seinen Anfang: Mit der Entwicklung des Bäderwesens an dieser einmaligen, herrlichen Ostseeküste schon in der ersten Jahrhunderthälfte entstanden günstige wirtschaftliche Voraussetzungen – in den schriftlichen Zeugnissen der nachfolgenden einhundertfünfzig Jahre kann man nachlesen, in welch steilem Höhenflug sich diese Entwicklung vollzog. Hatten Theodor Fontane und Wilhelm Meinhold die Ursprünge und zaghaften Anfänge beschrieben und von der Kraft gesprochen »die uns jede intimere Berührung mit der Natur zu geben pflegt«, so wuchs zusehends mit der Naturberührung das Bedürfnis nach gesellschaftlicher Repräsentation, die mit dem Besuch der sich zu voller Pracht entfaltenden Seebäder, dieser »Perlen an der Küste Usedoms«, verbunden war. Ins Leben gerufene Aktiengesellschaften sorgten für das notwendige Kapital für den immer aufwendigeren Ausbau dieser Bäderherrlichkeit, die auch den gehobensten Ansprüchen gerecht zu werden versuchte. Das »Kaiserbad« Heringsdorf stand im Zenit dieser Entwicklung.

Dennoch blieb genügend Raum für diejenigen, die fernab von dem geschäftigen Tun und Treiben in den berühmten Seebädern ihren besonderen Neigungen und Liebhabereien nachgehen wollten, die die Abgeschiedenheit suchten und sie in den kleineren Orten und verschwiegenen Flecken fanden. So ist es nicht verwunderlich, daß, begünstigt durch neue Verkehrsverbindungen, nahezu alle Schichten der bürgerlichen Gesellschaft auf Usedom ein Refugium fanden, was der Insel schließlich den Beinamen eintrug, »Die Badewanne Berlins« zu sein. Eine kenntnisreiche, zutreffende Beschreibung dieser Entwicklung gibt der in Bansin geborene Schriftsteller Hans Werner Richter, der sich auch in späteren Jahren immer wieder gern an seine Kindheit und Jugend erinnerte.

Drohende Anzeichen künftiger Katastrophen wurden in diesen Zeiten wirtschaftlichen Aufblühens und glanzvollen Lebensgenusses gewiß von den wenigsten wahrgenommen. Als 1872, geordert von der preußischen Admiralität, die »Preußen«, das erste deutsche Panzerschiff vom Stapel lief, war an die Stelle des friedlichen Schiffsbaus an der Ostseeküste schon zunehmend ein neuer Unternehmenszweig getreten: Die Wolgaster Werften wurden mit ihrem Bau von Kriegsschiffen – und zwar nach eigenen Plänen – zu den modernsten im Ostseeraum. Wohin, wenn auch nicht für jeden offenkundig, diese Entwicklung schließlich führte, zeigen die traurigen Überreste der Rüstungsanlagen von Peenemünde aus dem zweiten Weltkrieg sowie das dortige Museum. Der Text von Hermann Heinz Wille vermittelt ein erschütterndes Bild von dem Ausmaß der Tragödie, die sich vor der Jahrhundertmitte in dieser Inselregion abspielte.

Das gilt auch für die Erinnerungen des Malers Otto Niemeyer-Holstein – dessen zwischen Koserow und Zempin an der schmalsten Inselstelle gelegenes, im ursprünglichen Zustand erhaltenes Anwesen mit dem originellen Atelier »Tabu« für interessierte Besucher offensteht.

Über ein halbes Jahrhundert hat er, der Zugereiste, auf der Insel gelebt und gearbeitet, sie wurde zu seiner Heimat. Sein Grunderlebnis war die sich immer wiederholende Begegnung mit der Natur, die ihm stets neue Spannungen bescherte – wobei die allergrößte sein täglicher Spaziergang über den Deich zur Ostsee war.

Insbesondere seine Erinnerungen weisen dem Besucher von heute einen Weg zu den Schönheiten der Insel, zu dem Erleben ihrer Natur und ihrer Landschaft mit den Zeugen der Vergangenheit. Aber die Vielfalt der Möglichkeiten ist groß, die Unterschiedlichkeit der individuellen Reaktionen auf das Geschehene und Erlebte

16

nahezu unbegrenzt. Die jüngsten Texte am Schluß dieser Auswahl, vor allem vielleicht die Gedichte, sind Ausdruck der weitgespannten Möglichkeiten. Auch ihrer Auswahl liegt das Gesamtanliegen dieser Anthologie zugrunde, Anregungen zu geben für das Erleben der Inselwelt, wie sie heute von dem Besucher vorgefunden wird in der Verschmelzung von Vergangenem und Gegenwärtigem.

Renate Seydel

Insel
Usedom

Ostsee

Peenemünde
Karlshagen
Trassenheide
Mölschow
Zinnowitz
Bannemin
Zempin
Koserow
Lütten
Wolgaster Fähre
Krummin
STRECKELSBERG
Neuendorf
Kölpinsee
Krumminer Wiek
Loddin
Ziemitz
GNITZ
GÖRMITZ
Netzelkow
Lütow
Achter-wasser
Úckeritz
Pommersche Bucht
Warthe
LIEPER WINKEL
Liepe
Pudagla
Schmollen-see
Seebad Bansin
Dewichow
Balmer See
Sellin
Rankwitz
Balm
Neppermin
Morgenitz
Benz
Gothensee
Seebad Heringsdorf
Seebad Ahlbeck
Krienke
Mellenthin
Korswandt
Swinoujscie (Swinemünde)
Suckow
Katschow
Kachliner See
Wolgastsee
Kachlin
Zirchow
Peenestrom
Garz
Usedom
Kamminke
Gellenthin
Stolpe
POLEN
Zecherin
Usedomer See
Wilhelmshof
Mönchow
Stettiner Haff

Der Name Usedom

Eine Sage

Dieser Name ist auf folgende Weise entstanden: Vorzeiten lebte auf der Insel Wollin ein Fürst, der auch die benachbarte Insel, welche damals noch keinen Namen führte, gern unter seine Botmäßigkeit bringen wollte. Er fing deshalb Krieg mit ihren Bewohnern an, die sich aber tapfer wehrten. Zuletzt, des Streites müde, bot er ihnen den Frieden unter sehr billigen Bedingungen, und wie sie den nicht annehmen wollten, rief er aus: O, so dumm! um anzuzeigen, wie dumm er die Leute erachtete. Von der Zeit hießen die Bewohner der Insel zuerst die Osodummer und nachher die Usedomer.

Eine andere Sage berichtet hierüber folgendes: Zu alten Zeiten, als die Insel noch keinen Namen hatte, aber schon viel Volks darauf wohnte, dachten die Leute daran, daß sie ihrem Lande doch einen Namen geben müßten. Sie kamen deshalb alle an einem Ort zusammen und machten unter sich aus, daß nach dem ersten Worte, so einer von ihnen spräche, die Insel benannt werden sollte, indem sie des Dafürhaltens waren, auf solche Weise einen recht hübschen Namen zu erhalten. Wie sie aber so beisammen waren, da wollte keinem ein gutes Wort einfallen, und sie standen alle still und stumm. Darüber ärgerte sich ein alter Mann unter ihnen also, daß er sich vergaß und plötzlich ausrief: O so dumm! damit auszudrükken, wie dumm sie doch wären, daß keiner einen Namen finden könne. Also mußten sie nun selbst sich die Osodummer nennen, woraus nachher Usedomer geworden ist.

Fr. Reiche

Der Landtag zu Usedom

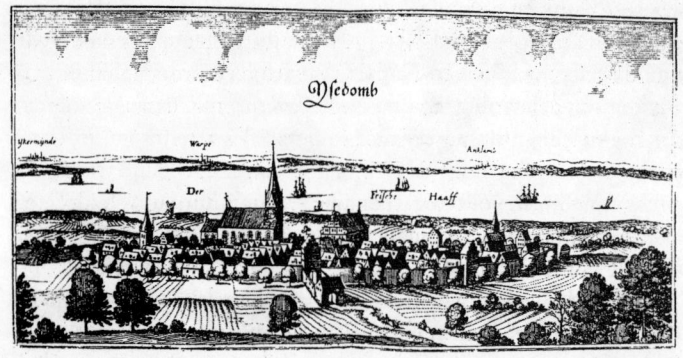

Usedom im 17. Jahrhundert

Usedom, auf der Westseite eines Sees gleichen Namens, ist eine uralte Stadt, die zu den Zeiten der Wenden ein festes Schloß, Wall und Graben hatte.

Im Jahre 1128, als der Bischof Otto von Bamberg zum zweitenmal nach Pommern gekommen war, berief der Herzog Wratislaw die Vornehmsten des Landes zu einem Landtage nach Usedom, damit die Annahme des Christentums durch Einwilligung der Landschaft desto schnelleren Fortgang gewinnen möchte. Außer dem Bischof Otto erschienen hier der Graf von Gützkow, Mitzlaff, zwei edle Leutizier Mirograf und Barth, alle Barone, Hauptleute der Provinzen und Vorsteher der vorzüglichsten Städte. Der Fürst ermahnte sie in einer rührenden Rede, das Christentum anzunehmen, und fand, nachdem die heidnischen Priester mit dem Bischofe Otto über die Wahrheiten der Religion eine Unterredung gehalten hatten, die zum Vorteil des Bischofs ausschlug, überall geneigtes Gehör. Alle Großen, welche noch nicht bekehrt waren, ließen sich taufen, oder, wenn sie schon getauft und wieder abgefallen waren, von dem Bischofe durch Auflegung der Hände mit der Kirche wieder aussöhnen. Von hier aus verteilte Otto seine Gehilfen in die benachbarten Städte, und das Christentum faßte in Pommern feste Wurzel.

Die Nachricht von dem in Usedom gefaßten allgemeinen Beschlusse der pommerschen Stände, das Christentum anzunehmen, hatte im Lande ganz entgegengesetzte Wirkungen hervorgebracht; Freude bei denen, welche dem Christentume gewogen waren, und Bestürzung bei den Anhängern des Heidentums. Besonders sahen die heidnischen Priester dem Ende ihrer Herrschaft und ihres guten und bequemen Lebens mit Schrecken entgegen. Mancherlei Mittel wurden angewandt, Erscheinungen, Träume, Wunder und andere Schreckbilder erdichtet, um den Pöbel in Furcht zu setzen und vor der Annahme des Christentums zurückzuschrecken.

In Wolgast erregte vornehmlich ein heidnischer Priester große Bewegungen, der sich in einem Walde verkleidet versteckte, sich für den Hauptgott ausgab und schreckliche Drohungen verkündigte, wenn die Einwohner den fremden Gott annehmen würden. Dadurch bewirkte er den allgemeinen Beschluß, dem Bischof Otto und jedem andern Christen den Eingang in die Stadt zu versagen oder sie zu töten; dieselbe Strafe sollte auch denjenigen treffen, der sie heimlich in sein Haus aufnehmen würde.

Der Bischof Otto, welcher nach dem Landtage noch in Usedom beim Fürsten geblieben war, um alles, was zur Befestigung des Christentums in Pommern dienlich sein könnte, mit ihm zu verabreden, schickte nach dem Beispiele Christi immer zwei und zwei seiner Gefährten in die andern Städte, um dem Volke die Bekehrung der Vornehmsten und die Ankunft des Bischofs zu verkündigen. Zwei von diesen Priestern, Dedalrich und Albuin, kamen nach Wolgast, kehrten in das Haus eines fürstlichen Amtmannes ein, der eben abwesend war, und wurden von seiner Frau gastfreundlich aufgenommen. Als sie ihr sich entdeckt und die Absicht ihrer Ankunft bekanntgemacht hatten, erschrak die Frau über die

Bischof Otto von Bamberg

Gefahr, in der sie sich befanden, verbarg sie drei Tage oben in ihrem Hause und betrog den Pöbel, welcher vergeblich ihr Haus durchsuchte; denn sie hatte die Pferde und ihr Gepäck außerhalb der Stadt in Sicherheit bringen lassen. Jetzt kam der Herzog Wratislaw, welcher von dem Beschlusse der Wolgaster Nachricht erhalten hatte, mit zahlreicher Mannschaft und ansehnlicher Begleitung in die Stadt, führte den Bischof selbst hinein und verbot bei Lebensstrafe, Otto und die Seinigen auf irgendeine Art zu beleidigen. Mit unermüdetem Eifer begann der Bischof seinen Unterricht und ging nicht eher von dannen, als bis die Einwohner das Christentum angenommen hatten und die Götzentempel zerstört waren.

THOMAS KANTZOW

Das Volk ist gutherzig

Das Folck ist mehr guthertzigk wan freuntlich und mehr simpel wan klug, nicht leichtsynnigk, auch nicht sehr frolich, sonder etwas ernster und schwermutig. Sunst aber ists ein aufgericht, trewe, verschwigen Folck, das die Lügen und Schmeichelwort hasset, pittet gern Geste und gehet widder zu Gaste und thut einander nach irer Art und Vermegen gern gutlich.

Landmädchen bei der Heuernte, um 1830

WILHELM MEINHOLD

Allgemeine Bemerkungen über die Insel Usedom und ihre Bewohner

Die Insel Usedom, im Norden von der Peene, im Süden von der Swine, im Osten von der Ostsee und im Westen von dem Haff gebildet, früher Herzoglich Pommersches, darauf Königl. Schwedisches und seit länger als 100 Jahren Königl. Preußisches Besitztum, enthält auf 7¾ Quadratmeilen, 15 807 Einwohner, wovon 10 813 auf das flache Land, die übrigen auf die beiden Städte Usedom und Swinemünde kommen.

Die ganze, 7 Meilen lange Ostküste der Insel ist, wie schon bemerkt wurde, mit Wald bedeckt, vorzugsweise aber mit Kiefern; es

Torfstecher

zeigt sich bereits ein fühlbarer Mangel an Eichen- und Buchen-holz. Deshalb werden die Torfmoore auch fast schon überall be-nutzt, besonders das im Mittelpunkt der Insel gelegene Turbruch, welches eine kleine Pampasebene bildet und 6500 Morgen an Flä-cheninhalt begreift. Bis zu den sechziger Jahren des vorigen Jahr-hunderts bestand es aus einem mit Wald, Buschwerk und manns-hohen Bolten (Schilf) bedecktem Sumpf, welcher durch den verdienten Brenkenhof trocken gelegt wurde. Doch hielten diese Vorkehrungen nur bis zum Jahre 1817 an, wo der Staatsminister von Bülow abermals einen Entwässerungskanal mit einem Ko-stenaufwande von 5800 Thlr. bei dem Dorfe Gothen ziehen ließ, wodurch zugleich die schönsten Wiesen entstanden, an welchen überhaupt die Insel sehr reich ist.

Die Ernährungsquelle der Einwohner besteht in Ackerbau und Fischerei. Bestellt der Bauer auch sein Feld noch zum Teil nach dem alten Schlendrian, so werden die Königl. Domänen und Rit-tergüter *(gegründet, als die Insel nach dem Nordischen Krieg 1700–1720 preußisch wurde, auf Befehl Friedrichs II.)* doch größ-tenteils vortrefflich bewirtschaftet, und die Güter Ziemitz, Crum-min, Wilhelmshof usw. dürfen als Muster der landwirtschaftli-chen Kultur in unserer Gegend aufgestellt werden.

Die Seefischerei, welche sich fast nur auf den Heringsfang be-schränkt, und jährlich gegen 6000 Tonnen Ertrages liefert, könnte jedoch eine größere Ausdehnung gewinnen, und sich namentlich auf den Lachs- und Seehundsfang erstrecken, wenn die niedere Volksmasse teils nicht zu arm, teils nicht zu träge wäre, um die er-forderlichen Gerätschaften sich anzuschaffen.

Dies führt mich auf den Charakter derselben, und da möchte ich denn behaupten, daß das hiesige Volk zwar sehr arbeitsam aus-dauernd, dienstfertig und im allgemeinen ehrlich und aufrichtig, aber auch gleichgültig gegen jede geistige Erhebung, phantasielos und oft in einem unglaublichen Grade phlegmatisch ist.

Sobald aber der hiesige Bauer die Lampe seines Geistes mit etwas Schnaps angefeuchtet hat, wird er gleich aufgeweckter und gesprä-chiger. Doch zeugt er sich diesen Labetrank in der Regel nur auf seinen Stadtreisen oder auf Hochzeiten und Kindtaufen, ohne sich

Männer und Frauen gehen in selbstgewebten Kleidern

jetzt darin unmäßig zu übernehmen. Ein kleiner »Haarbeutel« *(etwa dem heutigen »Flachmann« ähnlich)* genügt ihm und Fälle von Trunkenheit sind sehr selten in den wirklichen und angesessenen Bauerfamilien.

Ebenso sehr wissen sich diese auf den meisten Punkten der Insel von dem einbrechenden Luxus fern zu halten, und ihre Frauen und Töchter gehen zu ihrem Ruhme noch immer in den selbstgewebten Kleidern (denn in deren Anfertigung sind, wie die Lieperwinklerinnen hier, fast alle Weiber geübt) und in den schlichten und bescheidenen Mützen; dagegen die Modesucht weit mehr unter den Tagelöhnerfamilien eingerissen ist, deren Töchter und Weiber des Sonntags zum Teil schon mit großen Umschlagtüchern, Spitzenhauben und seidenen Kleidern einherstolzieren, weshalb denn die bitterste Armut und alle daraus hervorgehenden Sünden die Folgen dieses Luxus sind. Möchten daher alle unsere Prediger unverrückt mit mir auch dahin ihr Augenmerk richten, daß sie dem Einbruche dieses gefährlichen Luxus steuerten und öffentlich wie privatim das Festhalten der Bauern an der guten alten Weise ihrer Vorfahren gebührend hervorhöben und belobten!

Pommersche Taufgebräuche

Wurde in Pommern ein Kind geboren, ging der Vater hinaus in den Garten und pflanzte einen Baum, der wie das Neugeborene kräftig wachsen und gedeihen sollte. Für einen Jungen wählte man einen Apfelbaum, für ein Mädchen einen Birnenbaum, für ein Zwillingspärchen einen Kirschbaum. Die Türen im Haus wurden geöffnet, damit die Seele des Kindes zu seinem Körper finden könne.

Während des Geburtsvorganges waren Fenster und Türen jedoch verschlossen, sogar die Schlüssellöcher wurden verstopft, damit keine bösen Geister sich dem Wochenbette nähern konnten. Der jungen Mutter war es dann jedoch vorbehalten, das Zeichen des Kreuzes auf die Stirn des neugeborenen Kindes zu zeichnen oder es ein wenig mit Wasser zu besprengen. Damit wehrte man die Dämonen und Hexen ab, die danach dem Kinde nichts mehr anhaben konnten.

Den ersten Kirchgang der Wöchnerin nannte man Aussegnung. Auf der Türschwelle mußte sie über eine Axt oder einen Besen schreiten, denn vor Metall und Reisern fürchteten sich die bösen Geister. Zur Taufe gingen oft Vater und Mutter nicht mit in die Kirche, sondern nur die Paten. Diese wurden vorher von der Hebamme oder der Großmutter des Kindes eingeladen. Meistens wurden die Tanten und Onkel des Kindes dazu ausgewählt. Bei einem Jungen waren dies zwei Männer und eine Frau, bei einem Mädchen zwei Frauen und ein Mann.

Unter den Paten sollte möglichst ein junges Mädchen sein, das zum ersten Mal dieses ehrenvolle Amt versah und dann »Jungfer-Pate« genannt wurde. Sie durfte das Kind zur Taufe in die Kirche und ins Elternhaus zurücktragen. Ging die Jungfer-Pate mit dem Kind schnell, so glaubte man, würde das Kind schnell laufen lernen.

Die Kindtaufen fanden meistens im Anschluß an den sonntäglichen Gottesdienst statt. Meistens blieb jedoch die ganze Gemeinde bei der Zeremonie dabei, so daß sie wie ein Teil des Hauptgottesdienstes wirkte.

Gleich nach der Taufe schoben die Paten unter das Kissen, auf dem der Täufling lag, ihr Patengeschenk. In früherer Zeit waren dies zwei Taler. Sie legte man in einen kästchenartigen Briefumschlag und schrieb einen Spruch dazu:

> *Großer Gott von großen Taten,*
> *laß dies Kindlein wohlgeraten!*
> *Dieses liebe Töchterlein laß dir, Gott,*
> *   befohlen sein!*
> *Wie im Alter so in der Jugend*
> *zier es mit Gottesfurcht und Tugend!*
> *Laß dies seine schönste Zierde sein,*
> *schmück es mit den Gaben dein!*

Bei manchem Hoferben legte man noch eine Münze extra hinzu, damit ihm das Geld später nicht ausgehen könne, oder einige Brotbrocken, damit er stets zu essen oder Pferdehaare, damit er Glück im Umgang mit Pferden habe. Bei Mädchen tat man einige Körner von Leinsamen hinein, damit sie mit dem Flachs Glück hätten und später gut spinnen und weben könnten, auch wohl einige Federn, damit ihnen das Federvieh gut geriete, oder einige Nähnadeln, damit sie gut schneidern lernen würden. Im vorigen Jahrhundert bestand das Festmahl zur Taufe aus dicker Hirse mit Fischen, diese wurden in Bier braun gekocht. Dann gab es aber auch Braten mit Backpflaumen, sogar Wein wurde angeboten. Nach einer »Vertell-Pause« wurde Kaffee ausgeschenkt und Kuchen angeboten. Zum Abend ging man bereits nach Hause, weil ja das Vieh auf den Höfen versorgt werden mußte.

Die Paten blieben dem Kind sein Leben lang treu verbunden und dankten ihm für seine gute christliche Lebensführung, indem sie ihm bis zur Einsegnung an jedem Heiligabend ein wertvolles Geschenk zudachten.

WILHELM MEINHOLD

Hochzeitsfeierlichkeiten auf Usedom

Besondere Sitten und Gebräuche hat das Volk auf Usedom nicht. Doch dürften die Hochzeitsfeierlichkeiten eine Ausnahme machen und hier noch einige Erwähnung verdienen. Zu diesem Feste wird von einem sogenannten Brautdiener, dessen Würde ein, auf die Schulter gestecktes seidenes Tuch bezeichnet, auf einem Pferde eingeladen, dem Kopf und Schwanz mit Bändern und Knittergold geschmückt sind. Er reitet bei jedermann geradezu in die Stube und beginnt alsdann, sich räuspernd und emporrichtend sein Gebet, wie er es nennt, das ist eine, halb in Versen und halb in Prosa verfaßte Einladung, die überall dieselbe ist und mit gefalteten Händen und in höchstmöglichst monotoner Weise von ihm hergeleiert wird. Das Ende lautet: »Und hab' ich meine Bitte nicht besser angebracht, so werden Sie es desto besser verstehen und sich desto fleißiger einfinden.«

Am Hochzeitstage stellt sich die Braut zeitig bei ihrer Frau Pastorin ein, wo sie geputzt wird, d. h. wo ihr ein Kränzlein von dem Umfange eines Teekessels auf den Kopf gesetzt und eine unzählige Menge von Zeugblumen ringsumher aufgepackt wird, so daß von den Haaren wenig mehr zu sehen bleibt, als zwei lange jedoch ungeflochtene Stränge, welche auf ihrer Schulter hängen und an den Spitzen mit einem roten Bändchen versehen sind. Den Nacken bis über das Kreuz flattern seidene vielfarbige Bänder hinab, den Busen schmückt ein Strauß von Zeugblumen, und die verunstaltete, arme Dirne kömmt sich niemals schöner vor, als in diesem Putz, den sie deshalb auch schon ganz so acht Tage vorher, bei ihrer Abendmahlsfeier sich anlegen läßt und die Genugtuung hat, daß alsdann nicht bloß alle alten Weiber, die sie sehen, in Verwunderung geraten und in die Hände schlagen, sondern daß sich um ihretwillen auch zahlreichere Kirchengänger wie sonst einfinden.

Kömmt nun der Tag der Hochzeit heran, so setzt sich, dafern dieselbe nicht im Pfarrdorfe selbst stattfindet, der Brautzug gegen 10 Uhr an Ort und Stelle in Bewegung. Der Bräutigam besteigt das blanke Roß des einladenden Brautdieners, schmückt sich die Schultern mit einer braunen Karbatsche, und zahlreiche Reiter besteigen mit ihm ihre Gäuler, die Weiber desgleichen rudelweise die langgespannten Strohwagen, und vorwärts geht's, daß der Wind saust und so sehr die Pferde laufen können, der Musikantenwagen vorauf. Plötzlich aber hält dieser an und bläst Tusch, worauf denn alle übrigen halten und mit Vergnügen dies Signal zum allgemeinen Schnapstrinken befolgen. Darauf geht es im donnernden Galopp weiter bis wieder angehalten, Tusch geblasen und das Vergnügen erneuert wird. So mehrere Male, bis man auf den Pfarrhof sprengt, wo der Tusch auf's Neue beginnt. Je schauderhaft-entsetzlicher die Disharmonie ist, je fürchterlicher die Klarinetten die Trompeten überschreien, desto lieber ist dem Bauern die Musik, und je besser die Musikanten, desto schlechter sind sie nach seinem Geschmack.

Nach der Trauung geht es auf dieselbe Weise zurück, nur daß der Brautdiener voraufsprengt, ein Brot aus dem Hochzeitshause holt, und dies der Braut auf der Dorfscheide darreicht, woraus dann sie, der Bräutigam wie mehrere Anwesende ein Stück mit den Zähnen herausbeißen, eine Sitte, die auch bei den Kassuben gebräuchlich ist. Die nun folgende Hochzeitstafel, welche der etwa anwesende Prediger oder Schullehrer mit Gebet eröffnet, besteht bei den Bauern von echtem Schrot und Korn ein für alle Mal aus folgenden überall gleichen Gerichten: Grütt (Grütze), die hier mit Löffeln; im Lieperwinkel jedoch, wo es noch zeremoniöser hergeht, mit Messern gegessen wird, Fisch; dat gele Eten (Gelbsauer), dat schwarte Eten (Schwarzsauer). Braten kömmt außerordentlich selten und nur bei Tagelöhnern nach der oben beschriebenen Art oder bei Handwerkern vor, welche ihre Bräute in der Regel auch schon modern putzen lassen, und statt des Brautdieners per Karte einladen. Bei Tische wartet der Hochzeitsvater auf, und die Hochzeitsmutter betreibt die Geschäfte in der Küche. Nach aufgehobener Tafel, welche in der Regel mit dem Gesange eines geistlichen Liederverses geschlossen wird, tritt der Brautdiener mit den Musikanten herein und hält vor der noch hinter dem Tische sitzenden Braut eine, dem größten Teile nach, gereimte Anrede, die von Zeit zu Zeit von den schmetternden Blasinstrumenten unterbrochen wird. Unter andern heißt es darin:

»Jungfer Braut, sie hat nicht begraben eine Leiche, sondern sie hat bekommen einen Mann, darum wollen wir uns lustig stellen an: Die Sporen sind geschürt, die Stiefel geschmiert, Jungfer Braut sie sei gebeten, jetzt mit mir zum Tanz zu treten«, wo es denn Pflicht der Braut ist, über den Tisch und sämtliche Gerichte fortzusteigen, und die erste Menuette mit dem Brautdiener zu tanzen.

Die Tafel wird sodann an den meisten Orten abgedeckt; nur bei dem Lieperwinkler steht sie den ganzen Tag, und jeder, er sei Fremder oder Bekannter, setzt sich wieder ohne Umstände daran, sowie er Lust zum Essen verspürt. Das nun folgende Tanzvergnügen zeigt recht die unverwüstliche Kraft unsers Volksstammes. Man will Beispiele wissen, daß junge Leute drei, ja vier Tage hindurch ununterbrochen und ohne einen Augenblick Schlaf zu genießen, getanzt haben.

Dree Dag', dree lustige Dag'

Ein plattdeutsches Volkslied, das früher einmal von Landarbeitern, Mägden und Knechten gesungen wurde. Ursprünglich stammt das Lied aus Mecklenburg.

1. Dree Dag', dree Dag', dree lustige Dag',
   nachher denn kümmt de ewige Plag':
   denn fehlt dat an Grütt,
   denn fehlt dat an Mehl,
   un so 'ne Ort Dag'
   kam'n ümmer un väl.

2. Dree Dag', dree Dag', dree lustige Dag',
   nachher denn kümmt de ewige Plag':
   denn fehlt dat an Grütt,
   denn fehlt dat an Mehl,
   denn fehlt dat an dit
   un an dat un an väl.

3. Dree Dag, dree Dag', dree lustige Dag',
   nachher denn kümmt de ewige Plag':
   denn fehlt dat an Grütt,
   denn fehlt dat an Mehl,
   denn schriegen de Kinner:
   »Uns hungert so väl!«

BRIGITTE METZ

Kirchen auf Usedom

Die Insel Usedom bietet dem Auge viele Bilder – Bilder der Landschaft, der Dörfer, der Menschen. Auch die Kirchen und ihre Friedhöfe gehören dazu. Einst gebaut als Mittelpunkt des Dorfes, sind sie Teil der Landschaft geworden.

Jedes Bild hat seine besonderen Reize für den, der sich Zeit nimmt hinzuschauen. Wer freut sich nicht, wenn der Turm der Usedomer Marienkirche und die Kirchen auf dem Berge in Zirchow, Heringsdorf oder Zinnowitz ihn schon von weitem grüßen? Die Schiffer früherer Zeiten haben sich an den Kirchen des Ufers orientiert.

Die Dörfer mit ihren Gotteshäusern und Friedhöfen sind Bilder des früheren Geschehens, des einst gelebten und bewährten Lebens. Sie erzählen von vergangenen Generationen, von Leiden und Freuden, von Bewährung und Versagen, aber auch von Vertrauen und Glauben.

*Die kirchliche Entwicklung auf Usedom nach der
Reformation 1534*

Der Dreißigjährige Krieg brachte viel Leid und Elend über Usedom. Dörfer waren verwüstet und menschenleer, Kirchen ausgeraubt und mehr oder weniger stark beschädigt.

Gustav Adolf von Schweden landete 1630 bei Peenemünde auf pommerschem Boden und wurde als Retter der Evangelischen begrüßt. Aber auch er forderte Verpflegung und Sold für seine Soldaten, und nach seinem Tode raubten und plünderten die Schweden genauso wie die Kaiserlichen.

Eine Bestandsaufnahme des Amtes Pudagla von 1644 zeigte das ungeheuere Ausmaß der Verwüstung und Verelendung. Von Görke und Bossin hieß es: »Die Heußer sind meistens alle verfallen, 1 wust Haus stehet noch.« In Prätenow waren von neun Bauern sieben »in Grund ruiniert und verwüstet«. Zecherin zeigte sich völlig »desoliert« und menschenleer. Der Mönchower Pastor mußte sich in Zecherin »ufhalten«, weil sein Pfarrhaus »zugrunde gefallen« war. Einige Dörfer sind seit dieser Zeit von der Landkarte verschwunden.

Als eine Folge des Eingreifens Gustav Adolfs von Schweden in die Auseinandersetzungen im deutschen Reich wurde das Herzogtum Pommern beim Friedensschluß 1648 geteilt. Brandenburg erhielt den östlichen Teil, der größere westliche Teil kam zu Schweden.

Auch die Insel Usedom wurde 1648 rechtlich schwedisch. In den folgenden Jahrzehnten zogen immer wieder Kriegsheere verschiedener Nationen durch das Land. Doch die Menschen ließen sich nicht entmutigen, sondern bauten Zerstörtes wieder auf. In fast allen Gemeinden mußte Altargerät »vorbessert« oder neu angeschafft werden, auch Leuchter, Taufschalen, Opferteller und vor allem Glocken. Ohne die Liebe einzelner Gemeindemitglieder zu ihrer Kirche und ohne ihre Opferbereitschaft wäre das nicht möglich gewesen.

1720 wurde die Insel Usedom preußisch. Friedrich Wilhelm I. von Brandenburg-Preußen hatte das Land bis zur Peene der schwedischen Krone abgekauft. Das Gebiet nördlich der Peene und die Insel Rügen blieben noch nahezu 100 Jahre länger schwedisch. Jetzt begann ein strengeres, preußisches Regiment.

Die Vorliebe des preußischen Staates für eine exakte Verwaltung zeigte sich in den ständig verlangten Statistiken sowie im regelmäßigen Überprüfen der Rechnungslegungen und der Kirchenbücher, welche vielfach erst 1720 angelegt wurden. Bei den Statistiken sind besonders die »Schulkataloge« aufschlußreich. Es nimmt nicht wunder, daß manch braver Insulaner noch Mitte des vergangenen Jahrhunderts nur mit drei Kreuzen unterschreiben konnte. Waren doch Ende des 18. Jahrhunderts nicht alle »Schulmeister«, zu denen auch invalide Soldaten gehörten, des Schreibens kundig. Die Pastoren mußten die königlichen »Patente« (Erlasse und Verordnungen) von der Kanzel verlesen. Beim Nichtbeachten von Vor-

Kirchenbau im Mittelalter

schriften wurden sie »von staatswegen« reglementiert oder mußten gar eine Geldbuße entrichten. Eine Kuriosität sind die immer wieder geforderten Tabellen über Maulbeerbaumplantagen und Seidenraupenzucht, da sich beides im Usedomer Klima nicht realisieren ließ. Um so besser gedieh der ebenfalls verordnete »Tartoffelanbau«.

Manchmal mag der Blick eines Insulaners sehnsüchtig über die Peene geschweift sein, wo die schwedischen Landesuntertanen, die »Ausländer« von Lassan und Wolgast, wohnten.

Bis in das 18. Jahrhundert hinein war eine Sitte der Alters- und Witwenversorgung der Pastoren in Pommern weit verbreitet. Da das Einkommen eines Pastors in der Hauptsache aus landwirtschaftlichen Erträgen bestand, die er selber erwirtschaften mußte, so brauchte ein junger Pastor landwirtschaftliches Inventar und Saatgut, wenn er eine Pfarrstelle übernahm. Im allgemeinen verfügte er aber über kein Kapital. Da es keine geregelte Altersversorgung gab, half man sich, indem man den jungen Pastor unter den Töchtern seines Vorgängers wählen ließ. Er blieb schuldenfrei, und der alte Pastor und seine Familie waren versorgt. Verstarb der Ortspfarrer, so konnte sein Nachfolger unter Umständen sogar zwischen der Witwe und einer der Töchter wählen. »Konservierung der Pfarren« wurde dieser Brauch genannt.

Auch auf Usedom kann man feststellen. daß Großmutter, Mutter und Tochter nacheinander Pfarrfrauen in einundderselben Pfarre waren. Ähnliches läßt sich auch bei Küsterfamilien beobachten.

Kirche in Benz

Bis in das 19. Jahrhundert hinein gab es auf Usedom nur die Kirchen des Mittelalters. Es wurde zwar immer wieder restauriert oder auch erweitert, aber zu neuen Kirchgründungen bestand – abgesehen von Swinemünde – keine Notwendigkeit. Im 19. Jahrhundert änderte sich dann die Lage. Langsam, aber stetig nahm der Badebetrieb zu, zunächst nur in Swinemünde, später auch in den bisherigen Fischerdörfern. Aus armen Dorfgemeinden wurden wohlhabende, ja reiche Badeorte, je nach Finanzkraft der Badegäste.

Der Schwerpunkt der Insel, der über viele Jahrhunderte hinweg im südlichen Teil gelegen hatte, verlagerte sich mehr und mehr an die Ostseeküste. Dort gab es seit dem Mittelalter nur die Koserower Kirche, gleichzeitig Kirche am Achterwasser.

Mit einer Kirche in Heringsdorf begann 1848 die Reihe der Neubauten, die kurz vor dem zweiten Weltkrieg ihren Abschluß fand. Aber auch »Hinterlandskirchen« wurden grundlegend restauriert oder im neugotischen Stil aus- und umgebaut.

Entwurf für die Kirche in Heringsdorf von Persius

Besondere Baufreudigkeit herrschte in den Jahren von 1881 bis 1895. In dieser Zeit entstanden die Zinnowitzer sowie die Ahlbekker Kirche im neugotischen Stil. Auch die Stadtkirchen von Swinemünde und Usedom wurden in diesem Stil umgebaut. Ebenso ließ man viele Pfarrhäuser im preußischen roten Backsteinstil errichten. Nur die Kirchen in Karlshagen, Bansin und die Luther-Kirche in Swinemünde sind in unserem Jahrhundert entstanden.

Der erste Weltkrieg brachte den Gemeinden den Verlust vieler alter und neuer Glocken. Im zweiten Weltkrieg wurden noch umfangreichere Abgaben gefordert. Viele mit Mühen und erheblichen Opfern angeschaffte Dinge mußten abgeliefert werden: Orgelpfeifen, Leuchter, Kannen, Schalen und auch wieder viele Glocken, darunter sehr alte Glocken, die ihres Wertes wegen im ersten Weltkrieg noch verschont wurden. Dazu kamen die unmittelbaren Bomben- und Kriegszerstörungen, von denen Karlshagen und Swinemünde besonders betroffen waren.

Nach 1945 mußten große Mühen aufgewandt werden, um wenigstens die Bausubstanz der Kirchen zu sichern. Nur ganz langsam konnte an größere Renovierungen gedacht werden. Wichtig war die Reparatur der Dächer, um Nässeeinbrüche zu verhindern. Viele Gemeinden schafften sich neue Glocken an, Orgeln wurden wieder spielbar gemacht. So manche Renovierung war auch ein bewußtes Neugestalten. In Zempin, Ückeritz und Neppermin wurden primitive Bauten zu kleinen Gemeindehäusern umgestaltet. War wieder etwas geschafft worden, so war es allemal ein Festtag für die Gemeinde. Erst in späteren Jahren gab es hier und da finanzielle Unterstützung von der staatlichen Denkmalpflege.

Seit dem Usedomer Landtag 1128 und seit den ersten Kirchgründungen auf der Insel sind Jahrhunderte ins Land gegangen. Die Geschichte der Kirchen auf Usedom zeigt aber, daß sich die Gemeinden aller Jahrhunderte trotz Schwierigkeiten und Rückschlägen immer wieder bemüht haben, Altes zu bewahren und gleichzeitig den Aufgaben ihres Tages gerecht zu werden. Sie haben versucht, Gemeinde Jesu Christi in ihrer Zeit zu sein.

JOHANNES MICRAELIUS

Pommersche Fische und Seehunde

Der Hering lässet sich gar häufig zu Greifswald, Barth, Rügen und Usedom und in Hinter-Pommern im Frühling fangen und wird von etlichen, ob er wohl so fett und gut nicht ist wie der norwegische, eingesalzen. Vor diesem ist der Heringsfang viel häufiger am Pommerschen Strande und in Rügen gefangen, als anjetzo. Aber wie aller Dinge Veränderung vorläuft, also hat dieser Segen sich auch von diesen Landen merklich weggewandt. Auch werden Muränen in diesem Lande gefunden, zwar nicht in der Oder noch im Frischen Haff, sondern in etlichen Seen.

Sonst findet man noch viele andere Fische am Meerstrande, als den Seehund, den die Pommern Saalhund nennen. Er ist von scharfen Zähnen, beisset wie ein Hund, hat weiße Haar, Vorderfüße wie

Riesenstör von fast 3 Meter Länge

ein ander Hund, aber hinten breite Füße wie eine Gans: Wirft die Jungen wie andere Tier: Ist meistenteils im Wasser. Wenn es aber gut Wetter ist, so legt er sich entweder auf große Steine im Wasser oder an den Strand in die Sonne und verwettert sich. Man hat bisweilen, an solchen Orten, da sie gute Lage haben, über 400 oder 500 Stücke gesehen. Kommt man aber mit Schiffen an sie, so schießen sie ins Wasser, kommen doch bald wieder herauf und spielen um das Schiff her, hören gerne, wenn einer mit dem Maule pfeift. Werden sie aber geschossen, können sie nicht unter dem Wasser bleiben und werden von den Hunden, die drauf gerichtet sein, zu Lande geholet. Doch fahet man sie auch mit Netzen. Ihr Fleisch kocht man wie Wildbret.

*

Hal mi den Saalhund

Ein altes Fischerlied von der Ostseeküste. Es wurde auf den Inseln Rügen, Hiddensee und Usedom gesungen.

Entstanden zu der Zeit, als der Seehund noch als Räuber galt, der die ohnehin harte Arbeit der Fischer durch das Zerstören der Netze, die am Strand auslagen, noch erschwerte. Dadurch bedrohte er damals tatsächlich die Existenz der Fischer.

Hal mi den Saalhund

1. Hal mi den Saalhund
   ut'n Stranne
   to Lanne!
   He hett mi all de Fisch upfräten,
   hett mi 't ganze Nett terräten.
   Hal mi den Saalhund
   ut 'n Stranne
   to Lanne.

2. He hett dat ganze Nett terräten,
   he will uns jo all upfräten.

3. Wi will'n uns hüüt den Rööwer langen,
   will'n uns hüüt den Saalhund fangen.

4. Un dat würd' de Ollsch gewohr
   un dat ut 't Bett herut.
   Hans, de dacht, de Düüwel kem,
   dat sehg' ok meist so ut.

5. De Ollsch, dee kem woll vör de Dör
   mit 'n groten Schacht.
   Hans, dee kreeg' weck up dat Ledder,
   dat dat ollich kracht.

6. Hans, dee leep den Hoff henlang,
   ut den Durweg ruut.
   Sien Büx, dee bleew up 'n Tuun behangen,
   un dat sehg' putzig ut.

Die Pommern – gute Soldaten, aber keine Diplomaten

Aus dem Politischen Testament von 1768

Die Pommern haben einen geraden und schlichten Sinn. Unter den Untertanen aller Provinzen eignen sie sich am besten für den Kriegsdienst wie für alle anderen Ämter. Nur mit diplomatischen Verhandlungen möchte ich sie nicht betrauen, weil ihr Freimut nicht für Geschäfte paßt, bei denen man der Schlauheit mit Schläue begegnen muß ...

Die Pommern sind von natürlicher Offenheit. Sie wären nicht ohne Geist, wenn sie auf einer höheren Bildungsstufe ständen. Verschmitztheit und Gerissenheit liegt ihnen nicht. Der gemeine Mann ist mißtrauisch und dickköpfig, auch wohl selbstsüchtig, aber weder grausam noch heftig, und die Sitten sind sanft, so daß auch hier keine Strenge am Platz ist. Die Pommern sind gute Offiziere, ausgezeichnete Soldaten, manchmal auch gute Finanzbeamte, aber Diplomaten lassen sich nie aus ihnen machen.

Friedrich der Große, um 1781, Gemälde von Anton Graff

JOHANN BERNOULLI

Ich habe ihre Wohnungen gesehen …

Meine Reisen durch Brandenburg, Pommern, Preußen, Curland,
Rußland und Polen, in den Jahren 1777 und 1778

Die geborenen pommerischen Untertanen sollen zur Trägheit geneigt sein, wozu, wie bei vielen anderen Nationen, die Seltenheit
ihrer Bedürfnisse etwas beitragen mag; denn sie brauchen wenig
bares Geld und verfertigen selbst, nur etwas langsam, beinahe alles, was sie vonnöten haben. Zu ihrer Kleidung schaffen sie sich,
die Hüte und Schuhe ausgenommen, gar nichts für Geld an. Ein jeder Bauer, wobei ich die Weiber allemal mit verstehe, ist sein eigener Woll- und Leineweber und hat seinen Weberstuhl, daher auch
eine große Menge Leinwand jährlich auf die Jahrmärkte der Städte
in dieser Gegend kommt, aus deren Verkauf die Landleute das nö-
tige Geld zu den Abgaben und den übrigen geringen Bedürfnissen
einlösen. Dabei sind sie geschickte Färber und besitzen, wie die
von den petersburgischen Naturforschern und von Taube beschriebenen Völker, die Kunst, aus gewissen, auf ihren Feldern wachsen-
den Pflanzen recht schöne Farben zu ziehen, unter welchen sich
vorzüglich die rote sehr gut ausnimmt.

Es ist mir gesagt worden, daß sie dazu die Wurzel eines gewissen
Krautes, das sie Kochenille nennen, gebrauchen, vielleicht sind es
eher die kleinen Würmer, deren ich bei dem Gollenberge gesehen
habe und die ebenfalls Kochenille genannt werden. [Nopalschild-
laus] Zum Braunfärben nehmen sie Eichen- und Erlenrinde, und
zum Gelben bedienen sie sich der Birkenrinde.

Um sich aber die Mühe des Färbens zu ihrer alltäglichen Kleidung zu ersparen, haben sie, so viel sie können, schwarze Schafe,
deren Wolle sie mit der weißen vermischen, und auf diese Weise
gräuliche Kleider erhalten. Dieses ist die Ursache, warum man ihnen
erlaubt, schwarze Schafe zu ziehen, denn übrigens wird von der Regierung sehr darauf gesehen, daß, so viel als möglich, nur weiße

Schafe gezogen werden, und man wird in der herrschaftlichen Herde nur wenige schwarze bemerken.

Ich habe ihre Wohnungen gesehen. Die Bauernhäuser sind wie größtenteils in den nordischen Ländern ohne Schornsteine, so daß man bei dem Eintritt die Wände, die Balken, die Decke, kurz alles, mit einem dicken glänzenden Ruße überzogen sieht, und der Rauch, wenn eben das Feuer auf dem Herde oder in dem Ofen brennt, fällt

In der Bauernküche spielte sich meist das ganze Familienleben ab

jedem, der diese Atmosphäre nicht gewohnt ist, sehr unangenehm auf. Die südlichen Bewohner von Europa müssen aber nicht glauben, als schwebten die Landleute beständig in diesem Dunst- oder Rauchkreise; sie haben allhier wenigstens noch ein und meist zwei von dem ganzen Raume abgesonderte Zimmer, in welchen sie leidlich vor dem Rauche gesichert wohnen; hier haben sie ihren Ofen wie auch neben demselben für die gewöhnliche alltägliche Küche einen kleinen Feuerherd, und der Rauch gehet nach dem schwarzen Vorsaale, welcher aber allerdings den größten Teil des ganzen Raumes einnimmt. In diesem lassen sie das meiste ihres Mundvorrates geflissentlich in dem Rauche; sie finden, daß sich das Brot länger halte, ohne schimmlig zu werden, und es ist bekannt, wie überhaupt die nordischen Völker viel auf geräucherte Speisen halten.

Ich bin ein Schweizer, ich genieße nicht überflüssig vom Könige, ich erwarte nichts und werde auch niemals um mehr bitten, sondern allein aus wahrer Überzeugung nenne ich diesen einzigen Monarchen, Friedrich den Wohltätigen, mit eben der Begeisterung, als ganz Europa ihn aus mannigfaltiger anderer Rücksicht mit Recht Friedrich den Großen nennt.

Wir setzten nach Wolgast über

Zöllner am 30. Juli 1795 aus Wolgast an seine Frau

Es war gestern fast Mitternacht, als wir das Ufer der Peene erreichten. Die Anstalten zum Übersetzen nach Wolgast waren nicht sonderlich, und da wir endlich noch mit Mühe und Not das Schwedisch-Pommerische Gebiet erreicht hatten, mußten wir uns begnügen, für unsere Person mit dem unentbehrlichsten Nachtzeuge in die Stadt eingelassen zu werden. Unser Wagen, von dem wir bei den seltsamen Vorkehrungen der Fährleute gefürchtet hatten, daß wir ihn nicht anders als stückweise ans Ufer bekommen würden, blieb unter freiem Himmel der Aufsicht eines unbekannten Wächters überlassen. Es war in der Tat ein armseliger Einzug, den wir im Dunkel der Nacht durch die einsamen Gassen hielten!

Die ganze Insel Usedom trägt, so wie Wollin, allenthalben die unverkennbarsten Spuren, daß ihre jetzige Oberfläche durch die See gebildet worden ist. Hohe Sanddünen durchschneiden sie in allerlei Richtungen. Nach dem Meere zu sind diese Hügel durchaus nackt, höchstens ist hie und da eine Strecke mit Strandhafer bedeckt. An mehreren Orten ragen große Granitgeschiebe aus dem Kiessande hervor. Wo die Abhänge der Dünen Vertiefungen bilden, folglich die Vegetation nicht durch die beständigen Winde so sehr gestört wird, da hat sich eine fruchtbare Dammerde gesammelt. In noch niedrigeren Tälern sind Moräste und Wiesengrund entstanden, und in den tiefsten Gründen haben sich aus dem Zusammenflusse des Wassers Seen gebildet. Schöne Wälder von Eichen, Buchen und Fichten vermehren ab und zu die Mannigfaltigkeit des Anblicks. Wildes Geißblatt, das eben in der schönsten Blüte stand, duftete uns an mehreren Stellen Wohlgeruch zu. Hinter Pudagla sahen wir eine so ansehnliche Fläche mit Schwalbenwurz (Asclepias vincetoxicum) bedeckt, daß alle pommerischen Apotheken von dort mit diesen Wurzeln versorgt werden könnten; wenn sich Hände fänden, die sie sammeln wollten. Aber hier sind alle Hände mit Schiffen und Fischen beschäftigt. Selbst der wenige Ackerbau wird größtenteils von Frauenspersonen betrieben. Einmal über das andere begegnete uns ein Zug von Weibern und Mädchen zu Pferde, die von den Feldern zurückkamen.

Die Stadt Wolgast ist bei weitem nicht so schön gebaut, als man es erwarten sollte, wenn man weiß, daß sie mehr als einmal abgebrannt ist. Aber das letztere Unglück, welches sie durch die Einäscherung und Plünderung von den Russen im Jahr 1713 erfuhr, war zu hart, als daß sie sehr verschönert hätte aus ihrer Asche hervorgehen können. Die meisten Gebäude sind von Holz. Die massiv erbauten dienen zum Beweise, daß es den Einwohnern nicht an Geschmack in der Baukunst fehlt; und die vielen Bäume vor den Türen geben den räumlichen Straßen ein freundliches Ansehn. Überhaupt liebt man hier das Grüne. In den Putzzimmern, selbst in unserem Wirtshause, fanden wir ringsum an den Wänden kleingepflückte Wacholderästchen gestreut.

Ansicht von Wolgast. Merianstich aus dem Jahre 1780

INGEBORG LOHFINK

So lebendig ist keinem andern die ganze Welt

Auf den Spuren Philipp Otto Runges in Wolgast

Das Haus Kronwieckstraße 45. Hier wurde am 23. Juli 1777 Philipp Otto Runge, der hervorragende Maler der deutschen Frühromantik, als Sohn des Schiffsreeders und Getreidehändlers Daniel Nicolaus Runge geboren. Er war das neunte von elf Kindern. Im Taufregister von 1777 der Wolgaster Kirche St. Petri ist Philipp Otto Runge unter Nummer 55 genannt und als dem zweiten Stand zugehörig. Dem ersten Stand hatten Großkaufleute angehört und dem dritten die Matrosen und Fischer. Die Geschwister Runges waren Kaufleute und Landwirte.

Die Fassade des Geburtshauses ist großzügig und klar, sicher nicht frei von freundlichen Zutaten des 19. Jahrhunderts, aber un-

Das Geburtshaus des Malers Philipp Otto Runge in Wolgast, Kronwieckstraße 45

ter dem Dach an der Giebelseite sind noch heute die Luken zu den Speicherräumen sichtbar. Der helle Fassadenanstrich überdeckt dicke Mauern aus Feld- und Backsteinen. Der schlichte niedrige Fachwerk-Anbau mit der Toreinfahrt war Stallung und Kutscherstube. – Innen hat das Haus eine große Diele, steile Treppen führen in das obere Stockwerk und auf die beiden Böden. Auf dem oberen Boden ist noch die hölzerne Winde mit dem dicken Tau erhalten, an dem einst die Waren in die Speicherräume gehievt wurden. Der Blick aus einer Bodenluke zeigt das Hausgärtchen auf der Stadtmauer des ehemaligen Oberwalls, die dichtgedrängten Giebel der Altstadt mit dem stumpfen Turm von St. Petri, den Hafen und die Weite des Wassers. Nicht mehr die Segelschiffe bestimmen wie einst das Bild – die Wolgaster Vollschiffe, Barken, Briggs und Schoner waren berühmt für ihre imposante Takelung –, sondern Fischerboote, Lastkräne, Reichsbahnwaggons und Autos. Getreide wird auch jetzt noch im Hafen umgeschlagen, und der große Kornspeicher, der vor mehr als zweihundert Jahren auf »99 Eichenpfählen« errichtet wurde, ist mit der modernsten Technik ausgerüstet.

In die Wolgaster Landschaft hinein malte Runge im Sommer 1806 seine Eltern und sein Söhnchen Otto Sigismund und einen kleinen Neffen, den Sohn seines Bruders Jacob. Im Mittelpunkt des Bildes ist die Familie, repräsentiert durch ihre ältesten und jüngsten Mitglieder. Fast scheint es Idylle, aber die aufrechte Haltung des Vaters zeugt von einem Bürgertum, das in jener Zeit hart arbeitend und aufstrebend war. Das Menschenwerk, Haus und Zaun, ist nur Beiwerk. Dagegen sind Himmel, Blumen und Blätter in liebevoller Sorgfalt ausgeführt. Blumen, hier in harmonischer Einheit mit den Kindern, waren für Runge Zeugen des Paradieses.

An die Schwester Christine schreibt Runge 1798: »... es ist erstaunlich schön, ein Künstler zu sein, so lebendig ist keinem andern Menschen die ganze Welt, und ich bin doch erst im ersten Anfange; welche Seligkeit liegt mir in der Zukunft!« Und an den Vater schreibt Runge am 31. Mai 1805: »Ich danke Gott, daß er mir den Blick durch die Natur in seine grundlose Liebe geöffnet und daß Sie so gütig mich alles haben überstehen lassen.«

Runge studiert, nachdem er die kaufmännische Lehre bei Bruder

Daniel in Hamburg abgeschlossen hat, zunächst in Kopenhagen, dann in Dresden. 1804 heiratet er die geliebte Pauline Bassenge und übersiedelt wiederum nach Hamburg. Die Familie hatte Verständnis und finanzielle Unterstützung für den Künstler und seine Ambitionen. Der 27jährige nimmt noch einmal ein Studium bei dem Porträtmaler Eich in Altona auf. Runge hatte u. a. Kontakt zu Goethe, zu Achim von Arnim und Clemens Brentano, zu Kosegarten, dem Buchhändler und Verleger Ludwig Perthes und dem Musiker Ludwig Berger. Beeinflußt wurde er in seinem Denken und in seiner Theorie von Kant, Schiller und Herder, aber auch in starkem Maße von Jacob Böhme. Einen nachhaltigen Eindruck übten auf ihn Tieck und dessen Roman »Sternbalds Wanderungen« aus. Beim Entwurf eines Kartenspiels gibt Runge dem Herzbuben die Züge des Patrioten von Schill, und er malt 1809 »Fall des Vaterlandes« und »Not des Vaterlandes« für die Zeitschrift »Vaterländisches Museum«.

1806/07 malte er in Wolgast für die von Kosegarten in Vitt auf Rügen eingerichtete Fischerkapelle »Petrus auf dem Meer«. Von Goethe wurde Runge »unter den Gleichzeitigen als Gleichgesinnter« bezeichnet. Beide Künstler sind in ihrer Vielseitigkeit durchaus vergleichbar, ihr gemeinsames Arbeitsgebiet war die Farbenlehre. 1810 erschien bei Perthes Runges theoretische Schrift »Farbenkugel«.

Runge schwebte eine Vereinigung aller Künste vor: von Farben und Tönen, gesprochenen Worten und geometrischen Gesetzen. Die harmonische künstlerische Ausgestaltung von Räumen war ihm hohes Ziel. Er plante immer wieder die Kooperation verschiedener Maler. Meisterhafte Scherenschnitte hat er sein Leben lang in großer Zahl angefertigt und freigebig verschenkt. Diese volkstümliche Kunst hatte er bereits im Elternhaus erlernt. Er schrieb in plattdeutscher Mundart die Volksmärchen »Von dem Machandelboom« und »Von dem Fischer und syne Fru«.

Das kaufmännische Leben hat Runge zeitlebens nicht ganz losgelassen, nie war ihm ein reiner Musentempel beschieden, und allzuoft mag in seine Gedanken und Pläne das Knarren der hölzernen Winden auf den Speichern hineingeklungen haben. Als dem Geschäft des Bruders Daniel 1806 Bankrott droht, springt der Maler mit in die Bresche, und Bruder Daniel wiederum sollte es sein, der dann das künstlerische Werk Philipp Otto Runges sammelte und bewahrte, nachdem dieser am 2. Dezember 1810, erst 33 Jahre alt, an Tuberkulose gestorben war, einen Tag vor der Geburt seines vierten Kindes. Runge hat all seine Werke als »Entwürfe und Pläne« aufgefaßt, die er »mit hinübernehmen mußte ins Ewige«.

An der Burgstraße 7 in Wolgast erinnert eine Gedenktafel daran, daß Runge hier zeitweilig bei seinem Bruder Jacob gewohnt hat. Für den Tanzsaal im ersten Stock dieses Hauses wurde als Entwurf eines Wandschmuckes das Ölbild »Triumph des Amor« 1801/02 geschaffen. In der Kirche St. Petri ist eine Ausstellung über den gläubigen Christen und großen Sohn Wolgasts zu sehen. Das Heimatmuseum, das in einem der ältesten Häuser der Stadt, Karl-Liebknecht-Platz 6, untergebracht ist und wegen seiner Form von den Wolgastern »die Kaffeemühle« genannt wird, bewahrt ein reichhaltiges Material über Werk und Umwelt Runges auf. Und eine schöne stille Straße in der Südstadt trägt den Namen Runges und erinnert mit einem Gedenkstein an den Künstler.

PHILIPP OTTO RUNGE

Es ist erstaunlich schön, ein Künstler zu sein

Was nützt die glühende Natur
vor Deinen Augen Dir?
Was nützt Dir das Gebildete
der Kunst rings um Dich her?
Wenn liebevolle Schöpfungskraft
nicht Deine Seele füllt
und in den Fingerspitzen Dir
nicht wieder bildend wird.

An den Vater in Wolgast

Hamburg, den 24. August 1798

Lieber Vater, ich danke Ihnen von ganzem Herzen für Ihre gütige Einwilligung, daß ich mich auf die Malerei legen darf. Ich halte es jetzt für meine Pflicht, Ihnen selbst wenigstens das zu sagen, wie es um mich steht, was jetzt mein Beginnen sein wird und wie ich die Zeit benutze. Es hat mir von jeher auf dem Herzen gelegen, mich einst als Künstler zu ernähren und als solcher zu leben, aber ich hatte kein bestimmtes Bewußtsein davon, was ich werden wollte, da ich von nichts genauere Kenntnis hatte. Wie es jetzt gekommen ist, daß ich auf die Malerei verfallen bin, davon kann ich nichts anderes sagen als: sie ist mir nun das Liebste, und ich kenne nichts Besseres als sie. Ob ich mich nun dadurch allein künftig ernähren kann, weiß ich nicht; ich glaube es nicht, und so ist denn der Handel mit Gemälden und Kunstwerken das, was einst das gutmachen muß, was die Kunst zu wenig tut. Für diesen Augenblick muß aber mein einziges Bestreben sein, ein Maler zu werden, wozu mich jetzt auch meine Natur einzig und allein antreibt, da auch der Plan mit dem Handel doch nur erst in die Zukunft geht und ich nun die Gegenwart benutzen muß, weil auch aus dem Handel nichts Rechtes werden kann, wenn ich nicht wenigstens soviel Namen habe, daß mein Urteil Gewicht gibt. Dies ist nun zwar noch ein großes Feld, aber ich bin doch nicht einen Augenblick verzagt. In allem, was ich getrieben habe, das nicht zur Kunst gehörte, habe ich keine Fortschritte gemacht, nur in der Kunst bin ich fortgegangen, ohne es selbst zu wissen. Ich meine, wenn man das ergreift, wozu einen die Natur treibt, so tut man seine Pflicht, und es heißt das mit dem Pfunde wuchern, das uns Gott gegeben hat. Es würde doch als Kaufmann nie etwas anders als ein Stümper aus mir geworden sein, und wenn ich auch irdisches Glück erreicht hätte, würde das Bewußtsein, es nicht verdient zu haben, mich immer haben beunruhigen müssen. Nun würde es zwar töricht sein, wenn ich Ihnen versprechen wollte, ein großer Maler zu werden; ich kann nicht in die Zukunft sehen und glaube, man kann auch da ebensowenig über sich selbst urteilen als über andre; allein ich glaube mich bisher wenigstens so weit beobachtet zu haben, daß ich unverzagt auf dem Wege fortgehen darf, den ich mir einmal gewählt, und daß doch nichts anderes als ein Maler aus mir wird, es mag auch kommen, wie es will. –

Mein erstes Bestreben wird also sein, die Gegenstände um mich und aus mir immer natürlicher darzustellen, und wenn mir Gott meine Liebe zur Kunst so lebendig erhält, wie sie jetzt in mir lebt und mit jedem Tag lebendiger in mir wird, so hoffe ich nie Not zu leiden. Daß ich je meine Kunst zu etwas Lasterhaftem gebrauchen sollte, dafür mag mich Gott bewahren, und solange Ihr und meiner lieben Mutter Gedächtnis in mir bleibt, würde ich davor zittern, und das wird ewig nicht aus meinem Herzen schwinden.

Ich habe neulich einen Brief von dem alten Albrecht Dürer gelesen, der jedem jungen Künstler die Bibel als einen unerschöpflichen Brunnen für die Kunst anempfiehlt, und worin er wohl sehr recht hat.

Philipp Otto Runge: Die Eltern, Gemälde, 1806

An die Mutter in Wolgast

Hamburg, den 1. Januar 1799

Es fehlt mir auch nichts als Sie und alle zu Hause. Wieviel ich an Sie denke, kann ich Ihnen nicht sagen; es ist doch nirgends so wie zu Hause, und was ich habe, habe ich doch nur von Ihnen; Ihnen danke ich alles, und es ist mein innigster Wunsch, daß aus allem, was ich hervorbringe, dieses einmal zu sehen wäre, so gehörte Ihnen denn alles an, und ich hätte diesen Strom zu seiner lieblichen Quelle zurückgeleitet. – Maria meint, daß ich mich zu sehr anstrenge, das hat keine Not, und ich wollte, ich könnte mich etwas mehr anstrengen, es könnte gar nicht schaden, es ist das einzige, warum ich mich hier wegwünsche, denn die Leute hier sind mir zu lieb geworden, und man bleibt dadurch öfter ein Stündchen über die Gebühr bei ihnen. Die Kälte hat mich sehr gehindert; auch wollte ich jetzt nach Gips zeichnen, habe aber kein Licht dazu. Inzwischen, man tut dann auch nicht immer am mehrsten, wenn es so scheint, sondern wenn man die größten Fortschritte in sich macht, und die kann man nicht so aus dem Stegreif machen, oder wenn man will. Wie es damit eigentlich beschaffen ist, kann ich noch gar nicht recht einsehen und traue dem lieben Gott ein Großes zu, daß er das Beste dazu tut.

An Goethe in Weimar

Dresden, den 23. August 1801

Lieber Herr von Goethe! Sie glauben gar nicht, wieviel ich Ihnen schon schuldig bin, und nun werde ich es noch weit mehr werden. Ich hätte es mir nicht getraut, Ihnen diese Zeichnung zu schicken, wenn Herr Hartmann mir nicht zugeredet hätte.

Meine Vaterstadt ist Wolgast in Schwedisch-Pommern, mein Vater ist Kaufmann, der vorzüglich viel Schiffe baut. Dadurch, daß ich fast sieben Jahre nacheinander krank war (von mein elftes bis in mein achtzehntes), wurde ich von der Schule abgehalten und hatte unterdes lauter schöne Sachen gemacht, vorzüglich im Papierausschnitzen, zu drechseln und am Ende gar in Holz zu schneiden.

Selbstbildnis von Philipp Otto Runge für Goethe, 1806

Weil ich aber keinen Begriff von etwas Bessers hatte, als was ich selbst machen konnte, so reizte mich die Sache so sehr nicht, daß ich nicht bei meinem Bruder in Hamburg aufs Comptoir hätte gehen solln. Hier kriegte ich aber mit einmal eine Sammlung von schönen Gemälden, die auf dem Börsensaal verauktioniert werden sollten, zu sehen, und nun wachten alle meine alten Sachen wieder auf. Ich hatte keine Zeit, um Zeichenstunde zu nehmen, und legte mich in den freien Augenblicken wieder aufs Papierschnitzen, worin ich es zuletzt zu einer großen Vollkommenheit brachte, so daß ich keck meinen Meister suche. Ich versuchte sogar, die bekannten und auffallenden Leute an der Börse zu Hause darzustellen, die mir zuletzt auch so glückten, daß sie sich selbst zum Ärger wieder darin erkannten. Am meisten trieb ich aber die Landschaft. –

Ich werde mich einige Jahre hier aufhalten, und da mein Vater mich solange noch ganz unterhält, so werde ich auch ebendiese Zeit soviel wie möglich benützen. Für meinen Lebensunterhalt ist mir [am] Ende gar nicht bange: am Ende bin ich doch immer noch ein Kaufmann und weiß mich zu schicken. Verzeihen Sie, wenn ich Ihnen mit vielem Schnack aufgehalten habe, der nicht zur Sache gehört. Sie müssen so gut sein und sich das heraussuchen, was dazu gehört. Wenn ich diesmal zu wenig geliefert habe, so werde ich sehn, es künftig immer besser zu machen.

Seien Sie so gütig, die Zeichnung an den Buchhändler C. F. E. Richter in Leipzig zu retournieren. Mit der vollkommensten Hochachtung

Ihr gehorsamster Ph. Otto Runge

An Karl Runge in Mecklenburg

Dresden, den 4. April 1803

Mein liebster Karl! Mit Deinem Brief zugleich erhielt ich einen von Daniel, er schreibt mir, daß Vater und Mutter anfangen zu kränkeln und das Stinchen recht krank ist, das macht mir ordentlich angst und bange …

Ich habe mich entschlossen, den Sommer noch heftig fleißig zu sein, vielleicht komme ich dann mit Pauline zu Euch, das ist das allerbeste, und wenn Du dann was tun willst, so holst Du uns von Berlin ab.

Grüße alle, für die Spickgänse danke ich über Maßen, ich werde von Empfindungen meiner Brust Euch auch was zukommen lassen, wenn sie erst in Papier gebracht sind. Ich habe jetzt erschrecklich viel zu tun, auch immerzu was und bringe doch nicht viel vom Halse, denn das schlimmste; die Zeit liegt mir die acht Tage noch aufm Halse, so schwer, daß ich fast in die Knie sinke.

Adieu, Du Lieber, und schreibe mir bald was Gutes, wenn Du kannst; ich habe Dir auch lange nichts geschrieben, aber nun wird's auf meiner Seite genug geben. Ich kann aus Dir noch nicht recht klug werden, bis Du mir mehr schreibst.

Grüße die Kinder, aber die Lieder laß noch niemand anders kriegen, weil ich sie von Tieck bloß als Manuskript habe.

Grüße unsre Schwester und in Brunn allerinnigst, ich freue mich unbekannterweise über den Jungen, sie sollten sich bessern und mir schreiben.

Dein Otto

An Friedrich Christoph Perthes in Hamburg

Wolgast, den 30. August 1803

Wir sind die vorige Woche alle nach der Oie, einer Insel in der Ostsee, gewesen. Da ist es ungefähr, was die äußere Form des Eilandes betrifft, wie der Königstein, nur daß man lauter Wasser sieht und die Festungswerke fehlen, auch der Brunnen nicht da ist …

An Charles Frédéric Bassenge in Dresden

Hamburg, den 15. Oktober 1805

Liebster Vater, gestern war unser lieben Eltern aus Wolgast ihr 43jähriger Hochzeitstag, so etwas ist immer eine Freude, die man nicht besonders laut machen kann, und ich habe bald die Aussicht Ihres Hochzeitstages wieder vor mir, der uns nicht minder von Herzen beschäftigen wird. Gott erhalte Sie gesund und fröhlich. Sie schreiben nichts davon, ich hoffe indes doch, daß Sie die Papiere, die Sie hiergelassen hatten und die wir Ihnen nachschickten, werden erhalten haben. Wir sind hier alle recht gesund und munter und hoffen, will's Gott, auf gute Nachrichten fürs Vaterland. In

Wolgast kommen sie wohl von Einquartierung frei, und wir zweifeln nicht, daß das Ländchen auch bald diese Last los wird, die ihnen doch auf die Länge etwas sehr drücken möchte; es sind gegen 20 000 Mann Russen und ca. 7000 Schweden, man ist indes mit der Aufführung der Leute sehr zufrieden. Ich bin neugierig, was der Vater heut abend schreiben wird, zwei von seinen Schiffen sind mit unter den Transportschiffen. –

Ich habe jetzt soviel wie möglich rein Haus gemacht und alle Bilder fortgeschickt, so daß ich nun wieder neue machen muß. Morgen fange ich bei Hülsenbecks Kinder an zu malen. Wir sind hier sehr begierig auf die nächsten Begebenheiten aus Deutschland, es ist eine furchtbare Zeit, die Unverschämtheit der Franzosen wächst so ungeheuer, daß es unmöglich scheint, daß den Mächten, die neutral bleiben wollen, nicht die Augen aufgehen sollten. Gott gebe es, daß durch eine reelle Gesinnung in der Koalition dem grenzenlosen Elend, welches die Franzosen über die Welt bringen würden, ein Ziel gesetzt wird und jeder einzelne in seinem Herzen, wie billig, empört fühlen möchte gegen die Niederträchtigkeit dieser Tendenz.

Ich glaube nicht, daß irgend jemand, der ein fühlendes Herz hat, unberührt bei dem großen Zeitpunkt bleiben kann, in dem wir uns befinden, und daß jeder sein Teil zum Besserwerden insoferne auch beiträgt, wenn er Tag und Nacht nur sich darnach sehnt, das Gute zu erkennen und für sich kräftig und rechtschaffen zu wirken, soweit sein Wirkungskreis geht.

Grüßen Sie alle unsere Lieben und gedenken Sie unser.

Ihr getreuer

Phil. Otto Runge

An Goethe in Weimar

Hamburg, den 26. April 1806

Die gütige Aufnahme, welche Sie mir bei meinem kurzen Aufenthalt in Weimar gewährten, läßt mich hoffen, daß Sie es nicht unbescheiden finden werden, wenn ich suche, mich durch beifolgende vier Blätter auf einige Zeit in Ihrer Erinnerung zurückzurufen. Ich hatte mir dieses schon seit einiger Zeit vorgenommen, bin aber durch

Reisen und dergleichen davon abgehalten, und da ich jetzt mit Frau und Kind von hier für diesen Sommer abreise, so läßt mich die Unruhe und wenige Zeit auch nicht zu, Ihnen das zu sagen, womit ich diesen geringen Beweis meiner herzlichen Zuneigung zu Ihnen begleiten möchte, und ich hebe mir dieses auf, wann ich in Wolgast in Schwedisch-Pommern (wohin ich reise) werde zur Ruhe sein. Die Art meines Studiums die Zeit her, daß ich die Ehre hatte, Sie zu sehen, war von der Art und meine Arbeiten so sehr Versuche, daß sie sich nicht dazu paßten, sie zu Ihrer Ausstellung zu senden. Doch wird es mein erstes Bestreben sein, wenn ich hier wieder angekommen sein werde, Ihnen das Beste mitzuteilen, was ich gefunden und geleistet habe; auch werde ich mich von jetzt an sehr bemühen, zu arbeiten und fertig auszuführen. –

Eine besondere Arbeit hab ich von dem Ossian vorgenommen, welche Ihnen, sobald sie so weit gediehen sind, Ihnen mitgeteilt werden sollen. Wenn Sie die Güte haben wollten, mir zu schreiben, so ist meine Adresse in Wolgast in Schwedisch-Pommern.

Verzeihen Sie meine Eile; ich bin mit der größten Hochachtung Ihr aufrichtiger

Phil. Otto Runge

An Goethe in Weimar

Wolgast, den 3. Juli 1806

Nach einer kleinen Wanderung, die ich durch unsre anmutige Insel Rügen gemacht hatte, wo der stille Ernst des Meeres von den freundlichen Halbinseln und Tälern, Hügeln und Felsen auf mannigfaltige Art unterbrochen wird, fand ich zu dem freundlichen Willkommen der Meinigen auch noch Ihren werten Brief, und es ist eine große Beruhigung für mich, meinen herzlichen Wunsch in Erfüllung gehen zu sehen, daß meine Arbeiten doch auf irgendeine Art ansprechen möchten. Ich empfinde es sehr, wie Sie ein Bestreben, was auch außer der Richtung, die Sie der Kunst wünschen, liegt, würdigen; und es würde ebenso albern sein, Ihnen meine Ursachen, warum ich so arbeite, zu sagen, als wenn ich bereden wollte, es wäre die rechte.

Scherenschnitte: Nelke, Johannisbeere, »Sommertag«

Ihr übriges Begehren von einigen Blumen und der Silhouette werde ich, sobald ich Zeit haben werde, zu befriedigen suchen, wie es mir immer ein Vergnügen sein wird, Ihnen gefällig zu sein.

Meinen herzlichen Gruß bitte ich an Herrn Regierungsrat Voigt und seine Frau zu machen und empfehle mich Ihrer Freundschaft ergebenst.

Phil. Otto Runge

Wolgast, den 8. Juli 1806

Dein lieber Brief ist eigentlich nicht zu beantworten, aber leicht ist es, Dir wieder zu schreiben. Ich freue mich auf ein fröhliches Wiederbeisammensein mit Dir, hoffe auch noch hier für mich und die andern manches Gute zu beginnen. Es ist mir eine recht innigliche Freude gewesen, wie Mutter sich an den kleinen Enkeln von ihrer schweren Krankheit erholt hat, und daß Siegmund ihre Aufmerksamkeit so sehr auf sich gezogen, hat gewiß viel zu ihrer Besserung beigetragen. Nun ist sie recht sehr wohl, und ich bin, als ich von Rügen zurückkam, darüber erstaunt. Auch finden wir alle so viele Beschäftigung ineinander, daß die Gedanken an alle ihre Kinder sie gesund machen müssen. –

Auf Rügen habe ich es sehr hübsch gefunden. Es ist so, daß man es immer alles übersehen kann, und eine sonderbare Empfindung, wenn man die Landkarte so in Lebensgröße zu sehen bekommt und so hübsch ausgeführt; es ist doch ein gar anmutiges Ländchen, und Ihr müßt notwendig einmal hin.

Wir Drei, Gemälde 1805. Philipp Otto Runge mit seiner
Ehefrau Pauline, geb. Bassenge, und seinem Bruder Daniel

An Daniel Runge in Hamburg

Wolgast, den 22. August 1806

Perthes und Besser bitte ich, mich doch nicht für entfernt zu halten, und zu glauben, daß ich von Herzen unter Euch bin. – Ich wünsche Dir und uns allen Glück zu den Schritten, die Du zu einer Umformung Deines Verhältnisses tust, und wünsche Dir ferner, daß sie rasch und bestimmt getan sein mögen. Mit dem, was Du über mich im Sinn hast, bin ich immer zufrieden. Mein Vorsatz ist bestimmt, diesen Winter daran zu gehen, um von den »Tageszeiten« etwas zu malen und so fleißig zu sein wie möglich; und ich glaube, daß es die erste Sorge sein muß, zu suchen, das, was man halb erlangt hat, aus allen Kräften ganz sein eigen zu machen. Wenn die Argen Besitz nehmen in ihrer Art, so müssen wir es in der unsrigen tun, und was die Enkel sagen werden, darauf kommt es nicht so sehr an, als daß wir das Lebendige in jedweder Form und Gestalt für sie zu retten suchen, da der Tod so sehr um sich frißt. Ich sehne mich mit Dir herzlich darnach, daß wir wieder beisammenkommen. Wir haben gedacht, frühestens anfangs Oktobers zu Euch zu reisen, und früher wird's wahrscheinlich auch nicht werden können, denn ich habe noch ein gut Stück Arbeit vor mir.

An Daniel Runge in Hamburg

Wolgast, den 1. November 1806

Liebster D.! Es geht hier unerhört zu, und Du wirst Dir unsern Zustand sehr leicht deutlicher vorstellen können, wenn ich Dir sage, daß die Bagage von der ganzen preußischen Armee bei Auerstedt hier ist, zum Teil auch schon hinübergesetzt nach Usedom, wo sie nun, da die Franzosen durch Stettin vorgedrungen und bei Ückermünde über die Oder gegangen sind, doch denselben in die Hände fallen wird. Hier ist fast kein Brot zu haben; die Pferde fressen den Dr ... von den Straßen, und das beste Reitpferd mit bestem Sattel und Zeug ist für ein paar Taler zu kaufen; es sind über tausend Wagen und dreitausend Menschen und doppelt soviel Pferde hier; das ganze Wolgaster Feld, die Stadt, Vorstadt und Schloßplatz, alles hält voll. Sie machen sich Feuer von den Wagen, und alles hat zum Fähren über die Peene dienen müssen; ich und Jakob haben den ganzen Tag auf Flößen und Stettiner Kähnen kommandiert.

Von David haben wir gestern über Treptow Nachricht, daß der Neubrandenburger Werder noch von Durchmärschen verschont war; sonst sind sie im Strelitzischen rundum eingeschlossen und erwarten, was da kommen wird. In Neubrandenburg selbst und in Friedland ist alles durchmarschiert; die Franzosen sind in Anklam und Demmin, das Schwedische ist bisher von ihnen nicht betreten, aber die öffentlichen Kassen werden hier eingezogen. Ich will von dem Schrecklichen, was diese braven Preußen leiden, nicht viel sprechen, die gradezu, ohne eine Nacht geschlafen zu haben, von Auerstedt auf fürchterlichen Umwegen hergekommen; es ist so schauderhaft, daß man Tag und Nacht weinen möchte. Es ist eine unerhörte Konfusion und im höchsten Grade respektabel für die Leute, daß alles noch so ruhig abgeht, da jeder einzeln ist, nicht die geringste Aufsicht darunter und die Offiziere ihnen in Anklam gesagt haben: »Geht zum T ... , wenn die Regimenter fort sind, mag die Bagage auch der T ... holen!«

Daß einige hier eingepackt haben und zu Schiffe fort sind, wird Vater Dir wohl sagen. Gott lasse uns nicht ganz verderben und helfe Euch auch dort diese schwere Zeit überstehen! Von Klinkowström habe ich gestern abend einen Brief aus Ludwigsburg; er ist dort, glaubt aber, daß seine Sachen und sein Gemälde verloren sind. Ich hoffe ihn bald hier zu sehen, er ist sonst ziemlich gefaßt.

Ich muß mich nur noch einmal nach dem ganzen Train ein wenig genauer umsehen, damit wir wissen, in welchem Neste wir sitzen. Gott gebe Euch allen Trost und Mut; grüße von Herzen unsre Lieben. Es freut mich, daß ich nun hier bin. Gott lasse uns in Freude wieder beieinander sein!

An Daniel Runge in Hamburg

Wolgast, den 4. November 1806

Ich muß Dir wohl nur etwas schreiben, denn Jakob und Vater werden nicht viel dazu kommen. Sonnabend ging es so hin, und gegen den andern Tag wollte kein Mensch mehr hinüberfahren, die Offiziere hatten mit den Franzosen kapituliert und sich ihnen ergeben. Gegen Abend kamen die Franzosen in die Stadt, ließen den Rat zusammenrufen, wollten Fourage und sagten, es wären 2000 Mann vor den Toren. Es ging so in einem fort bis gestern früh, wo sie in einer halben Stunde Pferde, Fourage und gekochtes Fleisch und Lebensmittel für die Leute verlangten. In der Vorstadt waren die Nacht über die greulichsten Sachen passiert; einzelne hatten es in der Stadt auch so gemacht. Sie verlangten nun 1000 Louisdor in einer halben Stunde, dafür solle denn die Stadt die ganze Bagage, was noch da, behalten, sonst würden sie die Husaren in die Stadt hineinsprengen. Es wurde mit Mühe alles geschafft, nun war aber weiter keine Quittung von dem Kommandierenden zu erhalten, als daß er bekommen, was er verlangt hätte, und die nachrückenden Franzosen möchten die Stadt mit Brandschatzen verschonen. Dann fraßen sie alles auf und zogen mit der ganzen Bagage nach Anklam, und die Stadt sammelte von ihrem Felde alle Sättel, Zäume, Säbel, Gewehre, Wagen, Luderpferde usw., was wohl an acht Fuhren sein mochten, nebst fünfzig Pferden. Einzelne Franzosen waren in der Stadt geblieben, in die Läden eingedrungen, hatten Geldkasten erbrochen und einzelne Leute angefallen. Bei … waren sie hinten eingebrochen; einer hat gesagt, daß ihm 27 Louisdor aus seinem Mantelsack gestohlen wären, der Rat solle ihm solche gleich ersetzen, oder er werde die Stadt in Brand stecken. Die ganze Wieck hindurch haben die Einwohner alle viel Pulver im Hause. – Nun erhält vom schwedischen Gouverneur der Rat Verweise, warum sie die Preußen ein- und durchgelassen hätten! Die Schiffe sollen fort oder angesteckt und versenkt werden, und es ist nicht möglich zu machen. Die Stadt soll 700 Taler Steuern im Augenblick bezahlen. Die Preußen werden auch unnütz, und so sind wir von drei Parteien zugleich geschoren und auch noch dadurch, daß dieser und

Philipp Otto Runge: Landschaft an der Peene, Federzeichnung 1806

jener aus der Stadt die Flucht genommen, das macht vollends alles konfuse und scheußlich. Wir haben keine Nachricht aus Mecklenburg von den Unsrigen und kriegen keine und können keine geben; wenn Du vielleicht welche hättest? In Demmin soll Murat sein, denn Eure Post ist auch ausgeblieben. Da die Franzosen sich mit Sachsen verständigt haben, so möchten Euch die Posten von dort vielleicht gekommen sein? Gott helfe Euch durch! Wir sind noch bei Besinnung und bleiben es auch wohl. Unser Vater ist sehr angegriffen; wir sind seinetwegen nur sehr besorgt, daß er nicht Ruhe genug hat; fett werden wir indes wohl alle nicht dabei.

Es ist nun das Gerücht hier, daß die Franzosen von den Russen geschlagen sind. Die Reden der ersteren, die noch hier sind, scheinen so etwas zu bestätigen, sowie die Bagage, die hier von der Insel zurückkommt, nämlich wenigstens, daß sie mit den Russen zusammen sind. Es wird wohl lange währen, bis wir erfahren, wie es eigentlich hergeht.

69

Es ist viel gekocht worden für alle das Volk. – Mutter ist ziemlich wohl, und wenn es nicht schlimmer kommt und es nun alles wäre, so könnten wir Gott danken! Behüt Euch Gott! wir können nichts sagen, wie es mit uns werden wird.

An Daniel Runge in Hamburg

Wolgast, den 29. November 1806

Ich habe mich sehr in dieser Zeit zu Euch gewünscht, um doch das miterlebt zu haben – und sehr gern wäre ich noch den Winter bei Euch; es geht aber nicht an, von hier zu gehen, ehe alles überstanden ist, denn ich kann nicht wissen, wie sehr es notwendig würde, hier zu sein. Gott behüte Euch nur vor einem großen Unglück, so wollen wir uns bis auf Wiedersehen in Geduld fassen!

Ich werde mich diesen Winter sehr bemühen, das Bild für Kosegartens Kapelle recht auszuarbeiten und durchzugehen. Ich wollte nur, ich hätte einige recht große Tuschpinsel. Die Zeit geht so geschwinde, daß man nicht stille sein kann. Ich schreibe bald mehr. Grüße alle mit und von mir.

Dein Otto

Ich hätte nicht gedacht, von Goethe jetzt einen Brief zu erhalten. – Es ist stark!

An Goethe in Weimar

Wolgast, den 4. Dezember 1806

Ihren werten Brief empfing ich über Hamburg, welchen ich mir in dieser Zeit nicht versehen hatte. Es ist mir eine sehr angenehme Empfindung, Ihnen durch eine Kleinigkeit zu einer ruhigern Stimmung geführt zu haben, wenigstens dadurch die Veranlassung gewesen zu sein.

Es war für uns nicht mehr zu riskieren, nach Hamburg abzureisen, wir sind also noch auf einige Zeit hier. Es freut mich nun, da wir doch auch mehr, wie schon geschehn, von dem Krieg werden zu leiden erhalten, zur Stütze meiner Eltern und Geschwister hier zu sein; und wie leicht ist der Wohlstand einer zahlreichen und blühenden Familie vielleicht in wenigen Tagen in die drückendste Armut verwandelt. Sie können sich vorstellen, da unsrer zerstreuten Familie allenthalben ein hartes Los trifft und treffen wird, [daß] ich, der ich durch die Großmut derselben sonst frei für die Kunst und so wieder für sie alle leben konnte, indem ein Bestreben uns alle verband, mich nun ebensosehr für sie hingeben muß. Da mich also jetzt die Sorgen für die Existenz des Ganzen ebenso beschäftigen wie die ganze Familie, so muß ich auf Zeiten die Kunstausübungen beiseite setzen, um für die Erhaltung und den Erwerb der nächsten Bedürfnisse zu sorgen. Da ich auch nicht einmal wissen kann, ob dieser Brief Sie trifft oder ob es mir möglich sein wird, fürs erste wieder an Sie zu schreiben, so bitte ich Sie, wenigens unter Ihren nächsten Umgebungen mich nicht ganz zu vergessen und, sollten Sie in ruhige Lagen kommen, sich auch einmal zu erinnern, daß ich mich von Herzen bestrebt habe, mich für den lebendigen Einfluß der himmlischen Kunst tätig zu zeigen. Indes werde ich für mich, so Gott es will, vollkommen auf alle Wirkung resignieren, in dem gewissen Glauben, wenigstens als stiller Zuschauer unter den Geistern der Künstler zu sitzen oder wie eine erdrückte Pflanze noch wenigstens zu der Gattung zu gehören; ich halte mich indes von dem Schicksal noch nicht für überwunden und werde alles zusammenhalten, um mich des Unterliegens zu erwehren. Da ich wenigstens den Winter hierbleiben mußte, jetzt vielleicht länger, so hatte ich für diesen Winter vor, eine ausführliche Skizze in Öl auszuarbeiten von einem Bilde, welches in der Kapelle aufgestellt werden soll, welche Kosegarten auf Arkona angefangen. Ich bin schon ziemlich in der Komposition fertig, es liegt nun bei andern. Es ist die Erscheinung Christi, wie er zu Petro sagt: »Du Kleingläubiger, warum zweifeltest du?« Es ist im Mondenschein, und da das Ganze in einer ansehnlichen Größe fürs Gebäude ausgeführt werden sollte, auch das einzige [Gemälde] darin ist, so würden manche imposante Erscheinungen, die der Wogen und des Mondenscheines, des Stürzens des Schiffs, welche mit den nächsten Umgebungen der Natur im Einklang ständen, zusammenzufassen sein.

Ich wünsche von Herzen, daß Sie sich wohl befinden und daß ich so glücklich bin, bald wieder etwas von Ihnen zu hören. So mögen denn die trüben Tage, nachdem sie überstanden sind, mich mit größerer Freude zu einer Tätigkeit zurückführen, die für mich der einzige Wunsch gewesen ist.

Ich empfehle mich Ihrem Andenken.

P. O. Runge

An Friedrich Christoph Perthes in Hamburg

Wolgast, den Januar 1807

Liebster Perthes! Daniel schreibt an Jakob, daß Ihr Euch sehr über mich beklagt habt, daß ich Euch so ganz vergesse – das tut mir nun sehr leid, daß Ihr das denkt; ich habe grade diese letzte Zeit recht von Herzen an Dich gedacht und wüßte auch nicht, wie ich aufhören könnte. Das sollte ich mir nun freilich merken lassen, und daß das nicht geschehen ist, ist gar vielerlei schuld – und ich mit. Wir haben den Sommer die Preußen an der Grenze gehabt, jetzt die Franzosen. Ich will es übergehen, wie unsere Herzen zerrissen sind über die Begebenheiten, beide der Welt und unserer Familie, über die Angst für die auswärtige Gefahr und die persönliche, die jeden Augenblick da war; und es ist nicht vorbei. Ich hab an mich gebessert, korrigiert, Vorsätze gefaßt und adrettiert ohne Ende und Aufhören; einmal bin ich zu Klinkowström geritten, mir war, als sollt's in den Krieg, wie ich das Pferd unter mir hatte, ich ritt drauf los, bis ich den Wolf weg hatte; und mich darüber zu beklagen wäre [um] nichts lächerlicher, als wenn ich mich über meine jetzige verworrene Lage beklagen wollte. Wie geht's andern? man muß sich schämen. Ich kann mir's wohl vorstellen, daß Ihr verdrießlich auf uns seid, wegen dem Nichtschreiben, hoffe aber doch, daß Du uns einmal ordentlich sagst, wie die Kinderchen sind, besonders die kleinen. Pauline wird ihr Herz wohl wegen dem Siegmund an Karoline ausgießen, der Junge ist wie ein Hanswurst, und ich glaube, er wächst darin Deinem Matthias über den Kopf, sonst äußerst fix, und seine Hände wird und soll er gebrauchen lernen, wozu sie gut sind.

Nun über meine Arbeiten. Wie ich fortschreite, darüber kann und mag ich nichts sagen, das zeigt sich besser. Ich suche mich gebrau-

Petrus auf dem Meer. Erster Kompositionsentwurf zu dem Gemälde, 1806,
für die Kapelle in Vitt

chen zu lernen: für Billroth in Greifswald habe ich seine Schwester
gemalt, den alten Pastor hier, Vater und Mutter, dann hatte ich einige Leute untermalt, die ich damals mitnehmen wollte für mich
und Daniel, der soll sie schon gelegentlich haben mit mehrerern.
Jetzt habe ich eine ziemlich große Komposition zu Kosegarten seiner Kapelle untermalt, ein Mondscheinstück. Du wirst auch schon
wissen, die Mine Helwig, die sehr hübsch, ja schön ist, hab ich auch
untermalt im Rainstück mit einem Hintergrund, welches mich
sehr freut. Nun bin ich bei, Pauline und Siegmund zu untermalen für
mich, um etwas fertig zu haben – ich werde fertig machen und
mehr anfangen. Über Arbeiten und Entwürfe sag ich nichts, wie
soll ich auch Pläne darin machen – und jetzt?

Klinkowström grüßt Euch alle viel tausendmal, er ist sehr wak-
ker. Neulich ging ich von Greifswald zu ihm, ich nahm zu *Kenes*,
eine halbe Meile von Ludwigsburg, einen Bauer, der mit mir hin-
reiten mußte. Es war Hochwasser und Frostwetter den andern Tag

73

noch, wir waren am Seestrand, der Wind war stark und stand grad ans Land, viel Schwäne waren auch da, es war ganz herrlich. Es wird uns nur bald an Farben fehlen, ist es in dieser Zeit möglich, daß wir durch Deine Güte einiges von Dresden und Leipzig kriegen könnten?

Grüße alle Bekannte und Freunde

Dein Otto

Es blüht eine schöne Blume in einem weiten Land,
Die ist so selig geschaffen und wenigen bekannt,
Ihr Duft erfüllt die Tale, ihr Glanz erleuchtet den Wald,
Und wenn ein Kranker sie siehet, die Krankheit weichet bald.

Wo kömmt im Morgenwinde die blitzende Sonne her,
Was glüht am kühlen Abend auf Bergen, Wolken und Meer?
Die Bäche und Seen erglänzen im klaren Mondschein,
Im Himmel sind unsre Hütten, drin glänzen Sternelein.

Drei Könige kamen gezogen zu einem Heiligtum,
Der Stern stand über dem Hause, drin lag die süße Blum,
Wenn ich zwei Augen erblicke, die funkeln hin und her,
So wünsche ich, daß im Herzen dies süße Blümlein wär!

An Daniel Runge in Hamburg

Wolgast, den 8. Februar 1807

Es ist bei mir keine Frage, ob ich in Verbindung mit Dir arbeiten und leben will; ich wünsche die Zeit so bald wie möglich herbei, und wäre es heute noch, wo ich etwas erwerben könnte, um ein Mann sein zu können, und ich bitte Dich nur, daß Du nicht zu früh berechnest, wie wir Zeit gewinnen wollen für die Musen. Es wird daran nicht fehlen und die Arbeit selbst wird uns den richtigsten Weg zur lebendigsten Wirkung zeigen: Wie glücklich für uns, wenn wir etwas Eignes hätten durch die Arbeit! Gewiß würde es die Gestalt unsrer Eigenschaften erhalten, wenn es die Geburt unsrer Arbeit wäre. – Man kann sich einschränken und wenig gebrauchen, wenn man sich auf eine bestimmte Weise über die Eitelkeit der Zeit hinwegsetzt, und wir sind dazu entschlossen.

Ich stehe an einer entscheidenden Epoche meines Lebens. Wenn ich Dich sprechen könnte, würde ich Dir mit ein paar Worten sagen können, warum ich als Maler nicht subsistieren kann. Es ist etwas, das wir immer undeutlich uns vorgestellt haben, die Zeit hat es nun herbeigeführt, und die Wirklichkeit wird uns die Meinung aufklären. Ich muß so durch, denn es kann nicht anders sein, und Du bist es, mit dem ich es kann. Meine Liebe wird auch in Deinem Leben wirken, wenn wir miteinander bis zum Abend arbeiten, was die Deinige in mir wirkt. Schreib uns bald wieder.

Dein Otto

An David Runge in Mecklenburg

Hamburg, den 29. Juli 1807

Ich danke Euch von Herzen für Eure Glückwünsche und wünsche Euch allen Segen nach der Not und Arbeit, die Ihr gehabt. – Was sagt Ihr zu dem Frieden, und wie wird es bei Euch nun werden? Mich kann recht grauen werden, wenn ich so hin und wieder das Freuen zu dem Frieden anhöre und in dieser Freude doch so nichts liegt, als wie man den alten Kram von Geschäften, Zu Hause sitzen und Wohlhabenheit wie bisher nun wieder anfangen will und sich nur selig preiset, daß man nun auch recht die Streitigkeiten der hohen Häupter vergessen wolle. Sollte jetzt unser Auge nicht wacker sein, und sollten wir nicht gelernt haben, daß die alte Form nichts mehr gilt und an allen Enden knackt und zusammenbricht? – Wenn die Preußen jetzt noch so rasend sein wollen, in ihrer ganzen Wirtschaft die alte Leier fortzuspielen und fortzuspielen den Popanz von Militärstaat, wie sollen die Menschen in einem solchen Staate zur Besinnung kommen, wenn nach dem, was geschehen, der Höchste im Staate nicht ahnen sollte, was unnatürlich ist? – Wenn die Fremden Deutschlands Fürsten überwunden haben, sollten die deutschen Völker die fremden Fürsten, die nun über sie herrschen, nicht zu Deutschen machen können? – Das Beste, was an uns ist, sehen die Fremden nicht, und das Höchste, wornach wir uns sehnen, wollen sie nicht. Sollte denn der Tod über unsern lebendigen Glauben herrschen können? – Was wollen uns die Franzosen tun, wenn sie uns auch alle ihre Künste über den Nacken würfen, und wir behalten nur die Treue, die sie nicht haben? – Ich weiß wohl, daß ich es nicht sehe, wie es geschehen wird, und nicht deutlich die große Veränderung des Zeitgeistes erkenne. Wenn ich aber in der Erkenntnis von dem unendlich fortschreitenden Vermögen des menschlichen Geistes, der doch nie das Ende in dem Endlichen erreichen wird, den Glauben habe, daß Gott über alle Zeit und unabhängig von der Zeit meine Seele berührt, die ein Ausfluß von ihm selbst ist, so bin ich in diesem Glauben gewiß, daß alle Arbeit, die das erfüllt, was ich für recht erkenne, dienen muß, auch mich zur höchsten Erkenntnis des Rechten zu führen, ich mag es nun sehen wie? Oder nicht. – In summa: ob nun der eine *weiß*, wie die Welt fortschreitet, und der andre festhält am *Rechttun* – so ist doch das Tun die Hauptsache und überwältigt alles mit der Zeit, und das sollten wir immer mehr merken und üben.

Ernst Moritz Arndt

Illegale, abenteuerliche Heimkehr 1809 aus Schweden in meine pommersche Heimat

Ernst Moritz Arndt im Jahre 1813

Ich machte denn meine Sachen allmählich fertig, schaffte mir Wechsel und Pässe und fuhr gegen das Ende des Sommers wieder gegen Süden. Ich hatte durch einen treuen Freund doppelte Pässe, die einen auf England, die andern auf Deutschland genommen. In Schweden nahm ich der Sicherheit wegen von den Leuten Abschied, als wenn ich über Gotenburg nach England ginge. Ich aber fuhr nach Blekingen und segelte im Anfange des Septembers mit einem preußischen Schiffe von Karlshamm nach Rügenwalde ab, wo ich nach geschwindester Fahrt mit einem mächtig treibenden Winde als

Sprachmeister Allmann landete. Von hier fuhr ich den folgenden Tag mit einem Küstenschiffchen nach Kolberg.

Ich hatte hier drei Tage gewartet, indem ich wieder mit Salzschiffen abgehen wollte, die längs den Küsten fortsegeln und in die Oder einlaufen sollten. Den zweiten Tag war ich schon eingeschifft, aber kaum waren wir eine halbe Stunde auf der See, so kam ein heftiger, widriger Wind, und alle diese flachen und schlechten Schiffe liefen wieder zurück, und der Schiffer erklärte mir nach den Luftaspekten, daß sie noch wohl vier bis fünf Tage liegen bleiben müßten, ja daß sie in Erwartung günstiger Winde oft acht bis zehn Tage so liegen müßten. Was war zu tun? Ich mußte nun endlich schon die Landreise wagen und bedang mir einen Fuhrmann, der mich in anderthalb Tagen über Treptow an der Rega und Kammin in Wollin ablieferte. Da saß ich nun wieder fest. Hier hätte ich mich mit dem Stabe in der Hand über die Inseln Wollin und Usedom leicht nach dem mir bekannten Wolgast durchschlagen können, wenn ich erstlich nicht gefürchtet hätte, dort sogleich auf Bekannte zu stoßen, und wenn ich zweitens nicht zu schweres Gepäck geführt hätte, was ich nicht gern fahren lassen wollte und was mich doch wieder leicht verdächtig machen konnte. Ich führte nämlich zwei Koffer und einen gewaltigen großen Korb eines recht erbaulichen Inhalts: denn er war von meinen Stockholmer Freunden bei meiner Abreise mit edlen Weinen, Schokolade, Tee, Wurst, Käse usw. bis zum Übermaß vollgepfropft. Hier mußte also wieder ans Segeln gedacht werden, und zwar auf dem Achterwater in die Peene hinein und auf Anklam zu. Aber auch hier waren die Winde nicht mit mir im Bunde. Zweimal versuchte ich mit einem kleinen Segelkahn die Ausfahrt, zweimal brachten uns Windstille und Gegenwind wieder in das Städtchen Wollin zurück. Erst den fünften Tag gelangte ich nach dem Städtchen Neuwarp und den sechsten gegen Mitternacht an die Anklamer Brücke. Hier ließ ich meine Sachen an der sogenannten schwedischen Seite ans Land setzen und flugs ans Wach- und Zollhaus tragen. Ich, ohne zu wissen, wes Geistes Kinder drinnen seien, gebärdete mich wie ein Mann des vollsten Mutes und Rechts, pochte und lärmte gewaltig; denn alles schlief. Ich gewahrte auch nicht, welcherlei Volk es war. Alles lag schlaftrunken da, einer rappelte sich auf, sah meine Sachen kaum an – denn die Nacht war kalt; und eines guten Trinkgeldes froh, streckte er sich sogleich wieder hin. Ich winkte meinem Schiffer, und er und seine Frau trugen mein Gepäck in ein nahestehendes Gasthaus, wo ich in früheren Jahren zuweilen eingekehrt war. Dies war auf dem sogenannten Anklamer Damm der schwedischen Seite. Ich hielt mich hier nur ein halbes Stündchen auf, nahm einige Erfrischung, befahl dem Wirt meine Sachen, die ich morgen werde abholen lassen, und flog dann wie ein Vogel über den Damm weiter. Dann ging es durch Ziethen linker Hand des Weges auf Gützkow, welchen ich in jüngeren glücklicheren Tagen oft befahren und gepilgert hatte. Aber es ward eine stockfinstre neblichte Nacht oder vielmehr eine Morgennacht, und bei Lüssow, einem mir wohl befreundeten Rittersitz der von Wolfradt, geriet ich auf eine falsche Fährte und verlief mich ins Peenebruch, und als ich mich von da wieder zurückgewendet hatte, wieder rechts in ein falsches Dorf, wo der Nachtwächter nicht übel Lust hatte, mich als einen Dieb auszuschreien. So hatte ich mehrere Stunden wie auf Irrwischpfaden verloren; doch als ich endlich den Turm von Gützkow sah, konnte ich nicht mehr irren und trat in der Morgendämmerung in den Trantower Hof, als aus dem andern Tore desselben die Ochsen von den Pflügern eben zur Früharbeit herausgeführt wurden.

Diese meine abenteuerliche Hedschra fiel in die ersten Tage des Oktobers. –

Ich war in der Heimat; aber es war mir hier alles zu durchsichtig. Das Land war freilich nicht von Franzosen, sondern von mecklenburgischen Truppen besetzt; aber es gab dort einzelne französische Angestellte und Beamte; es strichen hin und wieder einzelne wälsche Abenteurer oder Sendlinge durch; auch einzelne für die wälschen Zwecke erkaufte und eingelernte Schelme und Späher deutscher Zunge, die einem Geächteten gefährlich werden konnten. Ich meine mit den Schelmen deutscher Zunge keine Pommern. Ich darf die Art meiner Heimat nicht schwärzen; sie ist etwas träg und bequem, aber durchaus gutmütig und grad, ihre mit Recht gepriesene Fröhlichkeit, Tapferkeit und Treue beugt sich gottlob selten zu Ränken und Hinterlisten hinunter.

Ernst Moritz Arndt

Pommern als Heimat

Nicht da ist sein Vaterland, wo er am üppigsten und sorgenfreiesten leben kann, sondern wo er die unschuldigen Jahre der Kindheit, die fröhlichen Jahre der Jugend verlebte, wo er die süßen Töne der Freundschaft und Liebe vernahm, wo die ersten Sterne ihm leuchteten, die ersten Frühlinge ihm blühten, die ersten Donner und Sturmwinde ihm ins Herz brauseten und klangen: Da, da ist sein Vaterland, dahin klopfen alle Pulse seines Herzens: dahin blickt seine Liebe mit Sehnsucht – und seien es nackte Felsen und seien es öde Inseln, und wohnte Armuth und Mühe dort mit ihm, er muß sie lieb haben, denn er ist ein Mensch.

Von Vaterland und Freiheit. 1812

Warum ruf ich?

Und rufst du immer Vaterland
Und Freiheit? Will das Herz nicht rasten?
Und doch, wie bald umrollt der Sand
Des Grabes deinen Leichenkasten!
Die nächste Ladung trägst du schon
Geschrieben hell auf weißem Scheitel;
Gedenk des weisen Salomon,
Gedenk des Spruches: Alles eitel.

Ja, darum ruf ich Vaterland
Und Freiheit – dieser Ruf muß bleiben,
Wann lange unsrer Gräber Sand
Und unsern Staub die Winde treiben;
Wann unsrer Namen dünner Schall
Im Zeitensturme längst verklungen,
Sei dieses Namens Widerhall
Von Millionen nachgesungen!

Ja, darum, weil wir gleich dem Schein
Der Morgendämmerung verschweben,
Muß dies die große Sonne sein,
Worin wir blühn, wodurch wir leben;
Drum müssen wir an diesem Bau
Uns hier die Ewigkeit erbauen,
Damit wir aus dem Geistergau
Einst selig können niederschauen.

O Vaterland! Mein Vaterland!
Du heilges, das mir Gott gegeben!
Sei alles eitel, alles Tand,
Mein Name nichts und nichts mein Leben –
Du wirst Jahrtausende durchblühn
In deutschen Treuen, deutschen Ehren:
Wir Kurze müssen hinnen ziehn,
Doch Liebe wird unsterblich währen.

Ballade

Und die Sonne machte den weiten Ritt
Um die Welt.
Und die Sternlein sprachen: Wir reisen mit
Um die Welt;
Und die Sonne, sie schalt sie: Ihr bleibt zu Haus,
Denn ich brenn euch die goldnen Äuglein aus
Bei dem feurigen Ritt um die Welt.

Und die Sternlein gingen zum lieben Mond
In der Nacht,
Und sie sprachen: Du, der auf Wolken thront
In der Nacht,
Laß uns wandeln mit dir, denn dein milder Schein,
Er verbrennt uns nimmer die Äugelein.
Und er nahm sie, Gesellen der Nacht.

Nun willkommen, Sternlein und lieber Mond,
In der Nacht,
Ihr verstehet, was still in den Herzen wohnt
In der Nacht.
Kommt und zündet die himmlischen Lichter an,
Daß ich lustig mitschwärmen und spielen kann
In den freundlichen Spielen der Nacht.

Was du geträumt in grüner Jugend,
Das mache wahr durch Männertugend –
Die frühsten Träume täuschen nicht.
Doch wisse, Träume sind nicht Taten:
Ohne Arbeit wird dir nichts geraten.
Die Tugend trägt ein ernst Gesicht.

Freiheit

Der Gott, der Eisen wachsen ließ, der wollte keine Knechte,
Drum gab er Säbel, Schwert und Spieß dem Mann in seine Rechte,
Drum gab er ihm den kühnen Mut, den Zorn der freien Rede,
Daß er bestände bis aufs Blut, bis in den Tod die Fehde.

So wollen wir, was Gott gewollt, mit rechten Treuen halten
Und nimmer im Tyrannensold die Menschenschädel spalten
Doch wer für Tand und Schande ficht, den hauen wir zu Scherben.
Der soll im deutschen Lande nicht mit deutschen Männern erben.

O Deutschland, heil'ges Vaterland. O deutsche Lieb und Treue!
Du hohes Land, du schönes Land: dir schwören wir aufs neue:
Dem Buben und dem Knecht die Acht! Der speise Krähn und Raben!
So ziehn wir aus zur Hermannsschlacht und wollen Rache haben.

Laßt brausen, was nur brausen kann, in hellen, lichten Flammen!
Ihr Deutsche alle, Mann für Mann, zum heil'gen Krieg zusammen!
Und hebt die Herzen himmelan, und himmelan die Hände.
Und rufet alle, Mann für Mann: »Die Knechtschaft hat ein Ende!«

Laßt wehen, was nur wehen kann, Standarten wehn und Fahnen!
Wir wollen heut uns, Mann für Mann, zum Heldentode mahnen.
Auf, fliege, stolzes Siegspanier, voran den kühnen Reihen!
Wir siegen oder sterben hier den süßen Tod der Freien.

Von Ernst Moritz Arndt im Jahre 1813 gedichtet.
Mit der Hermanns-Schlacht soll an den Sieg des Cheruskerfürsten
Arminius über die Römer (9 nach Christus) im Teutoburger Wald
erinnert werden

HEINRICH LUDWIG THEODOR GIESEBRECHT

Pommernlied

Ein leidlich Land rings um mich her!
Es hält die Mitte so ungefähr.
Nicht allzu steil und nicht zu plan,
Daß man zu Fuße gehen kann
Und reiten oder fahren.

Ein leidlich Wasser um mich her!
Es hält die Mitte so ungefähr.
Dringt nicht herauf in Haus und Stadt,
Und hat ein jeder doch sein Bad
Und einen Trunk die Fische.

Ein leidlich Luft rings um mich her!
Sie hält die Mitte so ungefähr.
Nicht allzu leicht, daß sie entzückt,
Auch nicht so schwer, daß sie erdrückt,
Es läßt sich davon atmen.

Ein leidlich Volk so um mich her!
Es hält die Mitte so ungefähr.
Nicht allzu klug und nicht zu dumm,
Nicht zu geschwätzig, nicht zu stumm,
Wie andre Menschenkinder.

Und wohnt es auch am letzten Strand,
Wo deutsche Zunge ihr Ende fand,
Es ist doch auch noch auf der Welt,
Wo man auf Recht und Ordnung hält,
Sind Deutsche und – sind Preußen!

FRIEDRICH RÜCKERT

Die Mönche auf Usedom

Friedrich Rückert

Es war ein Kloster Grabow im Lande Usedom,
Das nährte Gott vorzeiten aus seiner Gnade Strom,
Es schwammen an der Küste, daß es die Nahrung sei
Den Mönchen in dem Kloster, jährlich zwei Fisch herbei.
Sie hätten sich sollen begnügen!

Zwei Störe, groß gewaltig. Dabei war das Gesetz,
Daß jährlich sie den einen fingen davon im Netz.
Der andre schwamm von dannen bis auf das andre Jahr;
Da bracht' er einen neuen Gesellen mit sich dar.
Sie hätten sich sollen begnügen!

Einst kamen zwei so große in einem Jahr herbei,
Schwer ward die Wahl den Mönchen, welcher zu fangen sei.
Sie fingen alle beide. Den Lohn man da erwarb,
Daß sich das ganze Kloster den Magen dran verdarb.
Sie hätten sich sollen begnügen!

Der Schaden war der kleinste, der größte kam nachher:
Es kam nun gar zum Kloster kein Fisch geschwommen mehr.
Sie hat so lange gnädig gespeiset Gottes Huld.
Daß sie nun sind es ledig, ist ihre eigne Schuld.
Sie hätten sich sollen begnügen!

Bei einer flüchtigen Tour durch Mecklenburg

In Mecklenburg wird es grüner, die Sandberge sind bekleidet, Fichtenwälder, grüne Wiesen, Seen und Flüsse wechseln, aber die Landschaft bleibt der alte Sand, wie man sagt, weil die Landstände, festhaltend an den ehrwürdigen Rechten des Altertums, kein Geld geben wollen zu den Chausseen. Neuerer, welche für die Idee leben und für Kunststraßen sprachen, bilden nur eine geringe Minorität, denn die Chaussee würde ja auch nur durch die Güter von sehr wenigen führen. Doch sollen mehrere ihr Votum annoch reserviert haben für den Fall, daß eine Änderung in der Abstechung stattfände. Ebenso ist es gewiß, daß, wenn ein Nachbar etwa mit Chausseen ein Geschenk machte, man mit liberalem Sinne den alten Sand fahren ließe.

Desgleichen sind die Mecklenburger Pferde berühmt; wenn man aber die guten aufspart zum Pferderennen in Doberan und überdies Ernte ist, so muß der Reisende seinem guten Glücke danken, wenn er überhaupt welche erhält. Stürzen aber diese alten Mähren unterwegs und es bricht ein Rad und die kaum mit unsäglicher Mühe akquirierten Pferde sind so junge unbändige Fohlen, daß man nicht wagen darf, aus langsamem Tritt zu kommen, weil die Mecklenburger Extra-extra-Postillone nur Stricke statt Zügel und Zaum führen und überdies der breitschultrige Bauernjunge weder durch Drohungen noch Versprechungen aus dem lächelnden Phlegma zu bringen ist, so ist es ein achtes Wunder, wenn der Reisende nach der Ostsee nur um einige Stunden zu spät anlangt.

Sonst ist bei einer flüchtigen Tour durch Mecklenburg zu bemerken, daß die Meilen lang sind und das Völkchen auf dem Lande über alles derbe Offenherzigkeit bei sich liebt und das Geld bei dem Fremden.

WILLIBALD ALEXIS

Fridericus Rex

Fridericus Rex, unser König und Herr,
Der rief seine Soldaten allsamt in's Gewehr,
Zweihundert Bataillons und an die tausend Schwadronen.
Und jeder Grenadier kriegte sechzig Patronen.

Ihr verfluchten Kerls (sprach Seine Majestät),
Daß jeder in der Bataille seinen Mann mir steht:
Sie gönnen mir nicht Schlesien und die Grafschaft Glatz.
Und die hundert Millionen in meinem Schatz.

Die Kaiserin hat sich mit den Franzosen alliiert.
Und das Römische Reich gegen mich revoltiert;
Die Russen sind gefallen in Preußen ein;
Auf, laßt uns sie zeigen, daß wir Preußen sein.

Meine Generale Schwerin und Feldmarschall von Keit
Und der Generalmajor von Zieten, sind all' Mal bereit
Potz Mohren, Blitz und Kreuz Element,
Wer den Fritz und seine Soldaten noch nicht kennt.

Nun Adjö Lowise, Lowise wisch' ab dein Gesicht,
Eine jede Kugel triff ja nicht;
Denn träf' jede Kugel apart ihren Mann,
Wo kriegen die Könige Soldaten dann?

Die Musketenkugel macht ein kleines Loch,
Die Kanonenkugel ein weit größ'res noch.
Die Kugeln sind alle von Eisen und Blei,
Und manche Kugel geht manchem vorbei.

Uns're Artillerie hat ein vortrefflich Kaliber,
Und von den Preußen geht keiner nicht zum Feinde über.
Die Schweden die haben verflucht schlechtes Geld,
Wer weiß, ob der Öst'reicher besseres hält.

Mit Pomade bezahlt den Franzosen sein König,
Wir kriegen's alle Wochen bei Heller und Pfennig.
Potz Mohren, Blitz und Kreuz Sakrament!
Wer kriegt so prompt, wie der Preuß' sein Traktment.

Fridericus mein König, den der Lorbeerkranz ziert,
Ach hättest du nur öfters zu plündern permittiert.
Fridericus Rex, mein König und Held,
Wir schlügen den Teufel für Dich aus der Welt.

Er bewaldete den Streckelberg

Bei einem Spaziergang von Koserow zum Streckelberg durch den schönen Buchenwald unweit der Ostseeküste führt der Weg an einem Gedenkstein vorbei, der dem Oberförster Schröder gewidmet ist. Der sogenannte Schröderstein, ein unbehauener Granitblock, steht unmittelbar unterhalb des Berges und trägt auf poliertem Grund in Goldschrift die Worte »Oberförster Schröder bewaldete den Streckelberg 1818 und 1819«.

Der Lebensweg des Mannes, der soviel Bleibendes auch für künftige Generationen für die Insel Usedom geschaffen hat und dem der Gedenkstein von dankbaren Koserowern gewidmet worden ist, war lange und immer wieder geprägt durch nicht wenige Sorgen und Mühen.

Geboren im Jahre 1753 zu Klein Behnitz im Brandenburgischen, war er zweiundzwanzig Jahre Königlicher Hof- und Revierjäger, später vierzehn Jahre städtischer Oberförster in Danzig. Preußens Unglücksjahre nach der verheerenden Niederlage von Jena und Auerstädt machten ihn brotlos. Nach langjähriger Arbeitslosigkeit bekam Schröder endlich 1810 eine Anstellung als Oberförster in Zinnowitz. Zu seinem ausgedehnten Arbeitsbereich gehörten die Reviere von Zinnowitz bis Pudagla. Er bekam ein total heruntergewirtschaftetes Revier anvertraut: große Strecken der Wälder waren total niedergeholzt, und das ohnehin nur wenig fruchtbare Land, das dadurch mehr und mehr verödete, war an die angrenzenden Bauern verpachtet worden. Dadurch wurde die Ernte der Landwirte nicht nur erschwert, sondern oft völlig zunichte gemacht.

Der Oberförster Schröder faßte auch deshalb den Entschluß, den Streckelberg zu bepflanzen, und er konnte dieses Vorhaben auch bei der Regierung durchsetzen. Zu diesem guten Zweck mußte aber das Terrain des Berges durch die preußische Regierung von den Bauern zurückgekauft werden. Dies war natürlich nach dem Krieg gegen Napoleon, der das Land unermeßliche Opfer gekostet hatte, sehr schwierig und bedurfte eines längeren Kampfes des Oberförsters mit den Behörden des Königreiches. Endlich konnte als erster Abschnitt der Südhang des Streckelberges in den Jahren 1818/18 19 aufgeforstet werden.

Heute wandern wir durch einen der schönsten Buchenwälder der Insel Usedom. In den vergangenen 180 Jahren hat sich durch eine dicke Humusdecke und den wuchtigen Buchenwald alles so verändert, daß nichts mehr an den einstigen »Wittenbarg« erinnert.

Deshalb, lieber Leser, wenn du bei deinem Waldspaziergang an dem Stein zu Ehren des Oberförsters Schröder vorbeikommst, verweile einen Augenblick ehrfürchtig, denn dieser Mann hat uns den Wald geschenkt, in dem wir heute spazierengehen. Die Gemeindevertretung dankte dem Oberförster auch dadurch, daß sie einer Straße seinen Namen gab.

THEODOR FONTANE

Meine Kinderjahre in Swinemünde

Unsere Übersiedlung nach Swinemünde.
Ankunft daselbst

Das halbe Jahr bis zur Übernahme des neuen Geschäfts meines Vaters, der Apotheke in Swinemünde, verging langsam, aber es verging. Etwa Ende Mai begann das Verpacken und Aufladen unseres inzwischen durch den Tod des Großvaters vermehrten Mobiliarvermögens, und als vier Wochen später die Nachricht kam, daß alles glücklich in der neuen Heimat angelangt sei, brachen wir am Johannistage 1827 auf, um selber die Reise dorthin zu machen ...

Unsere Reise ging, auf drei Tage berechnet, auf nächstem Wege durch Uckermark, Mecklenburg-Strelitz und Schwedisch-Pommern. Den ersten Tag kamen wir bis Neustrelitz, der zweite Tag führte uns bis Anklam. »Hier sind wir nun schon in Pommern«, sagte mein Vater, der eine Gelegenheit, etwas Geographisch-Historisches anzubringen, nicht gern vorübergehen ließ. »Anklam hat den höchsten Turm in ganz Pommern, und Gustav Adolf ist, soviel ich weiß, hier durchgekommen. Es ist aber auch möglich, daß es Karl XII. war.« Von Anklam bis Swinemünde war die kürzeste Wegstrecke, nur noch sechs Meilen. Auf einer Fähre setzten wir, ich weiß nicht mehr, von welchem Punkt aus, nach der Insel Usedom über und fuhren nun unserm Ziele zu. Das letzte Dorf hieß Kamminke. Halben Wegs zwischen diesem Dorf und Swinemünde selbst passierten wir eine mitten im Walde gelegene Bohlenbrücke, zu deren beiden Seiten sich eine dunkelschwarze Wasserfläche mit weißen Nymphäen ausbreitete; die niedergehende Sonne stand schon hinter den Tannen, und ein roter Schimmer, der zwischen den Wipfeln glühte, spiegelte sich unten in dem schönen und zugleich etwas unheimlichen Teich. Es steht vor mir, als hätt ich es gestern gesehen.

Theodor Fontane

Die Stadt; ihre Bewohner und ihre Honoratioren

Swinemünde war, als wir Sommer 1827 dort einzogen, ein un-
schönes Nest, aber zugleich auch wieder ein Ort von ganz beson-
derem Reiz, dabei, aller Unbelebtheit der Mehrzahl seiner Straßen
zum Trotz, von jener eigentümlichen Lebendigkeit, die Handel und
Schiffahrt geben. Es kam, um so oder so, um günstig oder ungün-
stig zu urteilen, ganz darauf an, an welche Stelle der Stadt man sich
stellte. Wählte man, als Beobachtungsposten, den schon mehrer-

Ostseebad Swinemünde, Kleiner Markt

wähnten Kirchenplatz, zu dessen einschließenden Häusern auch
unsere Apotheke gehörte, so ließ sich, obschon hier die Hauptstraße
vorüberführte, wenig Gutes sagen, gab man aber die Innenstadt auf
und begab sich an den »Strom«, wie die Swine regelmäßig genannt
wurde, so verkehrte sich die bis dahin ungünstige Meinung in ihr
Gegenteil. Hier, am Strome nämlich, lief, auf fast eine Viertelmeile
Wegs, das »Bollwerk« hin, eine Uferstraße, wie sie nicht poetischer
gedacht werden konnte. Gerade daß hier alles nur ein Mittelmaß
hielt und nirgends an das Große der wirklich großen Handelsem-
porien erinnerte, gerade dies Mittelmaß der Dinge lieh allem etwas
überaus Anheimelndes, gegen das sich nur ein Griesgram, oder
eine für die Zauber von Form und Farbe ganz unempfindliche Natur, verschließen konnte. Freilich war auch diese Bollwerk-Straße
nicht an jeder Stelle dieselbe, ließ sogar, namentlich flußaufwärts,
manches zu wünschen übrig, von dem Punkt an jedoch, wo eine an
unserer Hausecke beginnende Querstraße rechtwinkelig einmün-
dete, konnte man sich, dem Laufe des Flusses folgend, Schritt für
Schritt an den sich darbietenden Bildern erquicken. Hier liefen nämlich, vom abgeschrägten Ufer aus, mal kleinere, mal größere Bret-

terflöße bis in den Strom hinein, schwimmende Bänke, darauf man, von frühmorgens an, die Mädchen wäschespülend bei der Arbeit sah, immer in heiterer Unterhaltung untereinander oder mit den Schiffsleuten, die, behaglich über die Bollwerkbrüstung gelehnt, ihnen zusahen. Diese mit ihrer Staffage höchst malerisch wirkenden Flöße hießen »Klappen« und dienten, besonders den Fremden und Badegästen, zu besserer Ortsbezeichnung und Orientierung. Er wohnt an »Klempins Klapp« oder gegenüber von »Jahnkes Klapp«. Zwischen diesen verschiedenen Flößen, beziehungsweise Waschbänken, zog sich immer ein bestimmt abgegrenztes Stück Bollwerkwandung, und hier lag die Mehrzahl der Schiffe, winters oft in drei, vier Reihen hintereinander. Die Bemannung fehlte um diese Zeit, und nur ein aus dem Küchenrohr aufsteigender Rauch oder noch häufiger ein auf einem kleinen Berge von Segeltuch, wenn nicht auf seiner Hütte sitzender und die Vorübergehenden anblaffender Spitz gab Zeugnis davon, daß die Schiffsräume nicht ganz ohne Bewachung seien. War dann im Frühling die Swine wieder eisfrei, so begann sich alsbald alles wie mit Zauberschlag zu beleben, und das Treiben am Strom hin zeigte, daß die Zeit zur Aus-

Ostseebad Swinemünde, Bollwerk und Hotel »Drei Kronen«

fahrt wieder nahe sei. Dann wurde der Schiffskörper auf die Seite gelegt, um ihn auf etwaige Schäden hin besser untersuchen zu können, und waren diese gefunden, so sah man, am anderen Tage schon, an der betreffenden Bollwerkstelle, kleine mit Holzspänen und zerfaserten alten Tauenden unterhaltene Feuer, in deren Mitte das Pech in eisernen Grapen brodelte. Ganze Haufen von Werg daneben. Und nun begann der Prozeß des Kalfaterns. Kam dann Mittagzeit heran, so wurde noch eine Pfanne mit Kartoffeln und Speckstücken in die Glut geschoben, und viele, viele Male, wenn ich um diese Stunde hier meines Weges zog, sog ich begierig den appetitlichen Qualm ein, an dem mich der Pechbeisatz nicht im mindesten störte.

Um die Frühjahrs- und Sommerzeit setzte sich dann auch der mitten im Strome liegende englische Dampfbagger wieder in Tätigkeit, dem es oblag, das Fahrwasser zu verbessern, und dessen aus der Tiefe heraufgeholte Erd- und Schlickmassen an einer flachen Stelle des Stromes ausgeschüttet und aufgetürmt wurden, um hier eine künstliche kleine Insel entstehen zu lassen. Ein paar Jahre später stand sie schon hoch in Rohr und Schilf und trägt jetzt wahrscheinlich Häuser und Etablissements der Marine-Station, allen denen, die das erste Drittel des Jahrhunderts noch gesehen, den Wechsel der Zeiten und das Wachsen unserer Machtstellung bezeugend.

Halbe Stunden lang sah ich, wenn ich konnte, der Arbeit des englischen Baggers zu, dessen Ingenieur, ein alter Schotte, namens Macdonald, mein besonderer Gönner war.

Und wie dem Baggern, so sah ich auch dem Anlegen der Schiffe zu, wenn diese von weiten Fahrten heimkamen, einzelne (wie die »Königin Luise«, ein Seehandlungsschiff) von ihren Reisen um die Erde, was damals noch etwas bedeutete. Mein Hauptschiff aber war der »Mentor«, von dem es hieß, daß er einen Kampf mit chinesischen Seeräubern siegreich bestanden habe. Die Seeräuber führten ein langrohriges Metallgeschütz mit sich, das besser schoß als die rohen, gußeisernen Kanonen, von denen der »Mentor« etliche an Bord hatte.

Geschichten waren immer in der Luft und knüpften nicht bloß

Ostseebad Swinemünde, vor dem Kurhaus

an die Schiffe, sondern gelegentlich auch an die Häuser an, die, den Schiffen gegenüber, an der anderen Seite des Bollwerks lagen. Weiter flußabwärts aber verloren sowohl diese Häuser wie die Geschichten ihren Reiz, bis, erst ganz am Ende der Stadt wieder, ein etwas zurückgelegenes, großes Gebäude das Interesse noch einmal in Anspruch nahm. Dies war das erst seit kurzem errichtete »Gesellschaftshaus«, das nicht bloß den Vereinigungsplatz für die Badegäste, sondern, solange die Saison anhielt, auch für die städtischen Honoratioren bildete, von denen vielleicht keiner öfter hier zur Stelle war als mein Vater. Dieser häufige Besuch galt nun freilich nicht eigentlich dem »Gesellschaftshause« selbst, am wenigsten den darin zur Aufführung kommenden Konzerten und Theaterstükken, der gelegentlich stattfindenden Bälle ganz zu geschweigen – nein, was ihn anzog und mitunter schon zur Frühschoppenzeit hinausführte, das war ein dicht neben dem Gesellschaftshause stehender Pavillon, darin ein mit untadeligem blauen Frack und Goldknöpfen angetaner alter Major von historischem Namen, unter affabelsten Manieren, eine kleine Bank auflegte. Diese war nur allzu oft das Wanderziel meines Vaters, der, wenn er ein Erkleckliches dort verloren und den pot des Bankhalters entsprechend bereichert hatte, statt verstimmt darüber zu sein, nur einfach den Schluß zog, daß das Bankhalten ein einen sicheren Gewinn abwerfendes Geschäft und der alte Major mit dem hohen weißen Halstuch und der Brillantnadel ein überaus beneidens- und vor allem auch sehr nachahmenswerter Mann sei. Bei solcher Existenz habe man was vom Leben. Dergleichen sprach er dann auch aus, wenn er nach Hause kam und sich verspätet zu Tische setzte. Einmal geschah es in Gegenwart einer Schwester meiner Mutter, einer eben erst verheirateten jungen Frau, die während der Badezeit auf Besuch bei uns weilte.

»Das wirst du doch nicht tun, Louis«, antwortete sie auf seine Auseinandersetzungen.

»Warum nicht?«

»Weil es keine Ehre hat.«

»Hm, Ehre«, warf er hin und trommelte mit den Fingern auf dem Tisch. Aber er hatte doch nicht den Mut, es zu bestreiten, und sah nur weg und stand auf.

Die Stadt war sehr häßlich und sehr hübsch, und ein gleicher Gegensatz sprach sich auch, wenigstens auf die moralischen Qualitäten hin angesehen, in ihrer Bevölkerung aus. Es gab hier, wie immer in Seestädten, eine breite, tagaus, tagein unter Rum und Arrak stehende, zugleich den Grundstock der Gesamteinwohnerschaft ausmachende Volksschicht, daneben aber, ebenfalls nach allgemein seestädtischem Vorbild, eine geistig durchaus höher potenzierte Gesellschaft, die jedenfalls weit über das hinauswuchs, was man damals in den von engsten Philisteranschauungen beherrschten kleinen Städten der Binnenprovinzen, namentlich auch unserer Mark, anzutreffen pflegte. Daß die Bewohnerschaft allem Spießbürgertum so durchaus fremd war, hatte sicher in manchem seinen Grund, vorwiegend aber wohl darin, daß die gesamte Bevölkerung von ausgesprochen internationalem Charakter war. In den umliegenden großen und reichen Dörfern wohnten vielleicht noch wendisch-pommersche Autochthonen aus den Tagen von Julin und Vineta her, in Swinemünde selbst aber, zumal in der Oberschicht der Bewohnerschaft, war alles derart durcheinandergewürfelt, daß man den Repräsentanten aller nordeuropäischen Völker daselbst begegnete, Schweden, Dänen, Holländern, Schotten, die hier früher oder später hängengeblieben waren, die meisten wohl zu Beginn des Jahrhunderts, zu welcher Zeit die bis dahin sehr unbedeutende Stadt überhaupt erst einen Aufschwung genommen hatte.

Die Zahl der Einwohner war, als wir daselbst eintrafen, gegen 4000, wovon aber kaum der zehnte Teil städtisch-bürgerlich und ein noch viel, viel kleinerer Bruchteil gesellschaftlich in Betracht kam. Was man mit mehr oder weniger Fug und Recht »Gesellschaft« nennen konnte, bestand aus nicht mehr als zwanzig Familien.

Was mir Gelegenheit gibt, hier, einschaltend, über die Swinemünder Frauenwelt überhaupt zu sprechen. Der kleine Ort war wie eine lebendige Gallerie of beauties und gab so recht den Beweis für die Überlegenheit der Meeresanwohner in allem, was Erscheinung angeht.

Ich bilde mir aber ein, nirgends in meiner deutschen Heimat so viel weibliche Schönheit gesehn zu haben wie damals in dieser kleinen Stadt. In den guten Familien war eigentlich alles hübsch, aber fast noch hübscher war die dienende Klasse.

Die *Scherenbergs*, denen ich mich nun zuwende, stammten ursprünglich aus Westfalen.

Das Haupt dieses Stettin-Swinemünder Familienzweiges war zu der Zeit, von der ich hier berichte, Johann Friedrich Scherenberg, ein Sechziger, dessen ältester Sohn, Christian Friedrich, damals schon über dreißig Jahre zählte, während der noch unter uns lebende Maler Hermann Scherenberg eben erst das Licht der Welt erblickt hatte. Diese starken Jahresunterschiede waren darin begründet, daß der alte Scherenberg zweimal verheiratet war, in erster Ehe mit einem Fräulein Courian, in zweiter Ehe mit einem Fräulein Villaret, beide der Stettiner französischen Kolonie entstammend. Aus diesen Eheschließungen mit Damen von durchaus französischer Eigenart erklärt es sich auch wohl, daß, durch jetzt drei Generationen hin, alle oder doch fast alle diesem Swinemünder Zweige der Scherenberg-Familie Zugehörigen eine ausgesprochene, zum Teil von sehr bemerkenswerten Erfolgen begleitete Vorliebe für die schönen Künste gehabt haben.

Überblicke ich mit Umgehung der Damen, in deren Reihen sich vielfach dieselbe künstlerische Neigung zeigte, die Gesamtheit dessen, was seit Beginn des Jahrhunderts der Scherenberg-Familie zugehörte, so stellt sich, trotzdem fast alle von vornherein für den Kaufmannsstand bestimmt wurden, folgendes als Resultat heraus:

Christian Friedrich Scherenberg (gestorben 1881), der Dichter von »Ligny« und »Waterloo«, von Zieten-Ritt, Abukir und Hohenfriedberg; *Ernst Scherenberg*, Dichter und Schriftsteller; *Gustav Scherenberg*, Schauspieler und Theaterdirektor, *Hermann Scherenberg*, Maler und Illustrator; *Hans Scherenberg* (Sohn Hermanns), ebenfalls Maler.

Ein gut Stück Künstlerschaft.

Die Beziehungen meiner Eltern, besonders meiner Mutter, zu dem Scherenbergschen Hause waren sehr freundliche; wir Kinder aber, vielleicht weil der alte Scherenberg schon ein Schwerkranker war, überschritten kaum jemals die Schwelle des Hauses. Desto deutlicher hab ich dies Haus selbst in seiner äußeren Erscheinung in Erinnerung: ein sauberer Bau mit aufgesetztem Frontgiebel und schönen alten Linden davor. Kam dann der Sommer, so hörte man das Summen der Bienen in dem Gezweig, und die Vögel flogen wie munterer hier ein und aus. Es war, als wüßten sie, wieviel fröhliche Genossenschaft ihnen aus dem Hause, das sich hinter dem blühenden Gezweige barg, über kurz oder lang erwachsen würde.

Wie wir in unserem Hause lebten.
Sommer- und Herbsttage; Schlacht- und Backfest

Wie wir in unserem Hause lebten? Im ganzen genommen gut, weit über unsern Stand und unsere Verhältnisse hinaus. Allerdings schoben sich, speziell auf das Küchendepartement hin angesehen, auch sonderbare Zeitläufte mit ein, so, beispielsweise, wenn wir, in Sommertagen, wegen überreichen Milchertrages, wochenlang im Zeichen der Milchsuppe standen. Alles streikte dann, Appetitlosigkeit vorschützend.

Aber das waren doch nur kurze Ausnahmezustände, für gewöhnlich wurden wir gut und zugleich sehr verständig verpflegt, was wir, mehr noch als meiner Mutter, unserer Wirtschaftsmamsel, einer Mamsell Schröder, zuzuschreiben hatten. Von dieser muß ich, ehe ich weitergehe, berichten. Als wir in Swinemünde eintrafen, war meine Mutter, wie schon in einem früheren Kapitel erzählt, einer Nervenkur halber in Berlin zurückgeblieben, und die Frage trat gleich nach unserer Ankunft an meinen Vater heran, wer inzwischen die Wirtschaft führen solle. Lokalzeitungen gab es nicht, also mußte mündlich herumgefragt werden, und schon wenige Tage später traf ein von einem Boten überbrachter Brief aus der Pudaglaschen Oberförsterei bei uns ein, worin der Oberförster Schröder anfragte, ob sich seine Schwester uns vorstellen dürfe, sie habe die Wirtschaft in seinem Hause gelernt. Mein Vater antwortete sofort zustimmend und war zwei Tage lang glücklich in der Vorstellung, eine Oberförster-Schwester, noch dazu aus Pudagla, als Wirtschafterin in sein Haus nehmen zu können. Das gab Relief; er fühlte sich wie geehrt. Und am dritten Tage fuhr die Schröder denn auch bei uns vor und wurde seitens meines Vaters empfangen. Er versicherte später, Contenance bewahrt zu haben, doch bin ich dessen nicht ganz sicher, trotzdem ihm sein gutes Herz und seine Politesse den Sieg über sich erleichtert haben mögen. Bei der Schröder aber waren es die Blattern. Indessen was heißt Blattern! Jeder hat einmal von den Blattern heimgesuchte Personen gesehen und dabei den Ausdruck »der Teufel habe Erbsen auf ihrem Gesicht gedroschen« mehr oder weniger bezeichnend gefunden. Jedenfalls ist der Ausdruck sprüchwörtlich geworden. Hier aber wäre diese sprüchwörtliche Wendung eitel Beschönigung gewesen, denn bei der guten Schröder gab es nicht erbsengroße Kuten, sondern halbhandbreite Narbenflächen. Ein Anblick, wie ich ihn nie wieder gehabt habe. Trotzdem, wie schon in Vorstehendem gesagt, kam es zu einem Engagement, und niemals ist ein glücklicheres abgeschlossen worden. Die Schröder war ein Schatz, und als sechs Wochen später meine Mutter, eintraf, sagte sie: »Das hast du gut gemacht, Louis; so entstellt sie ist, ihre Augen sind ihr geblieben und sagen einem, daß sie treu und zuverlässig ist. Und vor Liebschaften ist sie sicher und wir mit ihr. An der werden wir nur Freude haben.« Und so kam es auch. Solange wir in Swinemünde blieben, so lange blieb auch die Schröder in unserem Hause, von alt und jung geliebt und verehrt, nicht zum wenigsten von meinem Vater, der ihr besonders ihren Gerechtigkeitssinn und ihren Freimut hoch anrechnete.

So viel über die gute Schröder, und nachdem ich ihrer in diesem Exkurse gedacht habe, frage ich noch einmal: »Ja, wie lebten wir?« Ich gedenke es in einer Reihe von Bildern zu zeigen, und um Ordnung und Überblick in die Sache zu bringen, wird es gut sein, das Leben, wie wir es führten, in zwei Hälften zu teilen, in ein Sommer- und in ein Winterleben.

Da war nun also zunächst das *Sommerleben*. Um Mitte Juni hatten wir regelmäßig das Haus voll Besuch, denn meine Mutter hielt noch, nach alter Sitte, zu Verwandten, was wir Kinder nur sehr unvollkommen von ihr geerbt haben. Aber wohlverstanden, sie hielt zu Verwandten, nicht um Vorteile von ihnen zu haben, sondern um Vorteile zu gewähren. Diese Sommermonate, von Mitte Juni an, waren durch die Fülle von Besuch oft reizend, meist junge Frauen aus der Berliner Verwandtschaft, plauderhaft und heiter. Das Haus war dann, auf Wochen hin, total verändert, und Scherz und Schalkhaf-

Ostseebad Swinemünde, Strand mit Seebrücke

Ostseebad Swinemünde, Kaiser-Friedrich-Seebrücke

tigkeit, die sich bis zur Ausgelassenheit steigerten, herrschten vor. Die Streitaxt war begraben, und die glänzendste Nummer in dem sich nun entspinnenden Wettstreite guter Laune war immer mein Vater selbst. Er war, wie oft schöne Männer, das absolute Gegenteil von einem Don Juan, auch stolz auf seine Tugend, aber so undonjuanmäßig er war, so gascognisch entzückend war er, wenn es sich um übermütige, gelegentlich die verwegensten Themata streifende Wortkämpfe mit den jungen Frauen handelte, von welchen letztren er nur forderte, daß sie hübsch seien, sonst verlohnte sich's ihm nicht.

Und nun zurück zu dem Sommerbesuch in unserm Hause. Das junge Weibervolk immer zu vergnügen war mitunter etwas schwer, und es hätte sich vielleicht als unmöglich erwiesen, wenn nicht die Pferde gewesen wären. An fast jedem schönen Nachmittage fuhr der Wagen vor, und diese mit ihrem Besuch uns zeitweilig fast erdrückenden Badesaisontage mögen wohl die einzigen gewesen sein, wo sich meine Mutter, ohne übrigens ihre Grundanschauung deshalb aufzugeben, vorübergehend mit der Existenz von Pferd und Wagen aussöhnte. Wer Swinemünde kennt, und es kennen es viele,

weiß, daß man, bei Nachmittagspartien, wegen hübscher Ziel-
punkte nicht in Verlegenheit kommt, und auch schon damals war es
so wie heute. Da ging es, am Strand hin, bis Heringsdorf oder nach
der andern Seite hin, bis an die Molen, am beliebtesten aber, schon
um Schutz gegen die Sonne zu haben, waren die Fahrten landeinwärts, entweder durch dichten Buchenwald auf Korswandt zu oder
noch lieber nach dem in Nähe des Haffs und des Golms, gelegenen
Dorfe Kamminke. Da war eine vielbesuchte Kegelbahn, auf der
dann auch die Damen mitspielten. War ich dann endlich müde vom
Warten, so trat ich durch eine schief hängende, immer knarrende
Gittertür in ein Stück Gartenland ein, das dicht neben der Kegelbahn hinlief, und zwar parallel mit ihr. Es war ein richtiger Bauern-
garten, Balsaminen und Reseda blühten drin, und an einer Stelle
standen die Malven so hoch, daß sie eine Gasse bildeten. Sank dann
die Sonne drüben am Walde, so schwamm der nach Westen liegende
Golm in einem roten Licht, und die metallne Kugel auf seiner hohen
Säule sah, als wäre sie golden, auf das Dorf und den Kegelgarten
hernieder. Myriaden von Mücken standen in der Luft, und die
Hummeln flogen zwischen den Buchsbaumbeeten hin und her.

Mit Beginn des August verließ uns gewöhnlich unser Besuch
wieder, und kam dann der September heran, so schieden auch aus
der Stadt selbst die letzten Badegäste.

Waren dann die letzten Badegäste fort, so ließen die Äquinokti-
alstürme nicht lange mehr auf sich warten und setzten sich, wenn
es ein schlimmes Jahr war, bis in den November hinein fort. Erst
fielen die Kastanien, dann prasselten die Ziegel vom Dach, und
aus den Dachrinnen, die immer so angebracht waren, daß sie gerade dicht neben den Schlafstubenfenstern mündeten, stürzte der
Regen platschend in den Garten. Dann wieder jagten zerrissene
Wolken am aufklarenden Himmel hin, die Luft wurde kalt, alles
fror, und den ganzen Tag über stand ein alter Holzhauer in der Re-
mise, bei dem sich nun mein Vater einfand und, die Axt in die Hand
nehmend, eine halbe Stunde lang statt seiner das Holz spaltete.

Das gesellschaftliche Leben ruhte während dieser Spätherbst-
tage, man erholte sich von den Strapazen der Sommersaison und
stärkte sich für die Wintergesellschaften. Aber ehe diese kamen,

war noch ein mehrwöchentliches Interregnum durchzumachen, die Schlacht- und Backzeit, die letztere schon mit der Weihnachtszeit zusammenfallend.

Mit dem Gänseschlachten fing es an. Eine reguläre Wirtschaftsführung ohne Gänseschlachten konnte nicht wohl gedacht werden. Es handelte sich dabei um mancherlei, zunächst wohl um die Federn zur Herstellung immer neuer Fremdenbetten, vor allem aber auch um die geräucherten Gänsebrüste, die fast so wichtig waren wie die Schinken und Speckseiten im Rauchfang. Waren, kurz vor Martini, die Gänse zu diesem Zweck in genügender Zahl herangetrieben und auf dem Hofe, wo nun ein entsetzliches Schnattern uns eine Woche lang um unsere Nachtruhe brachte, zu letzter Auffütterung eingepfercht, so wurde auch schon der Tag zu Beginn der Festlichkeit festgesetzt. Meist Mitte November.

Diese Schlachtzeit war nämlich zugleich auch die Zeit, wo das aus Gänseblut zubereitete »Schwarzsauer« tagtäglich auf unseren Tisch kam, ein Gericht, das, nach pommerscher Anschauung, alles andre aus dem Felde schlägt. Auch mein Vater hielt es für seine Pflicht, sich dieser landestümlichen Anschauung anzuschließen, und sagte, wenn die dampfende Riesenschüssel erschien: »Ah, das ist recht; davon eßt nur; das ist die schwarze Suppe der Spartaner; alles Saft und Kraft«, er selber aber suchte sich, geradeso wie wir, das Backobst und die Mandelklöße heraus und überließ die Kraftbrühe der Gesindeschaft draußen.

Unter einem glücklichen Stern stand die Backwoche, wo mit Pfeffer- und Zuckernüssen begonnen und mit Brezeln, Kranz- und Blechkuchen aufgehört wurde. Wir durften nicht nur mit in die Backstube hinein, darin es überaus anheimelnd, nach bitteren Mandeln und geriebener Zitrone roch, sondern erhielten auch, als Weihnachtsvorschmack, eigens für uns Kinder gebackene kleine Wekken, alles reichlich zugemessen. »Ich weiß«, sagte meine Mutter, »daß sie sich den Magen daran verderben, aber das ist besser, wie wenn sie knapp gehalten werden. Sie sollen, all diese Zeit über, eine Festfreude haben, und die bringt ihnen ein Festkuchen am besten bei.«

Es war ein sehr heißer Sommer, ich glaube 29 oder 30, und soweit sich's ermöglichte, waren wir im Freien oder machten auch wohl

Partien. Unter diesen war auch eine nach der Oberförsterei Pudagla, der, wie schon erwähnt, zu jener Zeit der Oberförster Schröder, ein Bruder unserer Mamsell Schröder, vorstand, ein vorzüglicher Herr, gütig, gewissenhaft, gastlich. Und eines Sonntags fuhren wir da hinaus: meine Mutter und ich und noch zwei jüngere Geschwister. Die Schröder blieb zu Haus, ich weiß nicht, weshalb, ebenso mein Vater, der nicht dabeisein konnte, weil er »Wache« hatte. »Wache haben« war ein terminus technicus und hieß soviel wie, statt des Gehülfen, der seinen »freien Sonntag« hatte, das Geschäftliche persönlich übernehmen, also statt seiner auf »Wache zu ziehn«. Mein Vater fand dies immer etwas »inferior« für einen Mann von seinen Qualitäten, jedenfalls aber sehr langweilig, weshalb er nie unterließ, sich für die Nachmittags- und Abendstunden eine Spielpartie einzuladen. Da zu dieser, wenn irgend möglich, auch die beiden Doktoren der Stadt gehörten, so war er auf die Weise ziemlich sicher, vor Mixturenmischen und ähnlichem bewahrt zu bleiben. Solche Einladung an zwei, drei Freunde war auch an dem hier zu schildernden Tage ergangen, wir aber fuhren, in aller Frühe schon, auf die Oberförsterei zu, denn es war ein weiter Weg, erst Ahlbeck, dann Heringsdorf, dann Gothen und zuletzt Pudagla selbst, das in einem weiten Bezirk kostbarer alter Buchen lag. Nach dem Strand hin, in einiger Entfernung, erhob sich der Streckelberg, der höchste Berg dieser Gegenden, zu dessen Füßen Vineta gelegen haben soll. Um zehn waren wir draußen, frühstückten und bewunderten zunächst ein junges Reh, das man, in einem Abschlag des großen Gemüsegartens, eingehegt hatte. Dann gingen wir zu Tisch. Gegen vier Uhr, so war das Nachmittagsprogramm, wollten wir in den Wald und dort Kaffee trinken. Es war inzwischen aber so heiß geworden, daß wir den Schatten des Hauses vorzogen und uns in Flur und Küche vergnügten, bis wir aus des Oberförsters Munde hörten, daß ein schweres Gewitter im Anzuge sei. »Dann wollen wir eilen«, sagte meine Mutter, wir fahren gute drei Stunden, bei Dunkelwerden vielleicht noch länger, und mein Mann wird in Unruhe sein, weil er weiß, daß die Kinder sich ängstigen.« Ob sie dies alles glaubte, denn mein Papa ängstigte sich wenig um uns, weiß ich nicht. Der gute Oberförster aber gab nach, und um sechs fuhr der Wagen vor. Ich kam vorn zu dem Kutscher, einen Strauß mit Erdbeeren in der Hand, der mich zunächst tröstete. »Viel vor neun kommt es nicht herauf«, waren des Oberförsters letzte Worte gewesen, und er schien auch recht behalten zu sollen. Wir litten zunächst wenig von der Schwüle, bis wir, nach fast anderthalbstündiger Fahrt am Strand hin, in den Wald einbogen. Es war zwischen Gothen und Heringsdorf. Und nun änderte sich die Situation sehr schnell, denn kaum daß wir unter den Bäumen waren, so fuhr auch schon ein heller Blitz durch das Dunkel. Von Donner hörten wir nichts. In der Tat, es war zunächst nur Wetterleuchten, aber von solcher Intensität, daß der Wald wie in Feuer stand. Die Pferde wurden immer unruhiger, und als wir bis an die ersten Häuser von Ahlbeck gekommen waren, wandte sich der Kutscher in den Fond des Wagens hinein und fragte, ob wir nicht vor dem Dorfkruge halten und das Wetter abwarten wollten. Aber meine Mutter, in der ihr eigenen Resolutheit, wollte davon nichts wissen. »Nur zu.« Und so ging es denn weiter. Zunächst zwischen den Häusern und Hütten hin und dann wieder in den jenseits des Dorfes sich fortsetzenden Wald hinein. Das Wetter hielt sich noch immer, und erst als wir wieder im Freien und schon in Nähe des zwischen den Dünen gelegenen, mehrerwähnten Kirchhofs waren, hörten wir ein dumpfes Rollen und sahen, wie sich etliche, vereinzelt umherstehende Kiefern im Winde zu beugen begannen. Es war sicher, das Losbrechen war nur noch eine Frage von Minuten. »Vorwärts.« Aber die Pferde konnten kaum noch, und immer langsamer mahlte der Wagen in dem tiefen Sande. Trotzdem schien alles gut für uns ablaufen zu sollen, das Unwetter gab uns erneuert eine Frist, und als wir unser Haus und die Kirche schon in Sicht hatten, war noch kein Tropfen Regen gefallen. Im selben Augenblicke jedoch, wo wir hielten, gab es Blitz und Schlag zugleich, so mächtig, daß wir erschreckt in unsere Sitze zurückfielen; es mußte ganz in der Nähe eingeschlagen haben, und wolkenbruchartig stürzte der Regen auf uns nieder.

Das Kampieren im Freien war jedesmal ein unendlicher Genuß für mich. Wir hatten verschiedene Lagerstellen; eine war in den tiefen Sandgruben am Kirchhof, eine zweite zwischen den Dünen und eine dritte, mehr landeinwärts, in den Moorgründen, die sich, mit ihren hundert Torfpyramiden und ebenso vielen dunklen Wasserlachen, von den Ausläufern der Stadt her bis nach Korswandt und Kamminke zogen. Aber mehr noch liebten wir eine Waldstelle, nahe bei Heringsdorf, die »Störtebeckers Kul« hieß. Dies war ein tiefes Loch, richtiger ein mächtiger Erdtrichter, drin der Seeräuber Störtebekker, der zu Anfang des 15. Jahrhunderts die Nord- und Ostsee beherrschte, mit seinen Leuten gelagert haben sollte. Gerade so wie wir jetzt. Das gab mit ein ungeheures Hochgefühl, Störtebecker und ich. Was mußte ich für ein Kerl sein! Störtebecker war schließlich in Hamburg hingerichtet worden, und zwar als letzter seiner Bande. Das war mir nun freilich ein sehr unangenehmer Gedanke. Weil es mir aber, alles in allem, doch auch wieder wenig wahrscheinlich war, daß ich der Hamburger Gerichtsbarkeit ausgeliefert werden würde, so sog ich mir, aus dem Vergleich mit Störtebecker, unentwegt allerhand süße Schauer. Die »Kule« war sehr tief und bis zu halber Höhe mit Laub vom vorigen und vorvorigen Jahr überdeckt. Da lag ich nun an der tiefsten Stelle, die wundervollen Buchen über mir, und hörte, wenn ich mich bewegte, das Rascheln des trockenen Laubes, und draußen rauschte das Meer. Es war zauberhaft. Nur meine Truppe verdroß mich beständig, denn jeder einzelne, mit seiner höchst zweifelhaften Räuberanlage, stellte mir die gewöhnlichste Prosa des Lebens wieder vor Augen. Mein jüngerer Bruder, gutmütig wie er war, nahm immer eine Bierkruke mit aufgelöstem und furchtbar schäumendem Lakritzensaft mit, was meine »Störtebeckerschen«, die sich davon einschenken ließen, »Met« nannten. Zugleich waren meines Bruders Taschen mit einer Unmenge von wurmstichigem Johannisbrot gefüllt, um das man sich, mit einer allerdings halben Räuberenergie, balgte. Mir widerstand das alles, und ich trank Quellwasser, das ich mit der flachen Hand schöpfte.

So ging es in der »Räuberkule« zu. Mir persönlich, so gruselig die Kule war, war übrigens ein etwas näher gelegener Platz fast noch mehr ans Herz gewachsen; das war eine Waldlichtung, auf halbem Weg nach Kamminke, dieselbe Stelle, die schon im Sommer 27, an eben dem Tage, wo wir unsere Einfahrt in Swinemünde hielten, einen so tiefen Eindruck auf mich gemacht hatte.

CHRISTIAN FRIEDRICH SCHERENBERG

Fischerlied

Abend zieht gemacht heran,
Dunkel wird es in der Höh,
Aus den Wellen leis und linde
Wehn die stillen Abendwinde,
Weht's herüber von der See:
Fischer komm! Fischer komm!
Die See ist fromm.

Sterne zünden sacht sich an.
Grüßen schweigend aus der Höh
Ihre tiefen feuchten Brüder,
Fragen still und hoch hernieder:
Ist sie fromm, die See?
Und die Tiefe spricht zur Höh:
Sie ist fromm, die See.

Und herüber nickt der Stern:
Fischer komm! die See ist fromm.
Sterne, unser Gottvertrauen,
Fischerlicht, auf das wir bauen,
Wenn ihr es saget, sei's gewaget:
Mann und Zeug, macht fertig euch,
Fischer, in die See!

Joachim Ringelnatz

Störtebeckerlied

Seeräuber und Kameraden.
Wenn meine Augen richtig sind
Hat die Bark voraus auch Fässer geladen. –
Auf, ihr Hurenboys! An die Brassen!
Royal hoch! Alle Lappen noch härter an den Wind.
Denn die Hunde wittern Blut.
Denn sie segeln gut.
Das muß der Teufel ihnen lassen.

Hei! Holt die hollandsche nieder
Und hißt die Flagge rot – rot – rot!
Und singt recht schweinische Lieder.
Vielleicht ist einer von uns morgen tot.
Denn sie haben eine Kanone an Bord.
Und ein halbes Dutzend Soldaten
Mit Blei und mit Dünnschiß geladen.
Wir aber sind kühne Piraten
Und fürchten nicht Tod noch Mord.
Wir sind weder fromm – aber frei.

Was mag in dem Schiffe wohl sonst noch sein?
Kakerlaken oder Seife oder Gold oder Wein? –
Nun signalisiert: »Dreht bei!«
Und ich, euer Kaptain, rufe: Enterhaken klar!
Und kämmt den Krämern das ölige Haar.
Nur merkt euch: Die Leute alle über dreißig Jahr
Sollen leben bleiben. Leben bleiben –
Nun hofft, wie es kommt, und glaubt, wie es war.
Und fragt nicht, wie lang wir's noch treiben.

Liebe mit mir verfluchte Halunken.
Was soll denn mit den
Unter dreißig geschehn?
Die machen wir mit Braunteer betrunken.
Aber wer uns gefällt,
Weil er's ehrlich mit uns hält,
Dem sei das Leben geschunken.
Den andern aber sagen wir: Amerika ist nah.
Und knüpfen sie sauber an die Obermarsraa.

Old sailors! Likedelers!
Kommt selber und schaut:
Sie haben ein Weibstück an Bord. Unsre Braut
Sie sollen leben! Unsre Braut sie soll leben!
Und ich werde sie weitergeben,
Bis zuletzt sie der Schiffsjunge nimmt.
Der soll dann mit Eisenstücken
Und Ankerketten sie schmücken
Und sehen, wie weit sie damit schwimmt.

HEINRICH LAUBE

Meine Fahrt nach Pommern

Swinemünde

Swinemünde ist das Seebad von Berlin wie Scheveningen vom Haag, Havre de Grace und Boulogne von Paris. Obwohl es etwa dreißig Meilen von Berlin entfernt liegt, so kann man doch mit Schnellpost und Dampfschiff in vierundzwanzig Stunden da sein. Nächst den Berlinern sind natürlich die Pommerschen Leiber vorherrschend in diesem Seebade, auch die Schlesier, tief eingekeilt in's Binnenland, wenden sich meist hierher, wenn sie Meereseinflüsse brauchen. Was weiter nach Westen in Deutschland liegt, sucht die Nordsee.

Wie das Volkslied sagt »es fiel ein sanfter Regen«, als wir an's Land stiegen, der Schöneberger verließ uns brüste ohne Abschied, der Postbeflissene schüttelte sich, und vertraute mir, es sei ihm noch so jämmerlich zu Muthe, daß er sich gleich zu Bett legen müsse, und nicht einmal in's Gesellschaftshaus kommen möge. Dies Gesellschaftshaus liegt wenige Schritte abgesondert von der Stadt, aristokratisch allein, einige hundert Schritte vom Landungsplatze und diesem gegenüber. Es ist der Mittelpunkt fashionabler Badewelt, und auf ganz stattlichem Fuß eingerichtet. Man findet Mittags dort eine große *table d'hôte*, und Abends Gesellschaft, die sich mit Essen, Trinken, Spiel, Musik und Tanz unterhält.

Ein Schiffer wies mich mit Gepäck und Wohnungsgesuch an sein reizloses Weib, und wir stiegen am Bollwerke hinab auf festem feuchtem Sande – dieser solide Dünensand vertritt hier die Stelle des Pflasters. Eine lange artige Reihe Häuser mit der Aussicht auf den inneren Hafen, welchen die Swine bildet, zieht sich im stumpfen Winkel an diesem Quai hinunter, langsamen Ganges fast eine kleine Viertelstunde einnehmend. Hinter dieser ersten Reihe finden sich noch zwei, drei Straßenschichten, und diese nicht unbedeu-

Heinrich Laube, um 1830

tende Masse, hinten an einen Föhrenwald und an Sandfläche gelehnt, bildet Swinemünde. Vom Meere ist nichts zu sehn.

Es war in den letzten Tagen des August, und ich konnte annehmen, daß die Wohnungen bereits zum größten Theile verlassen seien;
suchte mir also die hübscheste mit einem Treppenaufgange und

113

breit rankenden Pfirsichbäumen geschmückte Villa aus und trat hinein. Da fand sich denn auch eine sehr noble Wohnung, ein großes, gut möbliertes, sogar mit einem Fortepiano geschmücktes, dreifenstriges Zimmer und ein geräumig Schlafgemach. Das gilt in der Saison wöchentlich fünfzehn Thaler, daraus kann auf den Preis-Courant im Allgemeinen geschlossen werden; er ist ganz solid und tüchtig, gestattet indessen bei der außerordentlich großen Anzahl von Wohnungen – fast zwei Drittheile des Orts sind zur Aufnahme eingerichtet – die Jedem zusagende Modification. Jetzt, außer der kouranten Badezeit, kostete meine Wahl auch nur den dritten Theil des Saisonpreises. So saß ich denn bald eingerichtet im großen Zimmer einsam und allein, und wie es zu gehen pflegt, wenn man sich auf einige Zeit in neue Räume und neue Zustände einsetzt, das ganze Leben mit seinen tausend Anfängen und Versuchen tritt wie eine Summe vor die Seele. Ich hatte die Fenster geöffnet, es regnete leise draußen, die weißen Raaen der Schiffe leuchteten auf dem Hafen; links und rechts, wo noch Badegäste wohnten, klang Gesang und Saitenspiel, frische Mädchenstimmen flogen wie Vögel durch den dunklen Abend.

Unruhiger ward der Regen, Wind und Sturm erhob sich von der Meerseite her, halb hörte ich das Brausen und Toben der See, die nördlich hinter Swinemünde an die deutsche Küste pocht. Dazwischen klang zu meinem Erstaunen ein gedämpftes polnisches Lied: vier bis fünf Gestalten, dicht von Mänteln verhüllt, strichen schattenhaft durch den Regen vorüber – wie auseinander gerissene Atome fliegt diese Nation mit ihrem Weh in Europa umher, überall begegnet man ihr. Der Sturm verschlang ihre leisen Stimmen, der Regen rauschte, kalt wehte es aus dem Wasser herüber, ich schloß das Fenster, und horchte im Bett dem Toben weiter – vielleicht, dachte ich, ringt ein Schiff draußen auf Tod und Leben mit diesem Wetter, während Du ausruhst von Reise und Drang; das ist die Welt.

Als der Regen etwas nachließ, wollte ich das Meer suchen gehn – ein oberflächlicher Bekannter, oberflächlich für mich und für sich, mit dem ich Gott weiß in welches Herren Land Wein oder Kaffee getrunken hatte, begegnete mir, und suchte mich zu orientieren.

Fast vor allen Häusern in Swinemünde sind kleine Leinwand-
dächer, sogenannte Marquisen, angebracht, die Sonne mag vom
Wasser und Dünensand arg zurückprallen, und schattende Bäume
fehlen.

Ich bat meinen Begleiter, mir den Weg nach dem Meere zu zeigen. Dem fernen Donnern nachgehend kam ich in einen Föhrenwald, welcher drei Schritt hinter Swinemünde beginnt, und bis an
die Dünen geht. Man nennt ihn Plantage.

So kam ich an die Dünen. Das sind kleine Sandhügel, drei, vier,
fünf Schritt hoch, welche das Land vom Meere scheiden. Sie haben
den schönsten Streusand.

Ich trat auf die Dünenspitze – Meer! Ostsee! Schwarzgrün, mit
weißem Schaum bedeckt, kam sie daher, als wollte sie weit hinein
in's Land, wenigstens bis Angermünde oder Neustadt Eberswalde,
hielt aber still an dem ebenen Sandufer, noch eine ganze Strecke
jenseits der Dünen. –

Von Ewigkeit, von Unendlichkeit, von Menschenkleinheit, von
wüster Absolutheit sollt' ich durchdrungen sein, das gilt für die ge-

Seebad Heringsdorf

läufige Art, wie man empfindet beim Anblick des Meeres, und wer dergleichen Empfindung nicht zur Hand hat, das ist ein verwahrlostes Geschöpfe. Rechts laufen die sogenannten Molen ein langes Stück hinaus in's Meer, an deren Spitze der Leuchtthurm, links tritt die Küste mit den rothen Dächern von Heringsdorf auch ein wenig vor, aufdringlich für das Auge – was den Eindruck der Unermeßlichkeit betrifft, da ist das Meer nur Meer, wenn man eben nirgends einen Maaßstab sieht.

Wenn ich links und rechts Land sehe, wie hier auf einer Düne bei Swinemünde, wer bürgt mir denn dafür, daß da hinten der Wasserhorizont meeresweit hinausreiche? Kann nicht gleich dahinter Land sein? Muß ich denn der Landkarte aus dem geographischen Institute zu Weimar glauben? In Weimar kann man sich ja auch mal irren.

Unter die Badehütten, welche vor mir lagen, hatte sich aber zu abscheulicher Ironie ein kleiner hoffnungsvoller Pommerknabe geflüchtet, um den Gesundheitsgöttern sein Frühopfer zu bringen, der Bademeister, welcher so etwas wittern mochte, umkreiste die Anstalt und überraschte den offenen Pommeraner in Flagranti – es sollte mir heute auch keine Gedankentäuschung gestattet sein.

Die vor mir liegenden Hütten sind nur das, was man ein Seebad nennt: auf hölzernen Stegen findet sich ein Quantum Kammern zum Auskleiden, und offene Stege führen etwas weiter ins Meer hinein; in weiße Tempelherrnmäntel gehüllt wandeln die Entkleideten da umher, bis ihnen der Moment kommt, hineinzuspringen. Kränkere, oder die sich sonst mehr separieren wollen, finden zwei große Badekutschen, das heißt mit Leinwand überzogene, auf 4 Rädern stehende Kasten; diese sind schon so weit hineingeschoben in See, daß man von ihnen aus gleich in eine genügende Tiefe des Wassers steigen kann. Wer bei mangelndem Wellenschlage das Wasser stürmischer auf den Leib oder auf bestimmte Theile des Leibes haben will, den versehen Badediener mit genügenden Kübelstreichen, das heißt sie versetzen ihm aus ledernen Kübeln, die etwa wie Feuereimer aussehn, so geschickte Wasserstreiche, als man nur verlangen kann. In der See selbst ist Hauptsache, die heranbrausenden Wellen da aufzufangen, wo sie sich am stärksten brechen. – Das ist alle Verrichtung und Wissenschaft eines Seebades.

Sie war vorüber in Swinemünde, aber der Nachsommer war noch zu finden, Equipagen, Krankheits- und Gesundheitsklatsch, Geschichten, recht viel Geschichten, Partieen, Sonnenschein und Regen. Darin besteht Saison und Badeleben. Im Seebade ist aller Mittelpunkt der Wellenschlag: erst spricht man davon, ob welcher sein wird, dann ob welcher ist, zuletzt, ob welcher gewesen ist, und dann geht's wieder zum Futurum. Das hat sein Einfaches. Für die ersten Tage ist auch die Gesellschaft ohne Ertrag für den einzelnen Ankömmling, denn sie hat auch einen Haupttheil ihres Reizes in ihrer Geschichte, man muß erst Neigung oder Abneigung oder Gleichgültigkeit für Diesen oder Jene in sich aufgefunden, man muß erst irgend einen Bezug haben, ehe man einen Reiz gewinnt. Also Partieen und Geschichten waren der mir angedeutete nächste Beruf – die ersten Seebäder wirkten aber hypochondrisch auf mein Gemüthe, ich war stumm, einsiedlerisch, braun-melancholisch. Was Partieen! Sand, Fichten, Fläche, Wasser, was für Partieen kann solche Komposition geben? Es passierte also in den ersten Tagen nichts als Schwermuth, Lectüre, Betrachtung über die Nachbarschaft, und der unerwartete Besuch einer Dame, welche mich für einen Doktor der Medizin hielt, und mir all ihre epileptischen Leiden bis ins Detail zur Kur vorlegte.

Wenn ich so fort laborierte, kam ich aber auch nicht einmal zu Badegeschichten; ich schloß mich also an einen rüstigen Badegast, machte Partieen und ließ mir erzählen.

Es war ein Buchhändler, der schon ein bewegtes, erfahrungsreiches Leben durchgemacht, zur Napoleonischen Zeit mit Noth und Gefahr der Konskription sich entwunden hatte, und auf dieser Flucht nach Oesterreich und bis tief nach Ungarn hinein gerathen war.

Jetzt wanderte er mit mir durch den tiefen Sand nach einem Walde, hinter welchem Korswandt eine gepriesene Swinemünder Partie liegen sollte – dieser erste Besuch ist mir auch der liebste geblieben: ein prächtiger voller Wald führt eine Stunde weit zu einem schweigenden, an schwarzen Seen gelegenen Dorfe, wo ein trefflich Unterkommen zu finden ist. Der Wald ist nur außen mit trock-

Korswandt

nen, inproduktiven Kiefern umkränzt, wie man ein reich Geschmeide in unscheinbares Futteral verbirgt, innen locken dunkel und erquickend die tief gefärbte Laubbäume, es klingt der ruhende Wald, es herrscht die schattige, flüsternde Lebensstille, die so kräftig zum Einkehren in sich selbst ladet, zum Verkehr mit dem Weltgeiste, zum Gedächtniß an ferne Liebe, an unbefangenes Kindesgefühl, zum Glauben ans Gute, zum Glauben an Ruhe und Glück, zum Glauben an Ehe, zum Glauben an Geister. Wald, prächtiger, klingender Wald, du bist ein Element von ewig thätiger, ewig schöner Kraft; du bist des Nordens schönster Reiz, der Schooß unsrer Gemüthswelt, die einen poetischen Ausdruck sucht.

Der Buchhändler sagte: Aber warum schreiben Sie nicht über meine Verlagswerke so, wie Sie diesen Wald bei Swinemünde betrachten und durchspringen?

Ach, wirklich, wir sind in der Nähe von Swinemünde, das hatte ich ganz vergessen – wer vermuthet hier, weithin von Waldrändern umsäumt, eine verschwiegene Landschaft mit dunklen Seen! Schauen Sie, da hinten fliegt ein Reh durch die Buchen, und dort, wirklich, als hätten wir uns die Romantik bestellt, dort hinten im Einbug des See's geht ein Fischreiher seinem Fange nach, der Gänsehirt am Waldeshange schläft mitten unter seinen Pflegbefohlnen.

Da uns der Weg nach Korswandt so gut gerathen schien, machten wir uns anderen Tages zu einer neuen Partie auf, nach dem Golm. Das ist ein Berg, von welchem die Aussicht rings auf die Gewässer zu finden sein sollte. Der Weg führt durch einen sandigen Kieferforst, und läßt wenig erwarten – da zeigt sich rechts, hinter einer Moorwiese, ein grün bebuschter Hügel. Dorthin fochten wir uns durch sumpfige, extemporierte Pfade, und eine Laubholzung bergauf passierend, die frisch und kräftig war, erreichten wir halb die mäßige Höhe. Ein feiner Staubregen perlte auf die Blätter, ein Wagen, für den die Straße bis hierauf gangbar ist, stand unter den Bäumen, eine Dame saß unter einer großen Bude, welche für die Besucher errichtet sein mochte, die aus einer nahe liegenden kleineren mit Kaffee und Imbiß versorgt werden konnte. Auf dem Gipfel des Berges, denn das eben Beschriebene fand sich auf der letzten Lehne desselben – steht eine kleine gemauerte Warte, oder ein Tempelchen, wie man es nennen will, eine Mauer nach der Rückseite des Berges, ein Paar schmale Seitenwändchen, ein Paar Säulen, wenn ich mich recht erinnere. Dort war die Aussicht und ein interessant aussehender Herr zu finden, wahrscheinlich die Ergänzung der unten sitzenden Dame; denn unsre Damen haben sich so sehr alle Selbstständigkeit entwinden lassen, daß man sie immer nur halb zu sehen glaubt, wenn sie uns in freier Natur allein begegnen. Die Aussicht ist ganz besonders: rechts hinter Bäumen, welche diesen Augenblick verregnet waren, das Haff mit breitem, nebelbedeckten Wasserspiegel, links wiederum Wald, und dahinter der Swinespiegel und die gelben und weißen Häuser Swinemündes, dann ein neuer Waldstreifen, und über diesen hinaus als Horizont das Meer, rückwärts nach allen Seiten Bergwald.

Vom Lande zu fegten Regenwolken, nach Swinemünde und dem Meere zu war es licht, als ob da Hoffnung und Rettung von den Kümmernissen und Beschwernissen des Landes zu finden sei, bei Madame Hannemann in der Lootsenstraße, welche der Herr Major als eine sehr preiswürdige Conditorin zu empfehlen pflegte.

Mit dem Dampfschiff von Stettin nach Swinemünde und Rügen

Die Fahrt auf dem belebten Flusse und dem Großen Haff (Binnensee) ist höchst anmutig und unterhaltend. Die Oder wird durch Baggermaschinen stets in gehöriger Tiefe erhalten, sie ist anfangs schmal. Die Abfahrt von Stettin gewährt ein malerisches Bild. Brücke und Werft sind gewöhnlich mit Menschen zahlreich besetzt, Hunderte von Flaggen und Wimpeln flattern in den Lüften, die Stadt steigt amphitheatralisch am Abhange empor, hoch von dem stattlichen Schlosse überragt, gewerbliche Anlagen mancherlei Art ziehen sich am Ufer hin.

Frauendorf, ein viel besuchter Vergnügungsort mit seinen grauen Häusern und einem ansehnlichen Wirtshause blickt am Abhange links aus Bäumen hervor, zur Rechten sieht man auf weiter Strecke nur Wiesenland. Dann berührt das Boot den Dammschen See, läßt links die kleine Stadt Pölitz und läuft in das breitere Papenwasser, zwei Stunden nach der Abfahrt von Stettin aber in das Große Haff ein, nachdem sich rechts die kleine Stadt Stepenitz gezeigt hat.

Das Große Haff hat einen Umfang von sechzehn Meilen; die westliche Küste ist dem Auge des Dampfbootfahrers zeitweise entrückt. Aus diesem weiten Wasserbecken ergießt sich die Oder durch drei Mündungen, Peene, Swine und Dievenow genannt, in die Ostsee, wodurch zwei große Inseln gebildet werden, Usedom, auf welcher Swinemünde liegt, wo der Schwedenkönig Gustav Adolph am 24. Juni 1630 mit einem Heere von 17 000 Mann landete, und Wollin, mit der Stadt gleichen Namens, die vom Boote aus sichtbar ist. Wenn dieses das Haff verläßt und in die Swine einläuft, zeigen sich rechts die Lebbiner Sandberge mit ihren waldgekrönten Abhängen. Auch hier sind die Dampfbagger stets in Tätigkeit, das Fahrwasser in gehöriger Tiefe zu erhalten.

Bald legt nun das Boot bei Swinemünde (Drei Kronen, Kronprinz) an, dem Hafen von Stettin für die größten Seeschiffe, deren, namentlich russische, hier häufig vor Anker liegen. Die zahlreichen saubern Häuser und Gasthöfe kündigen Swinemünde zugleich als Seebad an. Die Bäder liegen eine halbe Stunde von der Stadt, doch werden die zu Heringsdorf, eine Stunde von hier, von vielen wegen der ländlichen Abgeschiedenheit und hübschen Lage, besonders wegen des reinern Seewassers und kräftigern Wellenschlages vorgezogen.

Vineta, die sagenhafte üppige Hauptstadt und Meerveste der wendischen Anwohner der Ostsee, soll am Fuße des Streckelberges, drei Meilen nordwestlich von Swinemünde, ebenfalls auf Usedom, gelegen haben, bis vor undenklichen Zeiten das Meer sie bedeckte. Ihre zahlreichen Türme und Paläste erblicken Seher heute noch tief unter der blauen Flut, während weniger poetische Gemüter darin nur Felsen und Klippen sehen. Die Aussicht von dem 150 Fuß hohen Streckelberg übertrifft die gerühmte vom Rugard auf Rügen. Bei Karstädt zu Koserow in der Nähe des Berges findet der Wanderer gute Unterkunft.

Das Boot verläßt Swinemünde und fährt nun durch die Molen, lange ins Meer spitz auslaufende Steindämme, 1829 vollendet, zum Schutz gegen das Versanden der Swine, an deren Ende sich ein Feuerturm befindet. Dann verkündet ein je nach Wind und Wetter mehr oder weniger fühlbares Schwanken des Bootes, die offene See. Bei heiterer windstiller Luft ist das Meer selbst nervenschwachen Naturen nicht gefährlich, unter andern Umständen aber erleiden wohl Stärkere selbst auf dieser kurzen Fahrt einen Anfall der Seekrankheit. Das einzige Mittel, sich vor derselben zu schützen, besteht darin, sich beim Annähern derselben flach auf den Rücken zu legen, so daß das Schwanken des Bootes nicht fühlbar wird.

Zur Rechten schweift das Auge über die unermeßliche Wasserfläche, während links die waldbedeckte Küste von Usedom, weiterhin das pommersche Festland mit den Türmen von Greifswald und Wolgast, und vor dem Einflusse der Peene die kleine Insel Ruden, nur von einigen Lotsen bewohnt, erscheinen. Zur Rechten tauchen die steil abfallenden Ufer der Greifswalder Oie (Aue, Insel) aus dem Meere auf, im Hintergrunde tritt immer deutlicher die Insel Rügen in die Erscheinung, namentlich der östlichste Punkt, das Vorgebirge Peerd auf der Halbinsel Mönchgut. Das Boot durchfährt nun den Rügianischen Bodden (Bucht) bei der kleinen Insel Vilm vorbei und landet zu *Lauterbach*, wo stets Wagen bereit stehen, um die Ankommenden nach dem eine halbe Stunde entfernten Putbus zu bringen.

Dampfer. Ankunft an der Landungsbrücke im Ostseebad Heringsdorf

Emil Palleske

Wie reizlos ist doch euer Pommernland!

Wie reizlos ist doch euer Pommernland!
Flach wie ein Brett, eintönig, nichts von Prangen;
Wär' nicht der Ostsee blaues Ordensband,
So trüge niemand, es zu sehn, Verlangen!

Mag sein, mein Freund, daß wirklich »nicht viel dran«,
Und doch ist's schön! Du meinst, ich wollte scherzen?
Auf die Betrachtungsweise kommt es an:
Du siehst nur mit dem Aug', ich mit dem Herzen!

Bräuche der Schiffer und Fischer

Äußerst charakteristisch sind die Schifferbräuche und die Meinungen; da gibt sich der tiefe poetische Sinn des Volkes kund, der sich auch in den Sagen von den versunkenen Städten ausspricht. Dem leben Wind und Welle als geheimnisvolle Persönlichkeit, mit der der Mensch in den Bund treten, die er locken und werben, aber auch erzürnen kann. Durch Pfeifen locken und verstärken sie den Wind. »Man darf daher ja nicht an Bord pfeifen, wenn Sturm ist, sonst wird dieser dadurch immer stärker; bei schwachem Wind aber oder bei einer Windstille ist es sehr gut, wenn man in einem lokkenden Ton pfeift; weil man aber doch nicht wissen kann, ob der Wind dadurch nicht gar zu stark werden möchte, muß man zwischen dem Pfeifen dem Wind einige Schmeichelworte zusprechen, zum Beispiel ›kumm, old Bröderken‹, oder ›kumm, olle Junge‹. Ältere Schiffer brauchen gar nicht einmal zu pfeifen, um den Wind zu locken; sie sind mit ihm schon bekannter und brauchen sich nur ans

Steuer zu stellen und einige Male zu rufen: ›Kuhl up, oll Vader, kuhl up, kuhl up!‹ Binnen einer Viertelstunde kommt dann gewiß der gewünschte Wind; sie dürfen aber nur halblaut und in einem schmeichelnden vertraulichen Ton rufen, denn sonst möchte er doch etwas zu gewaltig kommen. Ist der Wind gut, so darf man ja nicht von ihm reden, denn das kann er nicht vertragen, und er schlägt um.«

Bei konträrem Wind darf man an Bord ja nicht flicken oder nähen, sonst näht man ihn fest, und er kann nicht herum; aber bei gutem soll man ja nähen, dann behält man ihn. Einen Feuerbrand oder auch nur eine glühende Kohle darf man nicht über Bord werfen, sonst gibt's gewiß Sturm; ebensowenig darf man, wenn auf der See Vögel kommen, sie fangen oder nach ihnen haschen; greift man nach den Vögeln, greift man auch bald nach den Segeln. Um guten Wind zu bekommen, muß man einen Besen ins Feuer werfen, mit dem Stiel nach der Gegend, aus der der Wind herkommen soll. Will der konträre Wind gar nicht nachlassen, so muß man in die Gegend, aus der man den Wind zu haben wünscht, einen stumpfen Besen, jedoch ohne Stiel, über Bord werfen; aber ohne große Not soll man das nicht tun; weil man nicht wissen kann, wie stark der Wind wird – und es kann leicht Sturm entstehen –; auch schadet man dadurch vielen anderen Schiffen. Daher entsteht manchmal großes Schimpfen und Schelten, wenn zwei Schiffe einander begegnen und das eine dem anderen, das mit gutem Wind segelt, einen solchen Besen entgegenwirft.

Einen Toten darf man nicht über 24 Stunden an Bord behalten, sonst dauert die Reise dreimal länger. Nimmt man beim Bau eines neuen Schiffs etwas gestohlenes Bauholz zum Kiel oder zu einem anderen Hauptstück, so segelt es vorzüglich des Nachts schnell. Gibt's beim ersten Hieb in den Kiel Feuerfunken, so wird das Schiff schon auf der ersten Reise zugrunde gehen; legt man beim Einsetzen des Großmastes in ein neues Schiff ein Stück Geld – besonders eine alte, nicht mehr geltende Münze darunter –, so wird es viel Geld verdienen.

Jedes Schiff hat seinen Kalfater oder Klabautermann, der den Schiffer warnt, dem Schiffsvolk hilft und das Schiff bis zum letzten

Der Klabautermann

Augenblick schützt. Begegnet man »Nachtlichtern« auf der See – besonders auf der »Spanischen« (Stillen Ozean) –, so gibt's Schaden; da sitzt der Teufel in einer Teertonne und treibt auf der See. Wenn ein Schiff in die Gegend des Kaps der Guten Hoffnung kommt, so muß es sich vor dem »Nachtkreuzer« hüten, der an alle Schiffe herankreuzt, und ja nichts von ihm annehmen – nicht einmal einen Brief zur Bestellung –: man sieht aus allen seinen Kanonenluken Feuer brennen und hört seine Segel, aber nicht sein Rauschen im Wasser. Dieser Nachtkreuzer hat sich vor langer, langer Zeit dem Teufel übergeben, wenn er eine glückliche Reise machen werde; er hat dies aber nachher wieder bereut und dem Teufel den Kontrakt aufgekündigt, und nun kann er niemals nach Hause kommen.

An diese Bräuche und Meinungen der Schiffer reihen sich die der Fischer, und auch da bricht die sinnige Anschauung schön zutage;

Fischer mit Südwester, Öljacke, Bartkrause und Tonpfeife

Der alte Seemann als Spaßvogel

so die Vorstellung von der geheimnisvoll wirkenden, dem Menschen freundlichen, den Fleiß segnenden Persönlichkeit des Elementargeistes; da ist die Seejungfer am Haff und besonders am Papenwasser, die den Fischern bei der Arbeit zusieht und ihnen Glück und Segen bringt. Ein tiefer sittlicher Grundzug, das Glück nicht durch Prahlerei und Übermut herauszufordern, läßt sich in dem Brauch erkennen, daß der Fischer nie sagen soll, wieviel er gefangen hat, sonst hat er kein Glück mehr; jener sittliche Grundzug ist nur verdüstert, nicht aufgehoben, durch die Praxis, daß er, wenn er durchaus eine bestimmte Antwort geben muß, nur ungefähr die Hälfte des wirklichen Fanges angeben soll. Alte Naturreligion und christliche Einflüsse vermischen sich bei dem Glauben, daß der Fischer in den heiligen Nächten vor Ostern, Pfingsten und Christi Himmelfahrt die ganze Nacht durcharbeiten solle, weil der Fischfang zu keiner anderen Zeit so gesegnet sei.

Ganz besonders eigentümlich – und keineswegs phantastische Einbildung – ist die Gabe der Vorschau in Pommern und Rügen; hier nennen sie es »wafeln«. So schauen sie Feuersbrünste und strandende Schiffe im voraus wafeln, und so ein Wafeln soll's auch sein (ist's aber nicht), wenn sie die versunkenen Städte – wie Vineta – am Ostermorgen in der Meerestiefe ganz deutlich zu sehen meinen. Es ist in diesen Menschen noch ein starker Naturtrieb, eine gar mächtige Urstimme, die durch all die Schlacken und Krusten heraustönt, die Unbill der Zeiten um den guten, edlen Kern angesetzt hat. So soll man's nicht Aberglauben, vielmehr einen Ausdruck tiefen Natursinns nennen, wenn die im Lieper Winkel auf Usedom, die sonst nicht im besten Leumund der Sittlichkeit stehen, zu einem, der mit dem Brot spielt und zum Spiel ein Messer hineinsticht, sagen, »er steche dem lieben Gott ins Herz«.

WILHELM MEINHOLD

Humoristische Reisebilder von der Insel Usedom

Die Ankunft des Freundes. Die Klosterkirche zu Crummin

Es war am 27. Juli 1836 des Morgens, als ich auf meinem freundlich gelegenen Studierzimmer den gefaßten Plan zu einem Werke über alte Jungfern durchdachte.

Da plötzlich sprangen zwei muntere Knaben eines Wolgaster Freundes herein, und meldeten für den Nachmittag den höchst willkommenen Besuch eines alten Universitätsfreundes an.

Kaum konnte ich den Nachmittag erwarten, und als die Stunde gekommen war, ging ich dem sehnlich Erwarteten mit meinen Knaben entgegen, traf ihn auch bald von einigen Wolgaster Freunden umgeben, und hieß ihn herzlich auf meiner ihm unbekannten Pfarre willkommen, für die er sich sogleich wegen der romantischen Lage meines Dörfchens Crummin zu interessieren schien. Das ganze Anwesen lachte uns allen idyllisch am Fuße eines Hügels mit seiner hohen, obwohl turmlosen Kirche und seinen großen Wirtschaftsgebäuden entgegen, gleich dahinter ein lieblicher Wasserspiegel, der Strummin genannt, und in der Entfernung einer Viertelmeile von den romantischen Bergwäldern der Halbinsel Gnitz begrenzt. Außerdem bläute seitwärts, und von einer langen weißen Bergreihe eingefaßt die Crumminer Wiek, ein Busen des Peenstroms, von dem anmutigen, gleichfalls bewaldeten Bauer-Berge, jedoch in beträchtlicher Ferne, begrenzt.

Nach der Betrachtung dieses freundlichen Bildes in dem abgeschiedenen Dörfchen wieder angelangt, war einer der ersten Besuche meines Freundes die hiesige Kirche, welche den Pommerschen Geschichtsschreibern zufolge, noch die alten Mauern des hier ehemals gewesenen Cistercienser-Nonnenklosters bilden sollen. Dies ist jedoch mit Einschränkung zu verstehen, denn der Chor ist erweislich neueren Ursprungs und erst nach dem 30jährigen Kriege errichtet, in welchem die Kaiserlichen hier, wie fast überall in Pommern, auf so unerhörte Weise hausten, daß Kanzel und Altar, Bänke und Emporen herausgehauen und verbrannt wurden, die Kirche aber selbst dachlos dastand, mit einem hölzernen Turm daneben, in dem die Feinde von drei Glocken nur eine übrig gelassen hatten.

Die Abfahrt

Die übrigen Freunde waren am Abend spät zur Stadt zurückgekehrt, und nur mein alter Greifswalder Kommilitone hatte sich entschlossen, meiner Einladung Folge zu leisten und des nächsten Tages mit mir eine poetische Kreuz- und Querfahrt durch die Insel Usedom zu machen, die man früher Use-dumm nannte, aber seit die Bildung auch bis zu uns gedrungen, und kein Mensch hier mehr dumm sein mag, Usedom benamset hat.

Mein Studienfreund trieb den Kutscher an: »Du bist ja noch keine Meile gefahren, Junge. Sollen wir die Nacht bei Eulen und Füchsen verbringen?« Der Bursche versprach eine schnellere Gangart, und da wir in eine der ödesten Gegenden der Insel Usedom zwischen den Dörfern Bannemin und Zinnowitz, ein flaches und mit Heidekraut bestandenes Moorland, gekommen waren, so schien es uns hieraus leicht erklärlich, warum Zöllner in seiner Reise durch Pommern der Insel Usedom alle Naturschönheiten abspricht: denn der ganze Weg von Wolgast bis Swinemünde, welchen er machte, ist in der Tat von Anfang bis zu Ende höchst einförmig und ermüdend; wenn man in der großen Landstraße bleibt, wie er es tat.

Unter diesen Gesprächen passierten wir das Dorf Zinnowitz, wo ein guter Gasthof sich befindet, welchen ich allen Reisenden auf Swinemünde empfehlen will. Denn, dafern sie die Reise am Strande machen, bekommen sie in einer Entfernung von drei Meilen bis Heringsdorf keinen Schornstein und oft keinen Menschen mehr zu sehen, nichts, als auf einer Seite Meer und auf der andern Düne und Wald.

Wir zogen es aber vor, zuerst einen poetischen Abstecher zu der, eine halbe Meile von hier gelegenen, wunderlieblichen Halbinsel

Gnitz zu machen, welche seit der 2ten Hälfte des 14ten Jahrhunderts bis auf den heutigen Tag sich ununterbrochen im Besitz der von Lepelschen Familie befunden hat, früher aber teils zum Klostergebiet von Pudagla teils von Crummin gehörte.

Der Gnitz

Der Weg zu dieser freundlichen Halbinsel führt bald über einen Damm in einen anmutigen Eichwald, der rechts von dem schon erwähnten Strummin und links von dem sogenannten Achterwasser, einem größeren Busen der Peene, begrenzt wird. Auf beiden Vorufern findet sich ansehnliches Bruchholz und darin eine treffliche Jagd, besonders auf wilde Enten, die hier oft in so ungeheuren Scharen die benachbarten Gewässer umlagern, daß sie bei ihrem Aufsteigen fast die Sonne verdunkeln und, wie man erzählt, ein früherer Besitzer des Gnitzes deren einmal 40 auf einen Schuß erlegt haben soll, was aber auch selbst denen übertrieben scheint, welche die günstigen Jagdverhältnisse des Ländchens kennen. Dem sei jedoch wie ihm wolle; soviel ist gewiß, daß dies Geflügel besonders um die von allen Seiten von offenem Wasser umspülte Insel Görmitz sich in ungeheuren Scharen versammelt, und dort, zur Zeit des Mauserns über 100 an manchen Tagen geschossen werden. Außerdem gibt es hier zur Frühlings- und Herbstzeit auch Schwäne in Menge, auf die aber niemand Jagd macht, Fischottern, und in den Wäldern horstet der Adler.

Ist der Reisende den einzigen Weg, der durch den genannten Wald führt, etwa eine Viertelmeile weit gefahren, so biegt er rechts auf ein höher gelegenes Plateau und zwar in einen anmutigen Buchenforst ab, und geht oder fährt so lange bergan, bis die kleine Fichtenschonung beginnt, wo sich eine der schönsten Aussichten des Gnitzes darbietet, gewahrt man vor sich das Dorf Neuendorf, links seitwärts das Dorf Netzelkow mit der Pfarrkirche, dahinter das Achterwasser mit der Insel Görmitz, und fast im Rücken türmt sich wie ein Riese der Streckelberg empor, der von hieraus gesehen, in der Tat fast die Gestalt eines Gebirges annimmt.

Es erlaubte unsere Zeit nicht, das Dorf Netzelkow zu besuchen, was auch eben nichts Merkwürdiges darbietet, es möchte denn die große Glocke sein, die nach den Formen ihrer lateinischen Inschrift zu schließen, aus dem 14ten Jahrhundert stammen dürfte. Doch zeigte ich meinem Freunde von dem Mühlenberge aus das bescheidene Pfarrhaus, wo ich am 27. Februar 1797 das Licht der Welt erblickte, und erzählte ihm von meinem Vater, der wegen seiner seltsamen Lebensweise einer der originellsten Menschen war, die es je gegeben haben möchte.

Seine gemütvollen Predigten, besonders aber seine Gelegenheitsreden, worin er es oft allen mir bekannten Predigern zuvortat, werden noch lange im Gedächtnis seiner Freunde wie seiner Gemeinde bleiben.

Die Oie und der Ruden

Ich erklärte meinem Freunde, daß wir von nun an bis Swinemünde (4 Meilen) wahrscheinlich kein lebendiges Menschengesicht mehr sehen würden, worin ich mich jedoch dieses Mal geirrt hatte. Es führen nämlich von hieraus zwei Wege nach Heringsdorf, der eine

»durchs Land« wie man zu sagen pflegt, d. i. über Coserow, Ükeritz, Bansin und Ahlbeck, der aber entweder höchst sandig oder höchst holprig (weil dieses sogenannte Land fast ein ununterbrochener und hinter Ükeritz ein ohne feste Wege in die Irre führender Wald ist). Der andere führt an dem einsamen Strande entlang, den man dann vorzieht, wenn der Wind über Land kommt und der lose Ufersand von dem dann zurücktretenden Meere angefeuchtet und gehärtet ist.

Wir schlugen den ersteren Weg ein und hatten das Glück, wenn auch nicht einen vorzüglichen so doch einen mittelmäßigen Strand zu treffen. Beim Austritt aus den Dünen strahlte uns herrlich und prachtvoll das blaue Meer mit der Insel Oie entgegen. Das Gespräch über dies reizende etwa zwei Meilen entfernte und nur von drei Bauernfamilien bewohnte, fruchtbare Eiland beschäftigte uns nun eine Weile. Auf ihm ist seit einigen Jahren ein Leuchtturm erbaut, dessen Besuch wir von Swinemünde aus durch das Dampfschiff jedem Reisenden anraten möchten. Wenigstens ist das die sicherste und bequemste Weise, die Oie zu erreichen, wenn man nicht vorzieht, es von Peenemünde aus (der äußersten nordöstlichen Spitze der Insel, wo der Peenestrom ins Meer mündet) auf einem Fischerboote zu tun und dabei gleichzeitig die sandige, unfruchtbare nur von einigen Lotsen bewohnte Insel Ruden zu besuchen. Diese

ist merkwürdig dadurch, daß sie im Jahre 1304 durch einen ungeheuren Orkan von der Insel Rügen losgerissen wurde, wodurch zwischen beiden Inseln eine neue Meerenge »das neue Tief« entstand; sowie auch ferner dadurch, daß dies der erste Ort in Deutschland war, an welchem einst Gustav Adolph landete und betend unter seinen Offizieren hinkniete, um sich zu dem großen Erlösungswerk der Kirche zu rüsten.

Ich selbst wurde auf das Treuherzigste von diesem biederen Völkchen im Sommer 1835 empfangen, denn es war gerade Kindtaufe dort. Auch wir mußten im eigentlichen Sinne des Worts bei jedem essen, bevor uns auch noch der gemeinsame Tisch vereinte, an dem die ganze Bevölkerung der Insel, Jung und Alt, Weib und Kind, versammelt war.

Die Dünenpflanzungen

Im Laufe unseres Gespräches zeigte ich meinem Freunde die wohltätigen neuen Anpflanzungen, welche seit 10 bis 14 Jahren durch die Tätigkeit des Oberförsters Schröder in Friedrichsthal entlang der flachen Damerowschen Küste getroffen sind und in dem hellen Flugsande so üppig gedeihen, daß sie schon mehr als einmal die anstürmende See, wenn auch nicht aufgehalten, so doch die Kraft ihrer Verheerung gebrochen haben. Da aber selbst auch die bergige und mit Wald bestandene Ostküste der Insel immer nur einem momentanen Schutz gegen den Andrang des Meeres gewährt, indem dieses den Fuß des Bergufers unterhöhlt, und dadurch veranlaßt, daß der Berg selbst mit seinen oft jahrhundertalten Bäumen – ein furchtbar erhabener Anblick! – in den kochenden Abgrund niederstürzt, so hat jener talentvolle Mann im Verein mit seinem Bruder eine neue Art der Dünenbepflanzung erdacht und angewandt, welche die erfreulichsten Folgen für die Zukunft verspricht, und unter der Autorität des Staates jetzt bereits an der ganzen Pommerschen Küste betrieben wird.

Er pflanzt nämlich den sogenannten Strandroggen, nicht, wie man früher zu tun pflegte, auf die Höhe der Dünen, sondern an den Fuß derselben und in fast waagerechter Senkung mit dem Wasserspiegel des Meeres. Dadurch kommt die Wurzel dieses weitwuchernden Gewächses tiefer als jener zu liegen: es bildet sich bald durch den Ansatz des Treibsandes eine kleine Düne umher, in das die Mutterpflanze Samen und Schößlinge senket, wodurch binnen kurzem, ein solches, mit der steigenden Düne gleichzeitig zunehmendes Wurzelgewirre entsteht, daß der Vater Oceanus, der mit den größten Bäumen wie mit Strohhalmen spielt, diesen gordischen Knoten vergebens zu lösen sucht und seine ohnmächtige Wut an ihm auf das Glücklichste zerschellt und gebrochen wird.

Da wir aber nicht Lust hatten, das 200 Fuß steile Ton- und Sandufer in der Tageshitze zu erklettern, so ersparten wir uns seinen Besuch bis zur Rückreise, und es wurde statt dessen beliebt, stille zu halten und diese Hitze für einige Augenblicke in dem kühlen Schoße der Woge zu begraben, d. h. mit anderen Worten, wir badeten uns aus freier Faust, und trockneten uns so gut es gehen wollte mit unsern Taschentüchern und Staubmänteln ab, mußten aber, als wir eben damit beschäftigt waren, oben auf dem Abhang des Berges und hinter Tannenzweigen versteckt einige kichernde Dirnengesichter gewahren.

Heringsdorf

Mittlerweile hatten wir unsern Schneckenzug um den sogenannten langen Berg *(bei Bansin)* vollendet, und das liebliche Heringsdorf strahlte uns mit seinem Buchenkranze in der Abendbeleuchtung entgegen. Das waldige Bergufer läuft bald in eine baumlose und fast ebene Fläche aus, und erhebt sich erst wieder hier und mit dem genannten Dorfe zu stattlicher Höhe.

Bevor man es jedoch erreicht, gewahrt man etwa 1000 Schritt davon eines Baches, oder eigentlich eines Grabens, der aus dem Gothner See kömmt und sich hier ins Meer ergießt. In der Regel erscheint er nur knietief, aber man fahre ja nicht gerade hindurch, weil man in Gefahr gerät, daß die Wagenräder darin plötzlich auf eine solche Weise versinken, daß keine Gewalt der Pferde sie wieder zu lichten vermag, und man in ähnlichen Fällen häufig Leute aus den benachbarten Dörfern herbeiholen mußte, um sie heraus zu graben. Ursache ist die bindende Kraft des mit Wasser geschwängerten, breiartig gewordenen Meersandes.

Man biegt daher links von diesem Bache, der Schlohm genannt, unmittelbar ins's Meer ein, und umfährt die wenigen Schritte seiner Breite, und zwar ohne alle Gefahr. So machten wir es auch, und gelangten in der Dämmerung am Fuße des anmutigen Bergufers an, auf welchem das als Seebad bekannte Dörfchen, eine neue Schöpfung des Oberforstmeister v. Bülow auf Rieth bei Ueckermünde, sich in malerischen Häusergruppen erhebt.

Nachdem wir uns bei dem Inspector Schulze mit einem Abendbrote und einem Glase Wein erquickt hatten, begaben wir uns auf das Plateau am Gesellschaftshause und sahen uns die reizende Gegend an, von der wir nicht wußten, ob wir mehr sie, oder den genialen Geschmack ihres Schöpfers (denn sie ist erst durch die Waldlichtungen des Herrn v. Bülow entstanden) bewundern sollten. Wie fern dieser Ausspruch von aller Übertreibung und aller Himmelei sei, geht schon daraus hervor, daß unter anderen die Herren Staatsminister von Kamptz, der Professor Klenze in Berlin und der als Romanschriftsteller rühmlichst bekannte Willibald Alexis (Haering) sich hier Sommerwohnungen erbaut haben; der letztere ein liebliches Schweizerhäuschen in einer Bergschlucht, die aufs Meer sieht und seitwärts von hohen Buchen umschattet ist.

Der Reiz der Gegend wurde noch durch viele Umstände an diesem einzigen Sommerabend erhöht. Denn während wir so dastanden und unsere Augen über die dämmernden Gebüsche des Vordergrundes zu dem lieblichen Buchenkranze gleiten ließen, der wie ein grünes Band in anmütigen Wellenlinien das Höhenufer umzieht, ohne gleichwohl die freie Aussicht auf das Meer zu hemmen, ging unter uns, eine halbe Meile entfernt, das Feuer in dem Leuchtturm von Swinemünde auf, und rechts neben uns drängte der Mond seine glutrote Scheibe über die Gipfel der Buchenwälder hervor.

Wir wenden uns und schauen nach der Richtung, woher wir gekommen. Da liegt noch das spiegelklare Meer in den saffranfarbigen spätabendlichen Tinten, welche auch noch stellenweise den Gothnersee überblitzen; während der ungewisse Schleier der Nacht schon ringsumher die waldigen Berghöhen umzieht.

Wir trennten uns spät und schwer, waren jedoch, von unserm freundlichen Wirte geweckt, gegen 3 Uhr schon wieder auf den Beinen, um den Sonnenaufgang aus dem Meere zu genießen.

Badelustige können also schwerlich einen romantischer gelegenen Ort wählen, darum wächst deren Anzahl hier auch von Jahr zu Jahr, und der Reiz des idyllischen Stillebens läßt bei solchen Naturgenüssen selbst manchen vornehmen Mann, wenn sich keine andere Gelegenheit darbietet, die erste beste Hütte des Dörfchens zur Herberge wählen. Und vollständigkeitshalber bemerke ich nur noch, daß im Orte auch Vorkehrungen zu warmen Seebädern getroffen sind.

Swinemünde

Nach einem erfrischenden Frühstück sagten wir dem freundlichen Heringsdorf Lebewohl und erreichten zu guter Zeit das eine Meile entfernte Swinemünde.

Dieser seit dem 3. Juni 1765 von Friedrich dem Großen mit städtischen Gerechtsamen bewidmete Ort war früher ein elendes Fischerdorf, West-Swine genannt und verdankt sein Emporblühen dem Seehandel.

Schon der Anblick der Stadt, welche mit einer Bevölkerung von fast 4000 Einwohnern sich in halbmondförmiger Gestalt am linken Swineufer ausdehnt, hat etwas höchst Anziehendes und für unsre Gegenden durchaus Originelles. Die breiten schnurgeraden, aber ungepflasterten Straßen, die kleinen größtenteils einstöckigen Häuserchen, die seltsame, in dem sogenannten Perücken- und Zopfstil erbaute, turmlose Kirche, die großen regelmäßigen Marktplätze, wie endlich ihre ganze einsame hier vom offenen Meer und landeinwärts rings von Wäldern begrenzte Lage verleihen ihr den Charakter einer Kolonialstadt der fernen Hemisphäre.

Ein Hauptnahrungszweig der Einwohner ist außer dem Seehandel das bekannte, hier seit 1824 gegründete Seebad, welches in jedem Jahr mehr Gäste herbeizieht und deren Zahl in dem laufenden schon bis nahe an 700 herangewachsen war. Dieser Umstand allein zeugt schon von der Zweckmäßigkeit und Trefflichkeit der ganzen

Das obere Bollwerk in Swinemünde

Einrichtung. Denn mag es sein, daß das liebliche Heringsdorf, wie andere nähere oder fernere Seebade-Anstalten durch die Naturreize ihrer unmittelbaren Umgebung es Swinemünde bei weitem zuvortun, der gleichen Reize sind nicht jedermanns Ding, oder wenn sie es wären, so interessieren sie den größern Teil nur auf Augenblicke. An Zerstreuungen aller Art gewöhnt, sucht man sie in der Regel auch im Seebade, und da diese nun Swinemünde durch die Eigentümlichkeit seiner Lage, auch eigentümlicher, als jedes andere im nördlichen Deutschland zu geben vermag, so ist es wohl daraus am besten zu erklären, wie trotz manchen Klagen über die Höhe der Preise, der Besuch des hiesigen Bades im fortwährendem Steigen begriffen ist.

Zu diesen eigentümlichen Zerstreuungen gehört nun aber ausschließlich das nie müde und immer rege Leben in dem unmittelbar die Stadt bespülenden Hafen. Täglich, ja oft stündlich, senken hier große Seeschiffe, welche zum Teil aus den entferntesten Gegenden der Welt kommen, die Anker. Mit wenigen Ruderschlägen läßt man sich hinansetzen und sieht das originelle Leben und Treiben der vielfach redenden Völker im kleinen. Bald ist es ein breitna-

Swinemünde von der alten Fähre

siger Russe, der hier die Anker wirft, bald ein pomadiger Holländer usw. Ja, der feurige und gebräunte Italiener ist kein fremder Gast mehr. Es wimmelt daher zur Badezeit von zerstreuungslustigen beiderlei Geschlechts. Wer aber die Zerstreuungen nicht in dem bewegten Leben der Natur und der Menschenwelt, sondern in der Wissenschaft sucht, der wird wohltun, sich die Mittel dazu mitzubringen, denn Bibliotheken gibt es im Orte nicht, und selbst die bekanntesten deutschen Unterhaltungsblätter pflegen erst dann ihren Kreislauf hier zu beginnen, wenn sie ihn in denselben Exemplaren bereits in Stettin vollendet haben. An leidlicher Romanlektüre jedoch gebricht es nicht. Ebenso wenig an Gelegenheit zu musikalischen Unterhaltungen, Spielpartien aller Art, dem Besuch von Schauspielern (denn in der Regel pflegt sich hier eine Truppe wandernder Künstler zur Badezeit einzufinden), Konzerten, und was sonst die ästhetische Kelle an Hausmannskost für einen zufriedenen und genüglichen Magen gibt.

Was nun die Badeanstalt selbst anbelangt, so ist überall der möglichsten Vollkommenheit angestrebt, und nicht bloß zu kalten, sondern auch zu warmen, zu Kräuter- und dergleichen Bädern sind die

Vorkehrungen getroffen, wovon man bereits die heilsamsten Erfolge, besonders in Gicht- und Nervenkrankheiten gesehen hat. Dies scheint auch allgemein anerkannt zu werden.

Es läßt sich von dem guten Sinne des Magistrats erwarten, daß er Mißbräuchen für die Folge nachdrücklichst steuern wird, wie die willkührlichen Forderungen mancher Mietsleute, insonderheit aber die Freiheit der Eckensteher, beschränken werde, welche wie die Drohnen jedes ankommende Dampfschiff umwimmeln, und die Süßigkeit des Geldbeutels schon aus weiter Ferne wittern.

Der Golm. Benz. Der Kiekelberg

Wir versetzten uns wieder auf die Straße nach unseren ausgedehnten Spaziergängen in Swinemünde und folgten am Nachmittage der freundlichen Einladung des Oberförsters Schröder, den wir auf der Straße getroffen, eines der wenigen Originale, die sein Amt nicht hat hochnäsig werden lassen, und fuhren in seiner Gesellschaft nach Friedrichsthal, um die reizende Ansicht vom Golmberge zu genießen. Der Intendant Gadebusch, dem wir auch begegnet waren, riß sich uns zu Liebe gleichfalls vom schwellenden Schreibtisch los und ward uns ein ebenso erwünschter als angenehmer Begleiter.

Die Entfernung von Swinemünde beträgt ½ Meile, und bis an den nahen Wald führt der Weg durch eine breite Pappelallee, gleichfalls ein Werk des Herrn Gadebusch, der hier den unfruchtbaren Dünenwall zuerst durchbrach und kultivierte. Wir gelangten binnen einer Viertelstunde in das anmutig gelegene Forsthaus, und, nachdem wir die nicht ganz unwichtige Gemäldesammlung unseres Wirtes uns angesehen hatten, auch ein Tausch mit mehreren Stücken zwischen ihm und meinem Freunde eingeleitet war, begaben wir uns samt und sonders auf den Weg zum Golmberge.

Wir gingen, stiegen und liefen also die ansehnliche, bis zur Spitze von anmutigem Laufholz umschattete Höhe hinan, und trafen oben in und um den geschmackvollen Pavillon, eine Menge und, wie es schien, Berliner Herren und Damen, welche sich teils aus dem benachbarten Erfrischungszelt mit einem »Kümmeloffizier« *(scherz-*

hafter Name für Schnapsverkäufer) oder einer Tasse Tee labten, teils an das Geländer des Abhanges lehnten und die Blicke über die romantische Gegend schweifen ließen. Über den grünen Wald hinaus sieht man dort, unmittelbar vor sich die roten Dächer von Swinemünde, über welchen die weißen Segel oder die schwarzen Masten der Schiffe ragen; im Hintergrunde die gelbschimmernden und oben dunkelblau umwaldeten Höhenzüge der nahen Insel Wollin, links bläuete das majestätische Meer, und rechts zogen sich lange, grüne Wiesenflächen malerisch von geschlossenen oder von einzelnen Baumgruppen umstanden bis an den Spiegel des Haffes. Die fernen Ufer des mächtigen Binnensees mit ihren Städten, Dörfern und Wäldern umschwamm ein bläulicher Duft und hundert Segel belebten weiß und rot die weitgedehnte, meilenbreite Fläche.

Aber der nahende Abend mahnte uns bald zum Aufbruch. Wir wollten noch das über 2½ Meilen entfernte Benz erreichen, und schieden also mit warmen und dankbaren Herzen von unsern wohlwollenden Freunden, wie von diesem aussichtreichen Hügel.

Bei freundlichen Gesprächen waren wir eine gute Strecke unserm

Der Golm bei Swinemünde

Ziele näher gerückt und gelangten ohne weitere Abenteuer, als meinen Kampf mit den summenden Brachkäfern (Scarabaeus solstitialis), die mir, wie alles Gewürm ein Gräuel sind, in der Spätdämmerung bei dem freundlichen Prediger Hartmann in Benz an.

Aus der Kirche zurückgekehrt, nahmen wir noch einen ungeheuren Wallnußbaum im Orte und sodann den nahegelegenen Kiekelberg in Augenschein, der eine reizende Aussicht auf das Meer, das Haff, das Achterwasser und den Schmollensee mit seinen bewaldeten Bergufern, wie auf das freundliche Dörfchen selbst gewährt, welches mit seinem Kirchturme in idyllischer Anmut, unmittelbar am Fuße dieses ansehnlichen Hügels lagert. Und jetzt mahnte uns die Stunde zum Aufbruch!

Pudagla. Die Museneier. Der Streckelberg

Es liegt das stattliche Schloß zu Pudagla, der ehemalige Witwensitz einer Pommerschen Herzogin, zu unsern Füßen.

Von dem ehemaligen Kloster hieselbst ist keine Spur mehr vorhanden.

Ohne uns weiter aufzuhalten, setzten wir unsern Weg nach Koserow über den sogenannten Klosterdamm fort und kamen bald in einen lieblichen Buchenwald, wo ich mich eines Erdkessels erinnerte, in dem man vor länger als 10 Jahren mehr als 150 Schlangen erschlagen und sie an Speeren, wie die gedörrten Aale, neben dem Wege aufgehängt hatte. Diesen Spaß hatte sich, wie ich neulich aus seinem eigenen Munde erfuhr, ein junger Jäger gemacht, welcher zugleich versicherte, das Loch hätte dermaßen von diesen garstigen, übrigens aber unschädlichen Tieren gewimmelt, daß, als er hinein gesprungen, der Boden unter ihm gewankt habe und mehrere ihm in Stiefel und Beinkleider gekrochen wären. Da ich nun selbst in diesem famosen Loche häufig lebendige Schlangen gesehen und ihre Eier daraus in ganzen Trauben erbeutet hatte, ließ ich den Wagen anhalten und besuchte mit meinem Freunde den zauberhaften Ort, der in dem ganzen Walde fast der einzige sein soll, wo sich trotz allen Störungen diese grausen Bestien immer wieder versammeln.

Er befindet sich bei der letzten Brücke vor Ükeritz auf einem Anberge unter dem Schatten einer hohen Buche. Zwar fanden wir für dieses Mal keine Schlangen darin; allein es bedurfte nur eines leichten Rührens mit dem Stocke in dem modernden Buchenlaube, welches mehr als fußhoch in dem tiefen Kessel aufgehäuft lag, als wir sogleich darunter einige Schlangeneier, welche die Größe und Gestalt von Taubeneiern haben, entdeckten. In einigen, die wir öffneten, befanden sich schon fingerlange Junge, bei welchen wie bei den meisten Tieren sich auch das Auge zuerst zu entwickeln scheint, denn es hatte eine unverhältnismäßige Größe zu den übrigen Teilen. Als wir bald darauf auch eine mehr als faustgroße Eiertraube aufrührten, war die Freude meines Freundes groß, und ich ersuchte ihn, die Kuriosität sub titulo »Museneier« einem Freunde am Stralsunder Gymnasium mitzunehmen, und ihn zu bitten, dieselbe von den jungen Gymnasiasten ausbrüten zu lassen, damit sie vor dämagogischen Ideen geschützt blieben. – Doch Scherz bei Seite! Diese Eier scheinen nur in der Moderwärme zu gedeihen, denn hervorgezogen, fielen sie fast augenblicklich ein und trockneten nach einigen Tagen beinahe gänzlich zusammen, da ihre Schale nur aus einer weißen, lederartigen und glanzlosen Haut besteht. Übrigens schienen sie die, der gewöhnlichen Ringelnatter, coluber natrix zu sein, und beruht es auf einem naturhistorischen Irrtum, daß das Tier sie an sonnige Stellen legen soll. Denn in diesen Kessel einzudringen, in welchem wir sie fanden, dürfte den Sonnenstrahlen zu jeder Tages- und Jahreszeit unmöglich sein.

Binnen einer halben Stunde waren wir in Koserow am Fuße des Streckelberges angelangt, dieses wahrhaft königlichen Hügels, wenn ihn auch nie ein König bestiegen hätte. Darum kann ich unmöglich umhin, meine Leser, welche Freunde einer großartigen Natur sind, und insbesonderheit alle, welche die Summe jeglicher Naturschönheit, den Sonnenaufgang aus dem Meere genießen wollen, hierher zu verweisen, wo dies erhabene Schauspiel wegen der majestätischen Beleuchtung der weißen rügischen Kreideküste, wegen der ungeheuren Ausdehnung des endlosen Meeres, wegen der kolossalen neben- und übereinander gehäuften und gleichfalls endlosen Wäldermassen, auf welche der verklärende Sonnenstrahl fällt, wie endlich wegen des lieblichen idyllischen Gemäldes, welches als Gegenstück des Erhabenen sich landeinwärts über den Wald zu unsern Füßen hinaus eröffnet, – wo dies erhabene Schauspiel, sage ich, weit herrlicher und imposierender als bei Heringsdorf und selbst auf Stubbenkammer erscheint.

Vielleicht aber, daß dieser majestätische Punkt mit der Zeit ganz verschwinden wird, denn der Berg leidet jährlich an dergleichen Abspülungen, deren ich schon oben erwähnt habe. In ungeheuren Massen stürzt er dann in den Abgrund, und aufgewirbelt von dem gewaltigen Orkane, steigt wie die Rauchsäule eines Vulkans eine hohe Sandsäule über ihm empor, deren Regen in Koserow nicht selten durch die Fenster drang, ja an der Neupommerschen Küste, zwei Meilen entfernt in die Kähne der Fischer niederfiel.

Bei dergleichen Abspülungen werden zuweilen schwarze Kohlenadern sichtbar, in welchen dann fast immer Bernstein, wenn auch nur in kleinen Stücken angetroffen wird.

Wir gelangten noch desselben Tages wieder in Crummin an, und am andern Morgen verließ mich mein zufriedengestellter Freund, dessen dringenden Aufforderung allein das wißbegierige Publikum die Beschreibung und Herausgabe unsrer abenteuerlichen Reise verdankt.

Pommernlied

Wenn in stiller Stunde Träume mich umwehn,
Bringen frohe Kunde Geister ungesehn,
Reden von dem Lande meiner Heimat mir,
Hellem Meeresstrande, düsterm Waldrevier.

Weiße Segel fliegen auf der blauen See,
Weiße Möwen wiegen sich in blauer Höh',
Blaue Wälder krönen weißer Dünen Sand:
Pommernland, mein Sehnen ist dir zugewandt.

Aus der Ferne wendet sich zu dir mein Sinn,
Aus der Ferne sendet trauten Gruß er hin.
Traget, laue Winde, meinen Gruß und Sang,
Wehet leis' und linde, treuer Liebe Klang!

Bist ja doch das eine in der ganzen Welt,
Bist ja mein, ich deine, treu dir zugesellt;
Kannst ja doch von allen, die ich je gesehn,
Mir allein gefallen, Pommernland, so schön!

Jetzt bin ich im Wandern, bin bald hier, bald dort;
Doch aus allen andern treibt's mich immer fort,
Bis in dir ich wieder finde meine Ruh,
Send' ich meine Lieder dir, o Heimat, zu!

Hans Hoffmann

Mein Pommernland

Ich hab' an dir so rechte Lust,
Ich kann es redlich sagen,
Du Land, an dessen breite Brust
Die Ostseewellen schlagen.
Und weht aus Nord ein kalter Wind
So mag ein armes Pimpelkind
Sich fröstelnd drob beklagen.

Wir wollen unser Heimatland
Mit keinem Rhein vertauschen,
So lang' am freien Meeresstrand
Die stolzen Buchen rauschen.
Wir fragen nicht: » Wo wächst der Wein? «
Nur: Wo wird er getrunken sein?
Da mag man Liedern lauschen.

Hans Hoffmann

Einige plattdeutsche Weisheiten

Holl di an 'n Tuun, de Himmel is hoog.

Dat Speeln is keen Kunst, awer dat Ophörn.

Wenn de Fisch dood is, helpt ein keen Woter meer.

Is niks ungesunner as dat Kranksien.

Wat helpt all dat Lopen, wenn 'n nich up den rechten Wegg is.

All to grad is ok man fad.

De Inbillung is en Hemmschauh för de Utbillung.

Ein Pommer ist im Winter so dumm wie im
Sommer. Nur im Frühjahr, da ist er etwas klüger.

Pommersche Selbsteinschätzung

GEORG BERLING

Schlaap, Kinding, schlaap!

Schlaap, Kinding, schlaap!
Tau Stall sünd lang de Schaap;
Schaap un Käukings sünd all satt,
Schleeprig is sülwst Bloom un Blatt,
Alls geit nu tau Rau …
Kind, maak't Oeging tau!

Schlaap, Kinding, schlaap!
Door baben gaan de Schaap!
Dusend Stiernings, blitz un blank,
Kiken all den Häben lang,
Winken di tau Rau …
Kind, maak't Oeging tau!

Schlaap, Kinding, schlaap!
Wat kiekst du na de Schaap?
Stiernings gaan de ganze Nacht,
Leiwer Herrgott bi en wacht,
Wenn hier alls tau Rau …
Kind, maak't Oeging tau!

Schlaap, Kinding, schlaap!
Uns' Herrgott hött de Schaap,
Hött ok in de Weig dat Kind,
Hött das Huus vör Für un Wind,
Wenn wi all tau Rau …
Kind, maak't Oeging tau!

E. KRON

Reisebilder aus dem deutschen Norden 1872

Vorwort

Das rege Interesse, das den Erzählungen über meinen Aufenthalt im deutschen Norden im engern Kreise der Heimat zu Theil ward, ermuthigte mich, meine Eindrücke auch einem weitern Kreise mitzutheilen. So hatte ich denn diese Reisebilder einem geschätzten Schweizerblatte zugedacht. Im Gedanken an die Lieben im Vaterlande, die sie lesen würden, und in dankbarer Erinnerung an den mir lieb gewordenen Norden, schrieb ich sie nieder. Und die Bilder von Carlsburg, von Stralsund, von Usedom, von Swinemünde traten alle wieder frisch vor meine Seele hin. Ich sah den Strand, die Küste, sah das Meer: »Die blaue Flut wogt' ruhig, sanft im Winde.« – Und das war in den Tagen vom 13. und 14. November 1872! Vielleicht zur Stunde, wo dies Meer, ein tobendes Ungeheuer, Land und Leute erbarmungslos verschlang.

Da erscholl der Hilferuf von der Ostseeküste, und über die deutschen Ebenen drang er auch bis nach den fernen Schweizerbergen. Die Ostseeküste, die deutschen Ebenen – eine weite, schauerliche Wasserfläche: das Meer hatte sie überflutet!

Da wußte ich denn auch, daß meine Reisebilder, diesem Norden entnommen, diesem Norden angehörten. Möchten sie, niedergelegt auf den Altar der Menschenliebe, ein Scherflein werden, der Hilfe sich anzureihen, die, wie es gebührt, daß in den Tagen der Noth ein Volk sie dem andern, ein Mensch dem andern sie leiste, den Unglücklichen bereits auch geworden und noch werden kann.

> Was auch die eig'ne Seele mag bewegen
> An leisen Sorgen und an stillem Weh,
> Trag' es hinaus! Auf sonnbestrahlten Wegen
> Hinaus in Gottes weite Schöpfung geh'!

Und lerne hier im großen All empfinden,
Lern' was es heißt: ein Theil des Ganzen sein!
Dann wird das eig'ne kleine Ich verschwinden
Und Friede kehrt in Deine Seele ein.

Es war im August des Jahres 1872, als ich meine Reise nach dem deutschen Norden antrat; das Ziel derselben war Neu-Vor-Pommern, wo treue Freundschaft meiner harrte. Wie ist sie schön, diese Stettiner-Bahn, die bis hinauf nach dem Seehafen Stralsund führt, mit ihren noch neu aussehenden Bahnhöfen, diesen festen, schmucken Backsteinbauten, die durch ihren roten Stein hier grell abstechen vom dunkeln Hintergrunde des sie umgebenden Kiefernwaldes dort, wie die Kornblumen zu ihren Füßen, fröhlichen Farbenwechsel bringen in das weithin sie umschwankende Weizenfeld.

Es war Mittag geworden. Ich wußte, daß der Ort meiner Bestimmung nicht mehr ferne; begierig, ihn zu entdecken, blick' ich in die Gegend hinaus: *Carlsburg*, das seit Alters her in Pommern bekannte Schloß Carlsburg – das Stammgut der Grafen von Bohlen und nunmehriges Besitztum des Grafen von Bismarck-Bohlen – wo mocht' es denn liegen und wie paßte es in die öde Landschaft?

Wie pochte mir das Herz, da sollte mich ja Die begrüßen, um deretwillen ich so weit her gereist kam, meine Freundin und Anverwandte. Leichte Wolken hatten indes den Himmel umzogen; ein feiner Regenschauer benetzte die trockene Erde. »Züssow«, erschallt jetzt die Stimme des Schaffners. Der Wagen hält. Ich steige aus. Ein scharfer Windhauch blies mir da ins Gesicht und kühlte mir die heiße Stirn. Ist das Dein Bote, Du frostiger Norden, und heißest Du so mich willkommen, oder willst Du mich zurück treiben dahin, von wannen ich ausging? Ich konnte nicht lange rathen, denn *sie* nahm mich jetzt in Empfang, allen nordischen Boten zu lieb oder zu leide, meine gute treue Louise.

> »Aus der Jugendzeit, aus der Jugendzeit
> Klingt ein Lied mir immerdar.
> O, wie liegt so weit, o, wie liegt so weit,
> Was mein einst war!«
> *Rückert*

Landwirtschaft! Klänge aus der Heimat, aus der Jugendzeit! Wie wachten da alte Erinnerungen in mir auf, wie prägten neue meinem Gedächtnisse sich ein. Pommersche Landwirtschaft ist eben wieder ganz andere als schweizerische Landwirtschaft. Über wie Manches bedurfte es der Erklärung, der Berichtigung. Sie ward mir denn auch vollständig, Dank sei es dem mit allem vertrauten Verwalter von Carlsburg und der trefflichen Wirtschafterin im Bereiche der Ökonomie, der liebenswürdigen Fräulein Hedwig M. Daß doch jeder Hausfrau ein Blick vergönnt wäre in Hedwigs Bereich, ich meine in die Vorratskammern von Carlsburg.

Diese Vorratskammern sind wirklich großartig. Da liegt sie denn in tiefen Truhen aufgehäuft, die »schneeichte Leinwand«, auf Carlsburgs Boden entsprossen, auf Carlsburgs Webstuhl verfertigt, liegt neben der »schimmernden Wolle«, der Wolle von Carlsburgs Schafen, aus der die warmen Decken dort, die bunten, gewirkt werden. Und die Betten von den Daunen der Gänse, wie zierlich, wie weich, diese Betten! Dann wieder die Rauchkammern mit all ihren reichlichen Schätzen! Und die Töpfe mit Butter und Honig, die Säfte und Weine in Flaschen! Und die Vorräte an gedörrtem und eingekochtem Obst, nicht zu reden von den Kasten voll Mehls, voll all den aus Getreide bereiteten Nahrungsstoffen, wozu

> »Der Scheunen gefüllte Räume,
> Und die Speicher, vom Segen gebogen«,

reichen Stoff liefern. – Und von den Vorratskammern zu den Bedienstenstuben, zu den Gelassen der Mägde, und in die Back- und Waschlokale, ins Milchgewölbe, ins Brauhaus, und bis in die Keller hinab – überall hin und her, von oben bis unten in den Häusern, die Eß- und Wohnzimmer nicht zu vergessen mit Küche und Speisegemach: überall Ordnung und Umsicht. Doch wo der Wald sein herrliches Wild, wo Hof und Stall die andern trefflichen Braten, Gärten und Gewächshäuser Gemüse und Obst für den Tisch liefern und so Alles zum Bedarfe eines wohligen Hausstandes, statt erst lange ums Geld eingehandelt, nur draußen geholt werden darf: da ist gut sein und fällt das Sorgen leichter.

Der Tisch wurde in den kleinen Garten vor dem Hause versetzt, denn umduftet von Reseden und Spätrosen, wollten wir unter freiem Himmel unser Mahl genießen. Und er war rein und klar, dieser Himmel, wie er weit, weit sich dehnte über der weiten, weiten Fläche, die vor uns, als ein unabsehbares Stoppelfeld, dalag im letzten Abendglühen. Dort im fernen Westen sank die Sonne, eine feurigrote Kugel, am gelben Horizonte langsam hinab und verbreitete über die Landschaft den Schein der Verklärung.

Ich blickte schweigend hinaus. Meine Seele bewegte der Gedanke ans Meer, das ich noch nie gesehen, dessen bloß geahntes Bild beim Anblick dieser Unendlichkeit vor mich hintrat. Der Hauch, der mich umwehte, war er sein Gruß? Nicht weiß ich's, aber ein heißes Verlangen erwachte in mir, da, wo ich nur Himmel und Erde sah, einmal nur Wasser und Himmel zu sehen.

Das ist denn auch die Stunde, wo allenthalben die Gedanken freier sich regen, wo die Fesseln sich lösen, womit das Getreibe des Tages so oft den Geist befangen und sein Sonnenlicht die Zunge gebunden hält. Wie leicht floß zu dieser Zeit die Rede; wie heiter war oft ihr Sinn! Vieles lernte ich da bei Scherz und Ernst näher kennen, das bis anhin mir nur den Namen nach bekannt war. So machte ich denn auch genauere Bekanntschaft mit Fritz Reuters »Ole Kamellen«, mit seiner »Stromtid«. Und – oben auf dem Tische, die dampfende pommersche Suppe, die *süße* Hafergrütze, »Tisane« genannt:

»Essen Sie diese Suppe, lesen Sie dazu Kantzow und Kosegarten, blicken Sie über Beide hinweg auf unsere Ebenen hinaus – und ein Hauch pommerschen Lebens wird Ihnen da entgegen wehn, wie er nur je aus Fritz Reuters Dichtungen Sie anwehte«, sagte General Bismark, Er, dessen Rede ich stundenlang gelauscht hätte, ohne je zu gewahren, daß die Zeit entschwand. Ich gehorchte ihm gerne in Allem, ich las Kanzow und Kosegarten, aber die pommersche Suppe – aß ich nicht, so geneigt ich der pommerschen Küche sonst war.

> »O Wanderglück, o Wanderlust,
> Dein will ich nun genießen!«
>
> *Aus einem Volksliede*

Mein Verlangen, das Meer zu sehen, wurde indes von mehr denn einer Seite herausgefühlt und, als sehr begründet, bald auch werkthätig unterstützt. Ich werde nie der Worte Dessen vergessen, der eines Tages zu mir sagte: »Und Sie, mit Ihrem regen Gemüthe, Sie sollten scheiden vom Norden, ohne der See einen Gruß zugesandt zu haben? Lassen Sie sich diesen hohen Genuß durch Nichts benehmen: sehn Sie das Meer!«

So theilte ich denn der Gesellschaft den kleinen Reiseplan mit, den der freundliche Verwalter eben entworfen, er, dem es ein wahres Anliegen war – als Strandgeborener – mich mit der höchsten Schönheit seines Landes bekannt zu machen, wie es uns Kindern der Berge stets ein Herzenswunsch sein wird, den Flächenbewohnern unsere Alpen zu zeigen. Dieser Plan wurde denn auch, als ein wohlausgedachter, theilnehmend begrüßt. Die Seestadt Swinemünde sollte das Ziel des kleinen Ausfluges sein: Usedom jedoch als Raststätte uns dienen.

Bald leuchtete denn der Morgen des 6. September drei frohen Reisenden zu ihrer muntern Fahrt: dem Verwalter, der netten Hedwig und meiner eigenen Person. – Freudigdankbar reiche ich unserm Begleiter die Hand zum Morgen- und Reisegruß, als die Pferde

Abendfrieden, 1871, Aquarell von Ludwig Richter

leichthin uns auf breiter Fahrstraße nach dem nahe gelegenen Forste brachten.

Es war eine überaus heitere Fahrt: heiter der Himmel über uns, heiter die schöne Erde um uns herum, und heiter die Stimmung, die uns beseelte.

Diese stundenlange Fahrt im offenen Wagen, wie sie heutzutage so selten uns noch zu Theil wird, gestattet denn auch einen recht eingehenden Blick in die Landschaft. Die Wege führen dort zu Lande oft meilenweit übers Feld – eigentliche Feldwege, wie sie bei uns kaum etwa streckenweis einmal befahren werden. Geräuschlos bewegt sich der Wagen da durch den tiefen weichen Sand; sein Rollen stört nicht den Redefluß. Lebhaft sprachen wir uns aus über so Manches, was uns eben beschäftigte. Und der Schäfer im braunen Rocke mit dem kurzen Kragen erhielt – wie er da, strickend die grobgesponnene Wolle seiner Schafe, im Feld die Heerde weidete – so gut ein Wort der Erläuterung, als die Pflanzungen blühender Lupinen, dieses im Norden so beliebten Schaf-Futters, das mit seiner süßduftenden gelben Blüthe ein Schmuck der Landschaft zu nennen ist.

Diese Straße, bald sich hebend, bald sich senkend, bringt uns je näher und näher der Fähre, die über einen Arm des Peene-Stromes uns von Neu-Vor-Pommern hinüber nach der Insel Usedom bringen soll. Sie ist eine zierlich unterhaltene Straße: das sumpfige Erdreich, das zu beiden Seiten sich dehnt mit seinen Weiden- und Erlen-

Schäfer mit braunem Rock

büschen, erheischte das Pflastern dieses Wegtheils. Hier rasselt der Wagen denn zwischen den beiden Reihen der Ebereschen hindurch.

Munter zwitschern die Vögel in den Ästen der Bäume, deren rote Beeren sie schaarenweise herbeilocken, indeß von Stamm zu Stamm die Spinnen ihre Netze ziehen – »ihre Wäsche trocknen«, wie Hedwig in der Sprache ihrer nordischen Heimat sagt; – silbern glänzen die Fäden im Morgenlicht und bewegen sich schwebend im Winde. Unter diesen hängenden Brücken blüht, zwischen dem Kiese des Weges, in zierlicherer Farbenpracht als ich sie je gesehen, die blaue Wegwarte, deren Wurzel auch hier, einfach geröstet oder zur Chicorie verarbeitet, dem Volke als Zusatz beim Kochen des Kaffees dient.

Die blauen Wasser des Peene-Stromes zeigen jetzt wogend sich links in der Ferne; in nächster Nähe wogt das Rohrschilf, in langen Strecken sich breitend, her und hin. Diese Strecken werfen reichlichen Ertrag ab, und würde wohl keinem Besitzer solch wässerigen Landtheils einfallen, deren Boden zu trainieren; denn das Röhricht, zur Dachdeckung verwendet, trägt auf diese Weise einen weit höheren Gewinn ein, als der beste Wiesengrund.

Immer deutlicher erscheint nun aber der Strom, und bald hält der Wagen vor den einzeln stehenden Häusern – Wohnungen der Schiffer, Schuppen für Waaren usw.; – wir sind bei »Schwemmwort«, der Fähre, angelangt. Die Pferde werden zurückgeschickt

Das Fährboot

nach den Stallungen Carlsburgs; wir aber besteigen den Nachen, der an das jenseitige Ufer, nach Usedom, der Insel, uns tragen soll.

Die Fahrt dauert ungefähr eine Viertelstunde, in leiser Strömung quillen die Wasser dieses einen Armes des großen, breiten Flusses demselben entgegen, der unweit der Fähre sie aufnimmt. Die Farbe dieser ruhigen Gewässer ist grün-gelb: in ihrem nassen Schooße keimen zahllose Algen. Schaaren von Schwalben bewegten diesen Schilfwald, bald in Schwärmen, die Luft verdunkelnd, drüber hinstreifend, bald in seinem Röhricht sich bergend; ihr schrilles Gezwitscher belebte die Lüfte ringsum. Ach, sie beriethen sich über die weite Reise, die ihnen bevorstand! Und wir, wir wußten, daß mit den scheidenden Schwalben nun auch der Sommer von uns schied.

Der Nachen hielt am jenseitigen Ufer. Ein Wagen mußte von den nahestehenden Häusern herbeigeholt werden. Unser Reisebegleiter besorgte dies Geschäft, wir blieben zurück am Ufer. Und das Schilfrohr seufzte jetzt klagend im Winde zu dem Klirren der Ketten des am Strande festgebundenen Kahns; ein Ton, wie aus Lenau's Schilfliedern, klang zu uns her aus dem Schilfe, und erst als der Wagen auf der breiten, schönen Straße dahinrollte zwischen den Kornfeldern und Wiesen der Insel Usedom, konnten wir den vorigen heitern Ton wieder finden.

Noch breiter und sichtbarer werden jetzt die Wasser des Peene-Stromes. Auf ihren Wogen ziehen die Schiffe daher und dahin; lustig bläst der Wind in die Segel und bläht sie hoch auf. Vom jenseitigen Ufer blicken waldbewachsene Anhöhen; ja, und aus noch weiterer Ferne, sogar Berge zu uns herüber und verleihen der Landschaft einen lieblichen, malerischen Anblick.

Die Insel Usedom ist ein fruchtbarer Erdstrich von acht bis zehn Quadratmeilen Landes (im Durchmesser). Zerrissen durch die Meerflut, wird der Boden von deren salzigem Hauche genährt und getränkt, so daß Korn, Gras und Wald herrlich gedeihen. Usedom ist aber, gleich all diesen nordischen Landtheilen, wenig bevölkert. Und einen Grundzug zum ernsten Charakter dieser Gegenden bildet eben dieses Wenigbevölkertsein. Meilenweit läßt sich da wandern, ohne daß weder Stadt noch Dorf der einförmigen Landschaft Leben und Abwechslung verleihe. Und wenn hie und da ein einzel-

ner Hof mit den dazu gehörenden »Kathen« am Wege oder im naheliegenden Felde steht, so tönt nur das Blöcken der Schafe, das Gackern der Hühner und das Bellen der Hunde dem Wanderer entgegen; sonst Alles still und stumm. Im offenen Wagen fährt etwa der Gutsbesitzer oder sein Jäger oder sein Förster – in Geschäften oder auch nach etwas mehr Zerstreuung verlangend – an ihm vorüber, der fernliegenden Stadt zu; oder es begegnen ihm die Weiber des Hofes auf dem Rückweg von jener entlegenen Kirche, deren spitzer Turm in die weite Ebene hinaus blickt.

Wir kamen jetzt Usedom näher, Usedom, der kleinen Stadt mit den 2000 Einwohnern. Ihre Türme und Mauern winkten grüßend uns zu. Denn in Usedom sollten wir also rasten bis zum morgenden Tage, der dann nach Swinemünde uns bringen wird. – Es ist aber Mittag geworden derweil. Wir fahren ein zu dem alten Tore, ein in die nordische Stadt. – Wie anders diese Städte, als die Städte Süddeutschlands und als unsere Landstädte! Von grauem Sandstein oder aus Backsteinen erbaut, sind die meisten der Häuser bloß einstöckig. Andere auch sind da, wo über dem Erdgeschoße noch ein Stockwerk sich erhebt; alle aber in die Breite sich dehnend, nicht in die Höhe erbaut, viele von vier Seiten frei stehend. Inmitten der beiden Häuserreihen führt die breite Landstraße von dem einen Ende der Stadt zum andern, oder es führt eine andere breite Fahrstraße nach anderer Richtung; auch sie umstehen dieselben zwei Reihen niederer, aber reinlicher und durchaus nicht ärmlich aussehender Häuser. Hier blinkt ein deutscher, dort ein slavischer Name uns entgegen mit Angabe des Berufs oder Gewerbes dessen, der diese Mauern bewohnt.

Warm brannte die Mittagssonne von wolkenlosem Himmel auf uns herab, und nicht wenig erwünscht war es uns, als endlich der Wagen vor einem freundlichen Hause hielt. Aus der Tür trat dessen gastliche Wirthin, die Tochter unseres Reisebegleiters, Frau Doctor R., mit dem Herrn Gemahl und den netten zwei Kinderchen und hieß uns willkommen.

Des Hauses kühle Räume boten Frische den erhitzten Reisenden; die Herzlichkeit aber, die ihnen inne wohnt, erwärmte bald auch das Gemüth derer, die als ein Fremdling hier eintrat. – Ein munteres Gespräch würzte das treffliche Mittagsmahl, an dem die Weitgereisten sich zwanglos erlabten. Rasch flogen die Stunden dahin. Und als der schöne Tag, in Nacht sich verwandelnd, im freundlichen Schlafgemach – mit der Aussicht auf den Baumgarten und, über diesen hinweg, nach dem Strome mit den segelnden Schiffen – den Müden die Augen schloß, trat auch der Schlaf hinzu und goß Stärkung über die Ruhenden aus.

> Und morgenfrisch und heiter,
> Als kaum die Nacht entschwand,
> Gings weiter jetzt und weiter,
> Die Sonne zum Begleiter,
> Hinaus ins liebe deutsche Land.

O, diese reizende Fahrt im offenen Wagen! Wie schön die Welt überall! Leb’ wohl, Usedom, mit den Türmen und Mauern dort hinten, mit den klappernden Windmühlen, getrieben vom Hauch, der da links über den Strom einhersaust, mit dem zierlichen Friedhofe auf der Anhöhe dort rechts, wo von der kleinen Kapelle aus im Schatten der Bäume, der Blick hinüber schweift nach dem herrlichen Haff, dem großen, das seine blauen Wogen, dem Peene-Strom zum Trotze noch höher treibt und weiter dehnt als dieser, den es aufnimmt, ihn nach der salzigen Meerflut zu tragen! Uns nimmt jetzt der Wald auf – ein weiter, herrlicher Kiefernwald, in den es bald tief hinein geht auf der breiten Fahrstraße. Mit dem Duft seiner Moose und Wachholdersträucher trägt jetzt der Wind einen seltsamen Geruch uns entgegen, einen Geruch, wie von nicht ferner Brandstätte. Und wirklich – wie uns eben erzählt wird – stand vor wenigen Tagen dieser Forst in Flammen: ein schrecklicher Waldbrand setzte ganz Usedom in Bewegung und konnte nur mit ausdauernder Mühe und Arbeit gelöscht werden. Noch glühte die Asche im Sonnenstrahl, und zu uns herüber drang der Geruch des verkohlten Holzes.

Lange gings fort durch den riesigen Wald, gings Swinemünde entgegen. Und jetzt wechselt Feld und Acker mit grünen Wiesen und Hecken, Nadelgehölze mit zierlichem Buchenschlag, und am Weg rieseln rauschende Quellen: der Weg ist nicht mehr die staubige Landstraße, er ist ein lieblicher Feldweg geworden, der bald zu dem in jener Gegend so bekannten und beliebten »Golm« (Golmberg) führt. Auf der ganzen rechten Seite erheben sich höhere oder tiefere waldbewachsene Anhöhen. Der Wagen bleibt jetzt am Waldessaume zurück, und wir steigen den schattigen, etwas steilen Pfad hinan. Wie versinkt da der Fuß im Sande, in dem tiefen, weißen Sand! Das ist ein seltsames Steigen für den Bergbewohner!

Endlich sind wir oben. Der Golm trägt auf seiner waldigen Höhe eine freundliche Gartenwirtschaft: Tische und Bänke zwischen den Bäumen für die Zuhörer und auch das Erforderliche für ein Orchester. Wie schön muß Musik erklingen hier in dieser Waldeinsamkeit! Doch das geschloßne Wirtschaftshäuschen zeigt an, daß es erst Morgen, und um diese Zeit herrscht Stille auf dem Golm. Aber auf seinem Gipfel, da, wo der Wald sich lichtet und wo von hölzerner Erhöhung aus das Auge in die Ferne schweift, welch ein Anblick da auf dem Golm!

Unten im Tal die weite Ebene, durch welche die breite Fahrstraße, eine gerade weiße Linie, nach der uns gegenüber liegenden Seestadt Swinemünde führt. Die Ebene, das königliche Moor ist's, diese unerschöpfliche Torfgrube, die Jahr aus, Jahr ein, seit langer, langer Zeit, ihren unterirdischen Reichtum den Menschenkindern über der Erde beut. Wie ernst sie da unten liegen, die zahllosen Torfwände, zwischen deren schwarzem Braun schmale helle Wasserstreifen glänzen: die Gräben, bestimmt, das Naß des sumpfigen Grunds abzuleiten; aber vom schwärzesten Braun bis ins Gelbe und Graue hinauf zeigt sich die Farbe der Soden, je nach der höhern oder tiefern Lage und je nach den Bestandtheilen des Torfs. Es ist ein wundersamer Anblick, dies königliche Moor; bis nahe vor Swinemünde erstreckt sich das ernste Gefilde. Die Seestadt jedoch liegt da im Morgenduft. Ein lichter Nebel hüllt, wie ein Schleier, sie ein; ich soll sie nicht sehen aus der Ferne: undeutlich nur zeigen sich durch sein Gewebe ihre Mauern, unklar, ihre Wälle, und ganz verhüllt ist der herrliche Leuchtturm, der, ein Stern der Weisen, in dunkle Nacht die Schiffe leitet zum Heil. Und dort, über Swinemünde hinaus, jener lichtblaue Streifen am Himmel, mir erscheint er wie ferne Berge, die im Lichtblau des Äthers verschwimmen: es ist mein erster Anblick des Meeres! Sieh dort den bläulichen langen Streifen, auf dem je mehr und mehr der grüne Wald sich jetzt zeichnet: es ist die Insel Wollin. Sie ist es, die mit Usedom das Haff von der Ostsee trennte, wenn nicht die Flüsse dort, sieh! die Swine, die Peene, die Divenow, drei Ausflüsse der Oder, das Haff mit dem Meere wieder verbänden. Wie schön, wie herrlich ist die Aussicht hier auf dem Golm!

Da weist unser Reisebegleiter nach Osten hin und erzählt mir die Geschichte einer einst eben so schönen, regen, blühenden Stadt, die Geschichte *Vinetas*, der Stadt auf dem Meeresgrund, *der versunkenen Stadt*.

Im fünften Jahrhundert war Vineta die größte Veste des europäischen Nordens. Wenden, Vandalen, Sachsen und Griechen und viele fremde Kaufleute fristeten dort ein glückliches Dasein; denn Handel und Betriebsamkeit gedieh in Vineta. Und wie der Ruf ihres Wohlstandes, so scholl auch der Ruf der Sittlichkeit und Gastfreundschaft ihrer Bewohner bis weit in die Welt. Doch wo Menschen ihre Häuser bauen, da ziehen auch menschliche Begierden mit ein: die verschiedenen Völkerstämme stritten sich über den Vorrang im bürgerlichen Leben. Harald, der Schwedenkönig, und Hemming, der Dänenfürst, wurden von den Vandalen zu Hilfe gerufen. Die Helfer kamen und – zerstörten die Stadt (796). Im Anfang des elften Jahrhunderts jedoch stand sie wieder da an den

Ufern der Ostsee, größer und mächtiger denn zuvor. Da aber kam ein anderer Feind, gewaltiger noch im Zerstören als Könige und Fürsten: *der Sturm*. In seiner ganzen Macht brach er los. Himmelauf türmten sich die Wasser, und brausten laut und brausten hohl. Schwarze Nacht senkte sich über den Erdrund. Und, als der Morgen strahlte, als die Sonne aufstieg über den Wassern, da war Vineta *untergegangen* in der Meeresflut, verschwunden vom Erdboden, spurlos dahin.

Führt heute Dich der Weg am Streckelberg vorbei, hinab zur See, o Wanderer, dann sieh hinein in ihren blauen Spiegel, hinunter auf den tiefen Grund! Siehst Du die Türme dort, die Mauern und die Zinnen? Das ist Vineta, die *versunkene Stadt*. Und Glocken hörst Du läuten; sie haben silberhellen Klang. Vinetas Glocken sind es; aus der Meerestiefe klingen sie herauf. Ob Du sie sehen und ihre Glocken hören wirst, weiß ich nicht; aber gestanden hat sie am Meeresstrand, die Stadt, das ist gewiß.

Die Stadt im Meere

Still ist der Abend; leise, leis
Ein süßes Flüstern nur –
Durchzieht's am Strande Buch und Reis,
Durchzieht's die weite Flur.
Das Meer, heut glatt und eben,
Erglänzt im Abendglüh'n,
Im Fluge ruhig schweben
Die Möven drüber hin.

Ein Wandersmann mit leichtem Stab
Zieht still des Wegs daher,
Er lenket nach der Fluth hinab
Die Schritte, nach dem Meer,
Und müde von der Reise
Ruht er – der Weg war lang –;
Da tönt's, bald laut, bald leise,
Zu ihm wie Glockenklang.

163

Erstaunt hört er's; weit in der Rund
Nicht Kirche, nicht Kapell'!
Jetzt blickt er nach dem stillen Grund
Des Meeres, und zur Stell'
Sieht in der Tiefe Dunkel,
Was nie gesehn er hat,
Ein helles Prachtgefunkel,
Im Meer er eine Stadt.

Es ragen Thürme hoch empor,
Von dem smaragd'nen Schein
Der Fluth bestrahlt, Zinn', Mauern, Thor'
Von silberweißem Stein.
Und Frau'n in gold'nen Wagen
Befahren hier den Plan,
Doch schwarze Rosse tragen
Die Reiter dort voran.

Und durch die langen Straßen ziehn
Gestalten, schlank und bleich,
Sie wandeln her, sie wandeln hin,
Stumm wie im Geisterreich.
Die hohen Leiber decket
Ein faltiges Gewand;
Zum ernsten Gruße recket
Jetzt aber sich die Hand.

Denn siehe! langsam, mit Bedacht
Bewegt sich dort straßab
Ein Leichenzug, schwarz wie die Nacht,
Sein Ziel: das offne Grab.
Die Leiche sonder Hülle
Liegt da ... Was hat erschaut
Der Wandersmann? Die Stille
Durchzieht ein Schmerzenslaut.

Und wieder ist es still umher;
Der Wandrer aber flieht
Den Strand, er flieht das öde Meer;
Doch ach! wohin er zieht,
Hört hinter sich, bald leise,
Bald laut, er Glockenklang
Und eine dumpfe Weise,
Die klingt wie Grabgesang.

Ja, Grabgesang! Begraben hat
Vor mehr als tausend Jahr'
Die Sturmfluth hier die mächt'ge Stadt
Vineta, ganz und gar.
Ziehst, Wandrer, Du des Wegs daher,
Dann bet' für jede Stadt am Meer,
Daß Gott sie stets in Güte
Vor solchem Graus behüte.

Nach Temme's Volkssagen

Aber die Zeit enteilt, und drüben in Swinemünde harrt man unser. Auf der weißen Straße durchs dunkle Moor fuhren wir ein in die Seestadt, diesen weitbekannten Hafen, wo Schiffe, so verschiedenen Weltgegenden zutreibend, hinausfahren in die offene See. Hier sah ich sie denn, diese mächtigen Dreimaster, diese Riesen der Meere, geschaffen, eine Riesenmacht zu bewältigen. Es ist ein ergreifender Anblick, solch ein Schiff. Ruhig lagen sie zwar da vor Anker mit eingezogenen Segeln an diesem Tage, und nur ahnen ließ ihr Bau, was erst sie sein möchten, wenn in ihrer vollständig enthüllten Pracht sie trieben auf den Wogen der See. Ich konnte sie sattsam betrachten, denn sie lagen da vor den Fenstern des Hauses, das sein gastliches Dach über uns breitete, des Hauses der Anverwandten des Verwalters, der geschätzten Rectorfamilie von Swinemünde; sie lagen da in den Wassern des Flusses, die sie hinaustragen sollten nach der unendlichen See.

Auch uns trugen die Wasser der Swine hinaus nach der See. Es war im Laufe des Nachmittags, als wir, eine kleine, muntere Gesellschaft, den Nachen bestiegen. Wer Swinemünde nicht kennt, dem bietet die kleine Seestadt (8000 Einwohner) einen großartigen Anblick von der Seite des Hafens aus. Stark befestigt, zieht sie an beiden Ufern der breiten, tiefen Swine sich hin. Rot schimmern ihre Mauern, ihre Festungs- und Lootsentürme mit den Zinnen und runden Fenstern hinab nach der blauen Flut und hinaus nach den grünen Gestaden, wo Schanzen und Wälle sich dehnen bis weiter und weiter hinaus nach dem Meere.

Und der Leuchtturm hier rechts; wie ragt er empor mit seinem schlanken Baue, empor über allen Türmen und Häusern und über dem grauen Gesteine der Molen! Die Molen aber; zwei Riesendämme! Sieh', wie sie zu beiden Seiten der immer breiter werdenden Swine sich erheben über dem Wasserspiegel und weit hinaus sich erstrecken, zwei felsenfeste Mauern in der tobenden Flut! Ihr Ausgang, ihr breiter, führt *in die offene See.*

Anders fühlt jetzt sich das Schwanken des Kahnes: das leichte, unbestimmte Schaukeln wird zum festen, gleichmäßigen Wiegen, ein Auf- und Niedergleiten. In der Bewegung liegt schon der Ernst des Elements, das jetzt den Nachen trägt; er treibt *auf offener See.*

Die offene See! Blick' hinaus, so weit das Auge reicht: Wasser und Wasser. Blick' hinüber bis nach dem fernsten Horizonte: die unendliche Meeresflut. Blick' zurück: die entschwindenden Dämme, die in den Fluten verschwimmende Stadt.

Die offene See! O Meeresflut, o Du endlose Flut, wer vermag Dich zu malen, wer Dich zu schildern, wer in Worte ihn zu fassen, den Zauber, den Du ausübst auf jedes Gemüth? Immer bewegt, wie Du bist, wirst Du immer bewegen die Seele. Ja, wenn wir Dich tausend Mal sehen, wird es tausend Mal uns ergreifen, und doch *nie* mehr wie zur Stunde, wo das Auge zum *ersten* Mal Dich erblickt.

Zu dieser Stunde konnte ich nicht sagen: »das Meer erglänzte weit hinaus«; dunkle Wolken hatten den Himmel umzogen, es donnerte in der Ferne, es donnerte bald näher, bald ferner, und das Meer gab das Bild des Gewitterhimmels zurück: schwarzgrau lag sie da vor unsern Blicken, die endlose Wasserfläche. Und die Wogen, die von fern her immer näher und näher sich wälzten, um am Ufer zu zerschellen, sie waren weiß beschäumt, weiß wie die Flügel der Möwen, die mit lautem Geschrei unruhig hin und her flogen, bald in den nassen Lüften die langen Schwingen badend, bald untertauchend in die salzige Flut. Denn die Wasser des Himmels mischten sich jetzt mit den Wassern der See; in Strömen goß der Regen herab.

Am linken Ufer prangte aber der zierliche Bau von Wilhelmsbad, dieses neuerrichteten Seebades. Seine Räume sollten uns Schutz bieten gegen das Unwetter. Der Nachen trieb dem Lande zu. Man stieg aus. Ich aber, o, wie gerne wäre ich zurückgekehrt mit dem einsamen Schiffer, zurück in die wogende See! Der Zauber ihrer ernsten, wilden Schönheit hielt mich umstrickt; wie mit Riesenarmen zog es mich zu ihr hin, unaufhaltsam, unwiderstehlich. Die kleine Gesellschaft war inzwischen in den schützenden Mauern des Baues geborgen.

Aber aus den Fenstern von Wilhelmsbad sah ich noch lange, lange hinaus auf die See, sah in weiter Ferne die Schiffe schwanken auf der schäumenden Flut, sah sehnsüchtig dem Nachen nach, der, jetzt auf und nieder gleitend, bald nur noch wie ein winziger dunkler Punkt auf den weißen Wellen erschien. Und das Brechen der Wogen am Strande, dieses gleichmäßig tosende Branden, schlug den ernsten Takt zu der ernsten Weise, die da meine Seele durchzog.

Das Gewitter hatte ausgetobt, und ein reiner Abendhimmel glänzte über unserm Heimwege nach Swinemünde. Wir legten zu Fuß die nicht weite Strecke zurück. Der herrliche Park von Wilhelmsbad führte bis dicht an die schöne, breite Straße der Stadt, wo eine Menge großer und kleiner Häuser mit Gärten und blumenumrankten Veranden, die alle die Inschrift: »zu vermiethen« tragen, Swinemünde als viel besuchten Badeort zu erkennen geben.

Durch den tiefen Sand auf dem großen Platze dicht am Hafen an, wo die stattlichen Gasthöfe stehen, arbeiteten wir uns durch bis zu der freundlichen Wohnung des Rectors.

Ein genußreicher Abend in geistanregender Gesellschaft, welcher die liebliche Rectorsfrau, als Gastgeberin, in innigster Weise vorstand, krönte diesen schönen Tag.

Ein ernstes Volk, ernst wie die tiefen Wälder
Der Heimath; fest und unentwegt, dem Fels
Im Sturme gleich am meerumbrausten Strand
Der nord'schen Küste, ist dies Volk des Nordens.
Nicht leicht entglüht's in jener leichten Gluth,
Die nur des Wesens äußern Theil ergreift;
Fällt aber von des ächten Feuers Schein,
Des göttlichen, ein Strahl in's Herz hinein,
Wird nordisch Blut dies heil'ge Feuer wahren,
Und mit dem Herzen nur die Gluth erstarren.

Der folgende Tag – golden strahlte die Sonne herab auf die Thürme
von Swinemünde. Es war Sonntag, und wie ein ächter Feiertag lag
er da, still und heilig, über der Seestadt, der frühe Sonntag-Mor-
gen. In seinem frischen Hauche flatterten die Wimpel der Schiffe
im Hafen, und über der blauen Flut rauschte es dahin wie ein Säuseln und verklang im Winde: »Das ist der Tag des Herrn! Sechs
Tage sollst du arbeiten, am siebenten aber« ... Geschlossen waren
die Kaufladen am Strande, geschlossen die Schulen und die Häuser
alle, wo Fleiß und Pflichttreue die Woche über die Menschenkinder ans Tagewerk fesselt; geöffnet aber die Gotteshäuser, die kleinen *in* der Stadt, erbaut von Menschenhand, und das große draußen *vor* der Stadt, erbaut von Gotteshand.

Wir fuhren hinaus in die weite, herrliche Schöpfung. Und daß
unserer Freude nichts fehle, hatten sich zu uns gesellt *all* Die, die wir
am heutigen Tage nur ungern vermißt hätten. Das war eine prächtige Fahrt! Unsere Wagen glitten längs dem Strande leicht und geräuschlos dahin; ja, längs dem Meeresstrand, im tiefen, weichen
Sande, fuhren wir dicht an der See, dem Ziel unserer Reise, dem reizenden Seebade Heringsdorf zu.

Das Meer! Heute war es blau, tiefblau, wie der Himmel über uns.
Weiße Schäumchen aber umrandeten, wie silberne Bänder, seine
Wellen, die so lieblich daher rollten, daß man nur ungern der Lust
widerstand, auf ihrem zierlichen Naß sich zu wiegen. Über Muscheln
und Seetang fuhren wir weg.

Das, o des wundersamen Anblicks! Was ist's, das da schwimmt

Gruß aus Heringsdorf

auf dem Wasser? Wie ein aufgespanntes Netzchen von feinster Gaze
sieht es aus, so nebelhaft-duftig, so zart, bläulich-weiß von Farbe
und in seiner Mitte ein blutroter Stern, der sich regt und bewegt
voll Lebens. Ich konnte einen Ausruf der Verwunderung nicht unterdrücken, und ehe ich mich's versah, zitterten diese kleinen Wunder als eine durchsichtige, weiße Masse (eine Gallerte) in meiner
Hand: es waren die so viel beschriebenen *Quallen*, mit denen ich
Bekanntschaft machte.

Von ferne schimmerten jetzt mit ihren bewimpelten Brücken am
sonnigen Strande die Badehäuser des auf waldiger Anhöhe liegenden Heringsdorf, das, noch verborgen im Schatten seiner Bäume,
nur hie und da als einzelnes Haus aus dem Dickicht guckte, als wollt'
es den Wanderer necken, geizend mit dem Liebreiz seiner völligen
Enthüllung.

Aber durch den schattigen Buchenwald gings nun bergan, und
da, bald in dessen Dunkel zerstreut, bald auf sonniger Anhöhe
glänzend, zeigten sich die stolzen Villen und die niedlichen Land-
häuser und -Häuschen dieses so beliebten und eleganten Badeortes
der Ostsee.

Wir erfrischten uns unter den laubumrankten Säulen eines der zierlichen Gasthäuser, das von seiner Veranda aus durch die hohen Bäume der Parkanlagen hindurch einen Blick auf die See gewährt. Und nie hab ich wohl in meinem Leben zwischen einem frischeren Grün ein schöneres Blau je schimmern sehn, als das Blau der Ostsee durch die Buchen von Heringsdorf an diesem klaren Septembermorgen.

Und heiter, wie Himmel und Meer, war auch unsere Stimmung. Unter munterm Scherzen gings nun zu Fuß noch weiter bergan, hinauf durch den herrlichen Buchenwald, in dessen Schatten, wie das Allerheiligste in einem Riesendome, die hübsche kleine Kirche verborgen liegt; ihre bunten Fenster strahlten das Bild der lispelnden Bäume zurück. Es gieng hinauf nach dem Höhepunkt des Berges, dem sogenannten Kulm, wo von einer dort angebrachten Estrade aus der Blick die weite See beherrscht.

So sollt' ich denn heute sie einmal noch sehen, die See, und zwar in ihrem schönsten Glanze; sie sehen mit den vielen Fahrzeugen, die, nah und fern, auf ihrer endlosen Fläche trieben. Die blaue Flut wogt ruhig, sanft im Winde, der, ein sanfter Hauch, uns auf des Berges Höhe die heiße Stirn kühlt. Wir lassen ihn spielen mit den Halmen zu unsern Füßen und blicken hinaus und hinab. Tief unten am sandbedeckten, weißen Uferrand stößt ein niedliches Segelboot lustig vom Strande, Musik erschallt zu uns herauf: eine muntere Gesellschaft hält Sonntagsfeier auf der See. Und hier ein Kahn und dort ein Nachen: ein emsiger Fischer breitet die Netze aus. Für ihn ist nicht Feiertag; die Fische treiben vorbei, heute wie gestern, ihm blüht das Glück im Fange. Aber dort drüben, inmitten der blauen Flut, dort zieht hinaus in die endlose Ferne, stolz wie der Held zum Kampf, ein stolzer Dreimaster. Sieh', wie er eilet! Weithin trägt ihn die Flut auf dem Rücken, als wär' er ein Spielzeug, und wiegt ihn so lieblich und fein, als gings zum heitersten Tanze. Glück zu! Glück zu, Du herrliches Fahrzeug! Und möge sie nie anders Dich schaukeln als heute, die herrliche, mächtige See! Aber dort, wo der Himmel sich ihm vereint, dem Meere, wo sie verfließen in Eins, die beiden endlosen Größen, was ist's, das so spitz dort empor ragt auf der letzten äußersten Grenze?

Ostseebad Heringsdorf   Fertig zum Flundernfang

Seebad Heringsdorf. Fertig zum Flunderfang

Sie kommen näher und näher, Schiffe, die Swinemünde zutreiben, Swinemünde, dessen Leuchtturm dort unten im Westen ihnen winkt, dessen Molen den Einzug ihnen ebnen. Jetzt rauscht ein stattlicher Dampfer daher; er nimmt jenes müde Fahrzeug ins Schlepptau.

O Meer, und ich habe bloß Dich begrüßt, so muß ich scheiden von Dir, wer weiß auf wie lange! Die Stunde war da, die nicht nur vom Meere, sondern auch von den werthen Reisegefährten uns trennen sollte: sie kehrten nach Swinemünde zurück, wir nach Carlsburg. –

Noch ein Mal sahen wir hinaus nach der See: die blaue Flut wogt ruhig sanft im Winde; noch einmal hinab nach der Stadt: dort unten liegt sie im Mittagssonnenschein, weit, weit dort unten liegt Swinemünde; aber der Leuchtturm glänzt, wie ein brennender Stern, zu uns herauf. Und drüben die Insel Wollin mit Misdroy, dem freundlichen Badeort! Und ferne, im Äther verschwimmend, nach Norden die Umrisse von Rügen. – Und Berg und Wald, und Feld und Flur, sie grünten und blauten so heiter. Freude lachte überall und bot ihren Trank uns zur Labe. Aber in den Labetrank fiel ein Tropfen Wermuth, eine Scheidethräne. Ach, wer ist des Wiedersehens jemals gewiß?

Weniger Stunden bedarf es oft, um Menschen einander zu verbinden, indeß Jahre des Verkehrs andere einander fremd lassen. Jene Stunden werden, um mit dem geschätzten Manne, dem werthen Rector, zu reden, der die Worte aussprach, »als grüner, duftender Strauß in der Erinnerung ewig fortleben.«

Als das Rollen des Wagens, das die Befreundeten davon trug, verhallt war, fühlten wir uns etwas vereinsamt unter der Schaar von Fremden, die den Badeort zu dieser schönen Herbstzeit noch belebten. Doch bald fesselte die nächste Umgebung unsere Aufmerksamkeit: es war die Bude des Händlers, der die feinen Bernsteinwaaren dort zur Schau und zum Kaufe bot. Im Schatten der Buchen steht das kleine Haus, und von seinem erhöhten Plane schweift der Blick nach dem in nicht weiter Entfernung brandenden Meer. Aber die See, gepeitscht von den tobenden Stürmen, wirft aus den *Bernstein*, dies zierlich versteinerte Harz. Und er liegt da am Strande mit Muscheln und Seetang; dieser Stein liegt da in verschiedenen Formen, in rundlichen, abgestumpften Stücken, bald größer, bald kleiner; liegt da auch, fern von der Küste, als thonige Sandschicht gestaltet, oder auch im Herzen des Sandsteins verborgen.

Und am Strande wandelten wir noch auf und nieder, suchten nach Bernstein, fanden aber nur Muscheln, die wir indes auch als werthe Erinnerung mitnahmen. Die Küste bei Heringsdorf ist bis weit ans Land hinauf mit jenem tiefen, weißen Sande bedeckt, der im Sonnenschein wie ein Schneefeld schimmert. Der Sand am Meer ist wirklich schön und hat einen ganz besondern Reiz für Den, der zum ersten Male ihn sieht. Stundenlang möchte man weilen auf diesem weichen, warmen Sandfelde, dessen heilsame Kraft gewiß ihre Wirkung auf den leidenden Kurgast nicht verfehlt, wenn er am Strande ausgestreckt, die Glieder im Sande vergraben, die salzige Seeluft einatmet.

Es fiel uns schwer, das Meer und den Sand am Meer zu verlassen.

Wir hatten aber noch einen weiten Heimweg vor uns. Es galt, an diesem einen Tage über neun Meilen zurückzulegen, was nur in diesen endlosen Ebenen und nur mit den Pferden möglich; immer in eilendem Trabe geht's fort und fort, oft auf schier ungebahnten Wegen, oft schier grausig, wenn man ängstlich wäre.

Bei dieser Rückfahrt sah ich noch ein Mal das Meer, Dank unserm Reisebegleiter. Wir waren auf einer Anhöhe; er bat mich zurückzusehen. Welch ein Anblick! Die See, jetzt ein schwarz-blauer Streifen, verschwimmend im schwarz-blauen Luftmeer, das war der ernste letzte Grund auf diesem wundervollen Bilde; zwischen dem Ozean und uns weite Kornfelder, Stoppelfelder, über die der Wind dahin zog und in unserer nächsten Nähe die Mühlen trieb, deren dunkle Arme im Abendsonnengold sich langsam bewegten. Von links herüber schimmerten hell die Dünen, der Strandhafer allein bewächst ihren losen Grund; aber über den weißen Hügeln ragten dunkel die Kiefern empor. Und über den Kiefern und Dünen glänzte schmuck von seiner Anhöhe herab noch einmal das zierliche Heringsdorf mit seinen Villen und Gärten, mit seinem grünen, herrlichen Park. Ein Blick noch, und Meer und Dünen, und Dorf und Park lagen hinter dem Hügel verborgen, und vor uns erstreckte sich die Ebene, die vor nicht sehr langer Zeit noch ein weiter, sumpfiger Erdstrich, jetzt meilenweit grünt und gelbt, als Wiesen und Felder, bis nach dem fernen Usedom hinüber, ein frohes, gesegnetes Land heut.

In Usedom ward nochmals gerastet, dies Mal freilich nur kurze Zeit, denn wir wollten vor Mitternacht zurück sein in Carlsburg. Wohlverwahrt gegen die Frische der Herbstluft, von ärztlicher Hand selbst eingehüllt in die warme Bedeckung, gings nun hinaus in die Stille des Abends und bald hinaus in die Kühle der Nacht.

Diese nächtliche Fahrt, nie werd ich sie vergessen. Wie ernst, wie düster sogar, scheint hier die Landschaft zur Nachtzeit! Glutrot ging wieder die Sonne unter, ein feuriger Ball, dort im Westen; glutrot schimmerten die Wasser des Stromes, ein blutiges Meer, uns zur Rechten. Je mehr und mehr verschwammen jetzt Wiesen und Felder. Und wenn durch dünne, flüchtige Wolken des Mondes Scheibe, groß und voll, sich Bahn brach, bestrahlte das blasse Licht auch wieder – die langen Arme der Windmühlen. Und fort gings in eilendem Trabe, fort durch die schweigsame Nacht.

Ist es ein Wunder, daß das nordische Volk so ernst, oft auch so geneigt zum Aberglauben? Huscht der Wind über die Haide, so rauschen die dürren Halme; braust er durch den Wald, so knistern die welken Blätter; und scheint das Mondlicht über die Tristen, wirft lange Schatten jeder Baum, jeder Strauch. Und Schatten und Knistern und Rauschen – hu! Das Geisterreich, welch duftig, neblicht Reich! Und das Unerhörte, das Unmögliche, welchen Reiz hat es nicht allenthalben für ein menschlich Gemüth.

Auszug aus Carlsburger Briefen

November 1872
… »Welche Schreckenstage sind seither hereingebrochen über unser ruhiges, einförmig-glückliches Land! Ach, Graus und Braus tobten, und unsere See – Sie lernten nur ihre bewegte Ruhe kennen – schleuderte in ihrer Schreckensgestalt Berge von Wasser über sonst so friedliche Fluren und vernichtete das, woran sie selbst unter menschlicher Hülfe Jahrhunderte gebaut. – Welche Gefühle würden Sie wohl bewegt haben, wenn Sie am Morgen des 13. auf dem Kulm bei *Heringsdorf* gestanden und, von Schaum und Gicht bespritzt, ein Stück Ufer nach dem andern einstürzen und vom wüthenden Elemente hätten verschlingen seh'n! Wie anders das Bild, die Scene als damals: der prachtvolle Park ist größtentheils verwüstet, die Bäume dahingestreckt am Boden, gleich überwundenen, leblosen Riesen; das Ufer zerrissen; zerklüftet die Stätte, wo der schöne Sand, der einst Ihre Freude war; die harmlosen Fischerdörfer theilweise verschwunden und ach, statt friedlicher Bewohner, händeringende Bettler, Jammergestalten, nackt und bloß, die noch wenige Stunden zuvor glückliche Menschen waren; statt ihrer sie ernährenden Werkzeuge, ihrer Bote und Netze, der leere, schaurige Strand, an den das Meer noch immer Trümmer spült, als Zeugen, daß auch in weiterer Ferne das tückische Elemente seine Lust am Zerstören übte. Und wo noch ein Haus steht, ist eingesunken das Dach, und die Stätte, wo die Bewohner ihr bescheidenes Leben fristeten, ein Trümmerhaufen, wirr durcheinander geworfen und

von Meergras bedeckt; statt der Brunnen, verschlammte, sandgefüllte Lachen; und endlich statt der Lieben, die mit ihnen die friedliche Wohnung theilten, blasse, am Strande zerschellte Leichen! Und vor den traurigen Blicken das weite, tobende Meer, und vor den bangenden Seelen der grausige, lange Winter! Zu beschreiben ist das Elend nicht.

Nichts, gar nichts ist gerettet, als der Ueberbliebenen nacktes Leben! Glücklich Alle, die den Tod fanden! – Sie können sich keinen Begriff machen von *den* Zerstörungen! Güter, die fast eine Meile von der See entfernt liegen, sind von ihr erreicht worden. Große Seeschiffe stehen auf den Höfen und Äckern; ja bei Lißnowitz steht eine mit Waizen beladene Barke (ein dreimastiges Schiff von circa 200 Lasten) mitten im Walde! Zu *Rambin*, nahe der *Alten Fähre* auf Rügen, ist ein Schiff quer über die Landstraße gesegelt und auf einem Bauernhofe zu Anker gegangen! Zu Ladebon (ein Gut bei Greifswalde) sind sämtliche Schafe, 1050 Stück, und alles Rindvieh ertrunken, ebenso zu Mehlkenhagen, ¾ Meile von der See, sämtliches Vieh, die Gebäude fortgespült, weit und breit die Ernte verwüstet, die Saaten mit Seesand übertrieben, die Äcker auf lange Zeit unfruchtbar gemacht!

Bei Greifswald ist der von Stralsund kommende Zug versunken und vom Wasser, samt dem Bahndamme, fortgerissen worden. Unter höchster Lebensgefahr gelang es da der Hingebung dreier opferwilliger Menschen, die 32 unglücklichen Passagiere aus den Wassern zu retten. – Und bei *Swinemünde!* Ach, drei Mal durchbrochen ist dort die *Moole*, dieser gewaltige Damm, dessen Felsenfestigkeit Sie so sehr bewundert; die vordere Spitze ist vollständig zerstört! Der Lootsenturm verschwunden; der Leuchtturm steht noch da; er hat der Wut der Elemente getrotzt. In Swinemünde hat das Wasser bis 10 Fuß in einigen Straßen gestanden und die Communication per Boot war unmittelbar auf die zweiten Stockwerke der Häuser angewiesen. Bei *Usedom* ist die Chaussee durchbrochen und die Insel bei Wohlzow ist jetzt in zwei Theile getheilt.

Doch ich will inhalten mit Klagen, würden ja ganze Bogen nicht hinreichen, all' das Elend zu schildern, und Zeitungen und sonstige Berichte werden Ihnen besser wie ich bereits davon Kunde gegeben haben. Nach Millionen zählt der Verlust von Hab und Gut, nicht zu reden von all' Dem, was nicht nach Zahlen berechnet werden kann.« ...

A. W.
Verwalter von Carlsburg

November 1872

... »Also brachten Ihre Schweizerblätter Ihnen schon die Kunde von dem furchtbaren Orkan, der auf der Ostsee wüthete, der ihren Wasserstand um 20 Fuß erhöhte, und *Swinemünde* derart unter Wasser setzte, daß, hätte dieser Stand noch fünf Stunden gedauert, unsere liebe Seestadt vielleicht versunken wäre wie einst *Vineta*. – *Die Moolen* wurden durchbrochen; mit den größten Steinen spielten die Wellen. Der Lootsenturm ist weggerissen. Die Schiffe im Hafen gingen unter; keine menschliche Kraft konnte da helfen, obgleich für die Rettung einer Schiffsmannschaft 1000 Thaler geboten wurden. Was vermag Menschenwerk und Kraft gegen der Elemente Wut!

> ›Wehe, wenn sie losgelassen,
> Wachsend ohne Widerstand!‹

Der blühende Küstenstrich ist unfruchtbar geworden auf Jahre hinaus; die Äcker und Saaten sind mit Seeschlamm und Sand überzogen, die Brunnen mit Salzwasser gefüllt. Und wie furchtbar haben erst die einzelnen Ortschaften und Städte – *Stralsund, Greifswald, Anklam* – gelitten und die Inseln *Darß* und *Zingst*!

Auch wir waren Tagelang ohne jede Verbindung: bei Greifswald lag der Stralsunderzug im *Flusse Ryck*, und nur nach und nach drangen die Unglücksbotschaften zu uns herüber. – Selbst hier in dem friedlichen Carlsburg tobte der Sturm fürchterlich, und konnte in jener Nacht kein Mensch die Augen schließen; es war anzuhören wie ferner Donner, mit Heulen und Brausen verbunden.

Wir freuen uns, daß Sie einen milden, friedlichen Eindruck mitgenommen aus unserm Norden; aber mitempfinden werden Sie unser Leid um die unglücklichen Brüder. – Gott schütze Ihr Heimatland, die schöne Schweiz!« ...

Hedwig M.

Bademeister und auch Rettungsmann

Laut Weisung der Badedirektion in Heringsdorf von 1860 mußte sich der Bademeister am Strand wie ein fürstlicher Lakai uniformieren. In einem blauweiß gestreiften Hemd, das in einer langen blauen Hose steckte, und einem Strohhut mit breiter Krempe und schwarzer Schleife waren die Bademeister im Dienst gekleidet. Ob sie auch eine Schwimmausbildung nachweisen mußten, ist nicht bekannt. Ausgebildete Rettungsschwimmer gab es noch nicht.

Über den Bademeister Priewe mit Kaiser-Wilhelm-Bart erzählt man folgende Geschichte:

An einem Sommertag des Jahres 1892 läutete die Notglocke neben dem Badehaus Sturm, denn weitab vom Strand mit den aufgestellten Warnschildern kämpfte ein Mann verzweifelt mit den Wellen. »So'n Lümmel!« schimpfte Priewe und zerrte schwitzend das Rettungsboot ins Wasser. Doch bevor Priewe den um sein Leben kämpfenden Mann erreichte, hatte ein guter Schwimmer mit kräftigen Stößen den Ertrinkenden erreicht und übergab ihn dem Bademeister in sein Boot. Als der Gerettete, ein grauhaariger Alter, zu sich kam, bat er den alten Priewe, den Menschenauflauf am Strand zu zerstreuen und keinem der neugierigen Frager seinen Namen zu nennen. Ein Mann, ein Wort! Priewe hatte sein Versprechen gehalten. Seine Verschwiegenheit wurde reichlich belohnt. Alljährlich zu Weihnachten brachte ihm die Post ein stattliches Geschenk.

Erst nachdem der übermütige Schwimmer 1903 als 96jähriger gestorben war, erzählte der Bademeister die Geschichte: Den er als Lümmel gescholten hatte, das war Professor Theodor Mommsen, der Nestor für römische Geschichte an der Universität Berlin, berichtet jedenfalls die Literatur.

BERNHARD TRITTELVITZ

Mien Pommerland

As ik noch bi di wier,
mien Pommerland,
heff ik woll wüßt,
wur schön du büst,
un heff mi freugt an Land un Strand,
an brune Heid un witten Sand,
an Busch un Brook, an Has' un Reh
un an de wiede blage See.

As ik noch bi di wier,
mien Pommerland,
heff ik woll wüßt,
wur riek du büst,
un heff mi in mien Harten freugt,
wenn siet un wiet de Roggen bleugt,
wenn dörch dat Kuurn de Meigers gahn
un överall de Hocken stahn.

As ik noch bi di wier,
mien Pommerland,
heff ik woll wüßt,
wur stolt du büst,
dat diene Minschen sik bewahrt
ehr eigen Spraak, ehr eigen Aart.
Un wenn een in de Frömde seet,
he doch sien Pommern nicht vergeet.

Nu, dat ik nich mihr bi di bün,
mien Pommerland,
nu weet ik ierst,
wat du mi wierst;
nu geiht mi't ümmer dörch den Sinn,
wat ik so arm ahn Heimat bünn,
un deepe Not kümmt över mi.
Ach, künn ik doch torüch nah di,
mien Pommerland!

Maikäfer fliege!

Ein blonder Knabe tollte
im weiten Park umher;
Maikäfer fangen wollte
der Bub, und das war schwer.

Doch endlich war's gelungen;
er hielt ihn in der Hand.
Bald aber, leise surrend,
Maikäferchen entschwand.

Da sang die alte Amme
ein Lied dem Knaben vor;
das klang ihm wie ein Märchen,
wie fernes Weh im Ohr:

»Maikäfer fliege!
Der Vater ist im Kriege,
die Mutter lebt in Pommernland;
Pommernland ist abgebrannt.«

Der Herbstwind durch die Bäume
des alten Parkes braust;
in einer Schloßruine
die Eule einsam haust.

Vor moosbewachs'nem Grabe
ein Greis versonnen steht;
die Hand am Wanderstabe,
spricht er ein still' Gebet.

Und durch die Edeltannen
ein Windhauch seufzend zieht,
als klängen alte Zeiten
noch einmal auf im Lied:

»Maikäfer fliege!
Der Vater fiel im Kriege,
die Mutter starb im Pommernland;
Pommernland *ist* abgebrannt!«

Vineta

Eine Sage

An der nordöstlichen Küste der Insel Usedom sieht man häufig bei stillem Wetter in der See die Trümmer einer alten, großen Stadt. Es hat dort die einst weltberühmte Stadt Vineta gelegen, die schon vor tausend und mehr Jahren wegen ihrer Laster und Wollust ein schreckliches Ende genommen hat. Diese Stadt ist größer gewesen als irgendeine andere Stadt in Europa, selbst als die große und schöne Stadt Konstantinopel, und es haben darin allerlei Völker gewohnt, Griechen, Slawen, Wenden, Sachsen und noch vielerlei andere Stämme. Die hatten allda jedes ihre besondere Religion; nur die Sachsen, welche Christen waren, durften ihr Christentum nicht öffentlich bekennen, denn nur die heidnischen Götzen genossen eine öffentliche Verehrung. Ungeachtet solcher Abgötterei waren die Bewohner Vinetas aber ehrbar und züchtig von Sitten, und in Gastfreundschaft und Höflichkeit gegen Fremde hatten sie ihresgleichen nicht.

Die Einwohner trieben einen überaus großen Handel; ihre Läden waren angefüllt mit den seltensten und kostbarsten Waren, und es kamen jahrein, jahraus Schiffe und Kaufleute aus allen Gegenden und aus den entferntesten und entlegensten Enden der Welt dahin. Deshalb war denn auch in der Stadt ein über die Maßen großer Reichtum und das seltsamste und lustigste Leben, das man sich nur denken kann. Die Bewohner Vinetas waren so reich, daß die Stadttore aus Erz und Glockengut, die Glocken aber aus Silber gemacht waren; und das Silber war überhaupt so gemein in der Stadt, daß man es zu den gewöhnlichsten Dingen gebrauchte und daß die Kinder auf den Straßen mit harten Talern sollen gespielt haben. Solcher Reichtum und das abgöttische Wesen der Heiden brachten aber am Ende die schöne und große Stadt ins Verderben.

Denn nachdem sie den höchsten Gipfel ihres Glanzes und ihres Reichtums erreicht hatte, gerieten ihre Einwohner in große bürgerliche Uneinigkeit. Jedes von den verschiedenen Völkern wollte vor dem anderen den Vorzug haben, worüber heftige Kämpfe entstanden. Zu diesen riefen die einen die Schweden, und die andern die Dänen zu Hilfe, die auf solchen Aufruf, um gute Beute zu machen, schleunig aufbrachen und die mächtige Stadt Vineta bis auf den Grund zerstörten und ihre Reichtümer mit sich nahmen. Dieses soll geschehen sein zu den Zeiten des großen Kaisers Karl.

Andere sagen, die Stadt sei nicht von den Feinden erobert und zerstört, sondern auf andere Weise untergegangen. Denn nachdem die Einwohner so überaus reich geworden waren, da verfielen sie in die Laster der größten Wollust und Üppigkeit, also daß die Eltern aus reiner Wollust die Kinder mit Semmeln wischten. Dafür traf sie denn der gerechte Zorn Gottes, und die üppige Stadt wurde urplötzlich von dem Ungestüm des Meeres zugrunde gerichtet und von den Wellen verschlungen. Darauf kamen die Schweden von Gotland her mit vielen Schiffen und holten fort, was sie von den Reichtümern der Stadt aus dem Meere herausfischen konnten; sie bargen eine Unmasse von Gold, Silber, Erz und Zinn und von dem herrlichsten Marmor. Auch die eheren Stadttore fanden sie ganz; die nahmen sie mit nach Wisby auf Gotland, wohin sich auch von nun an der Handel Vinetas zog.

Die Stelle, wo die Stadt gestanden, kann man noch heutigentages sehen. Wenn man nämlich von Wolgast über die Peene in das Land zu Usedom ziehen will und gegen das Dorf Damerow, zwei Meilen von Wolgast, gelangt, so erblickt man bei stiller See bis tief, wohl eine Viertelmeile in das Wasser hinein eine Menge großer Steine, marmorner Säulen und Fundamente. Das sind die Trümmer der versunkenen Stadt Vineta. Sie liegen in der Länge, von Morgen nach Abend. Die ehemaligen Straßen und Gassen sind mit kleinen Kieselsteinen ausgelegt; größere Steine zeigen an, wo die Ecken der Straßen gewesen und die Fundamente der Häuser gestanden haben. Einige davon sind so groß und hoch, daß sie ellenhoch aus dem Wasser hervorragen; allda haben die Tempel und Rathäuser gestanden. Andere liegen noch ganz in der Ordnung, wie man Grundsteine zu Gebäuden zu legen pflegt, so daß noch neue Häuser haben erbaut werden sollen, als die Stadt vom Wasser worden verschlungen ist.

Wie weit die Stadt der Länge nach sich in das Meer hinein erstreckt hat, kann man nicht mehr sehen, weil der Grund abschüssig ist, das Steinpflaster daher je weiter, desto tiefer in das Meer hineingeht, auch zuletzt so übermoost und mit Sand bedeckt ist, daß man es bis zu seinem Ende hin nicht verfolgen kann. Die Breite der Stadt ist aber größer als die von Stralsund und Rostock und ungefähr wie die von Lübeck.

In der versunkenen Stadt ist noch immer ein wundersames Leben. Wenn das Wasser ganz still ist, so sieht man oft unten im Grunde des Meeres in den Trümmern ganz wunderbare Bilder. Große, seltsame Gestalten wandeln dann in den Straßen auf und ab, in langen faltigen Kleidern. Oft sitzen sie auch in goldenen Wagen oder auf großen schwarzen Pferden. Manchmal gehen sie fröhlich und geschäftig einher; manchmal bewegen sie sich in langsamen Trauerzügen, und man sieht dann, wie sie einen Sarg zum Grabe geleiten.

Die silbernen Glocken der Stadt kann man noch jeden Abend, wenn kein Sturm auf der See ist, hören, wie sie tief unter den Wellen die Vesper läuten. Und am Ostermorgen, denn vom stillen Freitage bis zum Ostermorgen soll der Untergang von Vineta gedauert haben, kann man die ganze Stadt sehen, wie sie früher gewesen ist; sie steigt dann, als ein warnendes Schattenbild, zur Strafe für ihre Abgötterei und Üppigkeit, mit allen ihren Häusern, Kirchen, Toren, Brücken und Trümmern aus dem Wasser hervor, und man sieht sie deutlich über den Wellen. – Wenn es aber Nacht oder stürmisches Wetter ist, dann darf kein Mensch und kein Schiff sich den Trümmern der alten Stadt nahen. Ohne Gnade wird das Schiff an die Felsen geworfen, an denen es rettungslos zerschellt, und keiner, der darin gewesen, kann aus den Wellen sein Leben erretten.

Von dem in der Nähe belegnen Dorfe Loddin führt noch jetzt ein alter Weg zu den Trümmern, den die Leute in Loddin von alten Zeiten her »den Landweg nach Vineta« nennen.

Vineta

O Meeresrauschen! Goldner Sommertraum!
Zu Füßen mir zerstiebt der Woge Schaum;
eintönig klatscht des Fischers Ruderschlag.
Im Dünensande träum' ich Tag für Tag.

Vinetas Türme steigen stolz empor;
der Klang der Glocken trifft mein träumend' Ohr.
Das Gold der Zinnen glüht im Abendrot.
Zum Hafen strebt das schwerbeladne Boot.
Die See ist still, die Fläche spiegelglatt;
in tiefen Träumen liegt die Kaufherrnstadt.

Die Nacht ist schwarz. Unheimlich rauscht die Flut;
sie schwillt empor; sie wühlt mit wilder Wut.
An steilen Hängen leckt die See empor,
umkrallt mit ihren Fängen Turm und Tor.
Hörst du den Schrei, den Fluch aus Menschenmund?
Vineta sank hinab zum Meeresgrund!

Versunken alles: Lust und Lärm der Welt!
Fern liegt des Lebens lautes Arbeitsfeld.
Im Sand zerrinnt der Woge Glitzerschaum.
O Meeresrauschen! Goldner Sommertraum!

JOHANNES R. BECHER

Vineta

Verzaubert wiegte sich der alte Kahn,
ein tiefer Glockenklang schien ihn zu wiegen.
Da sahn sie wie erweckt einander an.
Um an das Wellenspiel das Ohr zu schmiegen,

und, so geneigt, sie hörten und sie sahn,
wie Türme läutend aus der Tiefe stiegen.
Sie aber sanken, und es zog ihr Kahn
durch Straßen schweigend, die wie gläsern schwiegen.

Der Kahn glitt durch ein namenloses Schweigen,
bis an dem Turm ihn hob ein Glockenklang
und ließ ihn wieder aus der Tiefe steigen.

Und sie berichteten von ihrem Gang
durch eine Stadt, die keine Menschen hat.
War es Vineta, die versunkne Stadt?

Alfred Kerr

Sommer 1897

Berühmte Muster wirken lockend. Und nach berühmten Mustern haben sich auch die Berliner Hausfrauen jetzt auf die Reise begeben und regieren die Wirtschaft von dort aus. Die Männer sind meist zu Hause geblieben, weil sie Geld verdienen müssen, Arbeitstiere für die Familie; oder weil sie Juristen sind, die erst später Ferien bekommen; oder weil sie grade dieses Alleinsein in Berlin reizvoll finden. Jeder wird nach seiner Façon selig. Die Frauen aber haben diejenigen Wesen, welche laut des Gesetzbuchs den Endzweck der Ehe bilden, nämlich die Nachkommenschaft, mitgenommen. In Friedrichsroda, Ahlbeck, Schreiberhau sitzen sie; und ein unendliches Wohlbehagen ergreift den in Berlin Zurückgebliebenen, der im Tiergarten, auf dem Treppenflur und auf der Straße jetzt nicht fortwährend über Kinder stolpert. Holder Friede, süße Eintracht! Sie brüllen nicht; sie üben nicht Tonleitern. Herrlich sind die jugendlichen Geschöpfe, in denen die Hoffnung der Zukunft schlummert. Herrlich sind sie in ihrer unbekümmerten Lebensfreude, die so häufig mit Geräusch verbunden ist, in ihrer reinen Unschuld, die in Berlin früher zu Ende ist als sonstwo, in ihrem goldigen, sonnigen Idealismus, der in Berlin durch Briefmarkenhandel maßvoll temperiert wird. Herrlich sind sie. Aber um die einzelnen Exemplare ganz bedingungslos ertragen zu können, muß man sie wohl gemacht haben. Ich will zugeben, daß auch Onkelgefühle berechtigt sind. Es regt sich da die Stimme des Bluts, und sie schreit: sei freundlich, es ist deine Nichte. Aber leugnen wir es nicht: die Grundempfindungen, die wir beim Anblick dieser werdenden Mitbürger hegen, sind nicht immer wohlwollend.

Seebad Heringsdorf, das Kurhaus in seiner Vollendung

8. August 1897

Im übrigen fühlt man sich jetzt in Berlin am wohlsten, wenn man auf dem Stettiner Bahnhof ist, um es zu verlassen. Auch was hier dauernd festgehalten wird, kann es sich nicht versagen, eine gelegentliche Landpartie an die Ostsee zu machen, die sehr bequem erreicht wird. Doch, wehe – in Heringsdorf trifft er dieselben Gestalten, die er hier fliehen wollte. Der Auswurf des Potsdamer Viertels ist dort versammelt. Das macht Toiletten und schwatzt und schreit und benimmt sich auffallend und verunreinigt mit Protzentum die anständige Seeluft. Den gesundesten Ekel, der unter leidlich normalen Verhältnissen möglich ist, kann man sich dort holen. Und man verläßt den grotesken Ort mit Beschleunigung. Und dann erholt man sich in Berlin von den Strapazen der Sommerfrische.

24. September 1899

Allmählich kommen sie wieder. Etwas frischer sehen sie aus. Die meisten sind auch nicht so nervös; vorläufig, vorläufig. Wenn man einen Besuch empfängt, sagt man: ich darf mit Genugtuung fest-

Heringsdorf, Strandpartie am Familienbad

stellen, daß du nicht mehr so kribblig bist. Dies sagt man zu dem lieben Freund, der uns besucht.

Beim letzten Besuch vor der Abreise höchste Kribbligkeit. Mißtrauen, leichte Müdigkeit in Blick und Wesen, Neigung zu aufwallend wildem Verdacht, hartnäckig flinke Launen, schmerzlich-vergnügtes Lachen, kleine Tollheiten mit Augenauskratzen, zuletzt der reizvolle Tobsuchtsanfall, wenn sich beim Aufbruch der Hut nicht gleich findet. So vor der Abreise. Jetzt klimpert der Gast ein bißchen auf dem Klavier, wo die mitgebrachten Noten zu Bérangers altmodischen Liedern aufgeschlagen sind, zeigt lachend seine hübschen Zähne, beschaut eine kleine Büste des Feldherrn Buonaparte von allen Seiten und spricht: »Wir haben uns manchmal gemopst, aber die Seeluft ist wundervoll.« Strahlendes Lächeln, beglückte Augen, Glaube an die Zukunft der Weltentwicklung, Vertrauen in meine Treue (als Freund), leise Tanzstimmung in der Seele, nette Muskelkraft und zuletzt, wenn der Hut in der Dämmerung gesucht wird, vollständige Gefaßtheit. So ist der Freund, welcher uns besuchen kommt, nach der Sommerreise.

»Bälle – Korsofahrten – Konzertgarten – Tennisplätze –
Feinsandiger Badegrund – Erstklassige Küche«
Anzeigen aus Swinemünde aus dem Jahre 1912

194

ALBERT BURKHARDT

Sagen und Märchen vom Ostseestrand

Die Bernsteinhexe

Im Jahr 1843 erschien von Wilhelm Meinhold ein Roman, der in der Zeit des Dreißigjährigen Krieges spielt, in dem über das Schicksal Maria Schweidlers, der Bernsteinhexe, berichtet wird.

Das Dorf Coserow auf Usedom geriet durch einen Überfall der kaiserlichen Truppen in Not. Maria machte aber durch einen überraschenden Bernsteinfund ihren Vater, den Pfarrer Schweidler, zum reichen Mann. Daraufhin bemühte sich der Amtshauptmann um Maria, die aber nichts von ihm wissen wollte. Darauf verbündete er sich mit dem Teufel und der Hexe Lise. Mit ihrem höllischen Zauber verdarben sie Menschen, das Vieh und die Feldfrüchte von Coserow, gaben aber Maria die Schuld, die das ganze Dorf als böse

Die Kinder lauschen alten Sagen und Märchen

Hexe betrachtete. Der Junker Rüdiger von Nienkerken, Sohn des Amthauptmannes, hatte sich in Maria verliebt, hielt aber auf Forderung seines Vaters nicht zu ihr, als jedermann sie als Bernsteinhexe bezeichnete.

Maria wurde der grausamen Tortur unterworfen und gab wegen der unerträglichen Schmerzen alles zu, wessen man sie beschuldigte. Die Hexe Lise und der Amtshauptmann mußten kurz darauf sterben. Rüdiger war von seinem Vater jedes Zusammentreffen mit Maria verboten worden. Jetzt rettete er sie im letzten Augenblick vor dem Scheiterhaufen, zu dem sie verurteilt worden war, und enthüllte das falsche Spiel seines Vaters und Lises. Beim Kaiser beschaffte er eine Unschuldserklärung und einen Adelsbrief für Maria, so daß die beiden nunmehr heiraten konnten.

Die beiden Störe

Einst lag auf der Insel Usedom vor den Toren der Stadt gleichen Namens ein Kloster, Grabow oder auch Grobe genannt. Als einmal Hungersnot im Lande herrschte und den Mönchen die Lebensmittel ausgingen, da kamen eines Tages zwei große Störe aus dem Haff bis an das Kloster geschwommen und trieben sich so lange davor herum, bis die Mönche einen gefangen hatten.

Der Fisch war groß und gewaltig schwer. Sie meinten, eine ganze Zeit davon leben zu können. Darum ließen sie den andern ziehen und riefen ihm nach, er solle nur übers Jahr wiederkommen. Richtig erschien er nach einem Jahre auch, zur gleichen Stunde, doch nicht allein, er brachte wieder einen Gefährten mit, und wieder nahmen die Mönche nur den einen, zu dem andern sprachen sie wie zuvor und ließen ihn davonschwimmen.

So ging es lange Zeit. Jahr für Jahr stellten sich zwei Störe vor dem Kloster ein, und den Mönchen war es ein leichtes, jedesmal einen guten Fang zu tun, bis sie einmal aus allzu großer Gier gleich beide Störe fingen. Da war es vorbei mit dem Fischsegen, und seitdem ist kein Stör mehr nach Grobe gekommen.

Nach altem Seemannsglauben hielten sich die Seejungfern meist in der offenen See auf. Bei Sonnenschein und Windstille kamen sie aus dem Wasser und sangen mit zarten, glockenreinen Stimmen herrliche Lieder. Doch sie waren sehr scheu, und nahte ein Schiff oder ein Boot, tauchten sie geschwind hinab in die Tiefe. Daher haben die Menschen sie kaum jemals gesehen und nur selten ihre lieblichen Weisen gehört.

Auch im Haff vor der Insel Usedom soll einmal eine Seejungfer gewohnt haben, die jedem Fischer, dem sie erschien, zu einem guten Fang verhalf.

Die Seejungfer mit Fischschwanz

Einst hatte ein furchtbarer Sturm das Wasser dem Haffstrand zugedrängt, so daß die dort ansässigen Fischer lange Zeit nicht hinausfahren konnten und in den armseligen Katen bittere Not herrschte.

In der letzten Fischerhütte nahe am Strande wohnte eine arme Witwe mit ihrem einzigen Sohn. Der war redlich und fleißig und arbeitete unermüdlich. Aber er hatte das kleinste Boot, und seine Netze waren schon alt und mürbe. Das Geld, um neue zu kaufen, konnte er beim besten Willen nicht zusammenbringen, denn seine Mutter lag seit Wochen krank danieder und brauchte einen Arzt und teure Medizin. Trotz Sturm und Wellengang beschloß der junge Fischer hinauszufahren. Er dachte an die Seejungfer, die sich schon manchem Fischer in der Weihnachtszeit gezeigt und ihm Glück gebracht hatte. Er kämpfte sich mit seinem Boot durch die Wellen und versuchte das Netz auszuwerfen. Dabei war es ihm, als winkte eine Gestalt. Er lenkte sein Boot dorthin, und siehe, das Wasser beruhigte sich ringsum.

Da taucht ein Weib dicht vor ihm auf, mit langen hellen Haaren und grünen Augen, ihr langer Fischschwanz schlägt das Wasser. Freundlich lacht ihn die Seejungfer an und klatscht in die Hände, als er das Netz auswirft. Als er es dann herauszieht, ist es voller Fische. Er leert es, und wieder klatscht sie in die Hände, und er wirft das Netz zum zweiten Male aus, und ebenso reichlich ist der Fang.

Nun ist sein kleines Boot so voll, daß er umkehren muß. Die Seejungfer ruft ihm noch zu: »Prahl nicht, prahl nicht!« Sie spritzt ihm neckisch Wasser nach und verschwindet in den Fluten.

Glücklich lenkte der Fischer sein Boot mit starken Armen heimwärts. Er brachte als einziger Fische zum Markt und erzielte einen hohen Preis. Die Leute staunten nicht wenig über seinen guten Fang, und als ihn jemand fragte, ob ihm etwa die Seejungfer erschienen sei, lächelte er nur vielsagend. Von dem Tage an war das Glück bei ihm eingekehrt, und nun konnte er daran denken, sein Mädchen zu heiraten. Doch da war noch sein Nebenbuhler, der, von Neid geplagt, auch gern das Glück versuchen wollte. Er machte sich mit seinem viel größeren Boot ebenfalls zum Fischfang auf. Die Seejungfer erschien wieder auf spiegelglattem Wasser und brachte ihm einen reichen Fang. Als sie ihm aber nachrief: »Prahl nicht, prahl nicht!«, ließ er ein lautes, höhnisches Gelächter erschallen. Dann mußte er sich gewaltig in die Ruder legen, bis er sein volles, schweres Boot endlich auf dem Strand hatte.

Schon bald erzählte er allen Leuten von dem guten Fang, den er der Seejungfer zu verdanken hatte, und nun sei er ein gemachter Mann, denn wem sie erscheine, der habe das Glück an sein Haus gebannt. Aber wer beschreibt sein Entsetzen, als er bei der Rückkehr zum Boot alle Fische tot und halb verwest im Fischkasten liegen sah!

Hochzeit feierte bald darauf der andere junge Fischer, der nicht geprahlt hatte und auch nicht neidisch gewesen war.

Der Ritter mit der goldenen Kette

Es war vor sechshundert Jahren, als noch im Kloster Pudagla Tag für Tag das Betglöcklein erklang. Von weit und breit kamen Menschen herbei, alte, kranke und gebrechliche, und alle hofften sie, hier Genesung zu finden. Von Mund zu Mund war im Lande die verheißungsvolle Kunde gewandert, das Heiligenbild der Mechthild zu Pudagla besitze eine wundersame Heilkraft.

Unter den eifrigsten Besuchern war der Ritter mit der goldenen Kette aus dem benachbarten Mellenthin. Eigentlich hieß er Neuenkirchen, doch nannte man ihn überall nur nach seiner schweren Halskette aus purem Gold, auf die er große Stücke hielt und von der er sich nie trennte.

Was führte aber den Ritter, der sich einer blühenden Gesundheit erfreute, immer wieder hierher?

Nun, er kam freilich nicht um des frommen Bildes willen, ihn bewegten andere Gedanken. Sein Herz verzehrte sich in Sehnsucht nach einer jungen, hübschen Nonne, die er über alles liebte. Bald spürte er ein so heftiges Verlangen, daß er glaubte, er könne ohne sie nicht länger leben. Er faßte den Entschluß, sie aus den Klostermauern zu befreien. Doch wie sollte das geschehen?

Nach langem Sinnen verfiel er darauf, unter der Erde einen Gang

zu graben, von seinem Schloß in Mellenthin bis zum Kloster Pudagla.

Als er nach sieben Wochen das schwere Werk vollendet hatte
– der Gang war über eine Meile lang –, entführte er die Nonne und
heiratete sie in aller Stille und Heimlichkeit. Eine Weile lebte er
glücklich mit ihr. Niemand im Kloster wußte, wo die Nonne geblieben war. Und doch wurde es eines Tages ruchbar, und mit vielsa-
genden Blicken flüsterte in Mellenthin einer dem anderen zu: »Wißt
Ihr schon, Nachbar, daß sie eine entlaufene Nonne ist?«

Auch im Kloster erfuhr man nun davon und ließ dem Herzog in
Stettin Nachricht zukommen, der den Ritter mit der goldenen
Kette sogleich in Acht und Bann tat. Er durfte nicht mehr aus Mellenthin fort, und eines Tages erschien der Bruder der Nonne, ebenfalls ein Ritter, mit einer Handvoll Kriegsknechte vor seinem Schloß
und drohte mit Gewalt. Aber er gab die Gemahlin nicht heraus
und hielt ein ganzes Jahr der Belagerung stand.

Da zeigte sich der Herzog so beeindruckt von der großen Liebe
des Ritters mit der goldenen Kette, daß er Acht und Bann aufhob
und das Ende der Belagerung gebot.

Noch viele Jahre verbrachte der Ritter mit seiner schönen Frau
in glücklicher Liebe. Als sie beide in hohem Alter starben, setzte
man sie in der Kirche zu Mellenthin bei, und der Ritter wurde, wie
er es bestimmt hatte, mit seiner goldenen Kette begraben.

Das Männlein in der Futtermoll

Wenn am Außenstrande Sturm aufkam und die Wellen weiße
Schaumkronen herantrugen, soll früher von Zeit zu Zeit das Männ-
lein in der Futtermoll auf dem Wasser erschienen sein. Von der
Peenemünder Schanze aus hatte es so mancher Fischer schon gese-
hen: ein Boot, kaum größer als eine Futtermulde, darin hockte ein
Männlein und ruderte hurtig mit zwei Küchenkellen, die ihm als
Riemen dienten. Vor ihm brannte ein großes Licht, dessen heller
Schein das kleine, arg schwankende Fahrzeug weithin sichtbar

machte. Das Männlein kam vom Freesendorfer Haken angerudert und verschwand nach Norden zu in Richtung auf den Ruden und die Greifswalder Oie. Ob es dort landete? Oder ob es weiter hinaus trieb auf die hohe See? Niemand wußte das zu sagen. Aber oft noch, wenn es heftig stürmte, kam das Männlein in der Futtermoll.

Die Raubritter auf Schloß Vogelsang

Einst saßen auf Schloß Vogelsang am Kleinen Haff die Ritter Bröker, denen die weiten Waldungen zwischen Ueckermünde und Altwarp gehörten. Stets wußten sie sich den Anschein biederer und ehrbarer Leute zu geben, und der Herzog von Pommern weilte oft bei ihnen zur Jagd. Sie waren jedoch keinen Deut besser als viele ihres Schlages, nur richteten sie ihre Raubzüge so schlau ein, daß sie nie zu fassen waren. Mit Vorliebe machten sie die alte Landstraße unsicher, die von Ueckermünde her durch den einsamen Wald führte.

Als sie dort wieder einmal über einen Wagenzug herfielen, wehrten sich Kaufleute und Fuhrleute mit dem Mute der Verzweiflung, denn diesmal führten sie besonders wertvolle Güter mit, die für den Herzog selber bestimmt waren. Allein, die Ritter und ihre Kumpane erwiesen sich als stärker und schlugen sie alle nieder.

An der Wokuhl, einem Torfloch ganz in der Nähe, waren fünf Frauen mit dem Waschen von Schafen beschäftigt, und sie waren heimliche Zeugen der grausigen Tat geworden. Aber der Anführer bemerkte sie noch im Davonreiten und gab nicht eher Ruhe, als bis auch die erschlagen und ihre Leichen in die Wokuhl geworfen waren.

Mit der Zeit kamen diese Gewalttaten dem Herzog doch zu Ohren, so daß er sich genötigt sah, seine Waffenknechte auszuschikken, die das Räubergesindel dingfest machen sollten. Damit hatte es aber noch gute Weile. Als die Knechte in Vogelsang ankamen, suchten die Ritter durch unterirdische Gänge, von denen einer bis nach Ueckermünde führte, das Weite, und das Nest war leer.

Von der Räuberei ließen sie auch jetzt nicht, und um ihre Verfolger gehörig an der Nase herumzuführen, ließen sie ihren Pferden die Hufeisen verkehrt anschlagen. Waren sie im Schloß, so führten ihre Spuren in den Wald, und waren sie auf Raub aus, dann folgten die Knechte den Spuren bis ins Schloß und fanden es wiederum verlassen. Endlich halfen ihnen alle Schliche nichts mehr, sie wurden nach Stettin gebracht und nahmen ein Ende mit Schrecken: Jeden von ihnen rissen vier Pferde auseinander.

Den schlimmsten der Ritter Bröker glaubten die Leute bei Vogelsang noch lange danach zu nächtlicher Stunde in Gestalt einer Feuersäule zu sehen. Noch im Tod fand er keine Ruhe.

Mark Witt

Auf den Peenewiesen foppte und ärgerte die Menschen einst ein Kobold, Mark Witt genannt. In Anklam, auf der Fähre, in Kamp und auf der Insel Usedom wußte man von seinen losen Streichen zu berichten.

Das übelste war, daß sich Mark Witt unsichtbar machen konnte. Dann spielte er den Leuten bei der Heuernte im Sommer manchen Schabernack. Hatten sie ihr Heu in Haufen gelegt, stieß er alles um und verstreute das Heu über die ganze Wiese. Am Dammgraben, auf dem Weg zur Fähre, bekamen sie es mit ihm zu tun, bei nebligem Wetter oder in dunklen Nächten. Wenn sie glaubten, nahe am Peenestrom zu sein, und ihr »Hool över!« riefen, rannte Mark Witt entgegengesetzt und schrie aus Leibeskräften: »Hier is de Fähr!« Folgten ihm die Leute, und das geschah oft genug, liefen sie zurück bis nach Gnevezin, woher sie gekommen waren, anstatt zu warten, bis jemand von der Fähre kam und sie übersetzte. Oder Mark Witt lockte sie immer hin und her, klatschte hier in die Hände, lachte dort schrill auf, bis es Morgen wurde und die Leute todmüde endlich den richtigen Weg fanden.

Einmal sah der Fährmann im Schummern drüben am Ufer einen Mann stehen, der immerzu winkte. Er fuhr hinüber, um ihn zu holen, doch als er ankam, war niemand zu sehen. Er fuhr dichter ans Ufer heran, stand auf im Boot und hielt ringsum Ausschau. Hoppla, da bekam sein Boot einen Stoß, so heftig, daß er um ein Haar ins Wasser gefallen wäre, und dabei lachte jemand laut meckernd und klatschte in die Hände, daß es schallte. Nun wußte der Fährmann, daß Mark Witt ihn genarrt hatte, und kehrte auf der Stelle um.

Von den Bergschlangen und den Lindwürmern an der Peene

Im Bauerberg an der Peene, zwischen Wolgast und Lassan, soll in alter Zeit eine riesige Schlange gehaust haben, zum Schrecken der ganzen Gegend, denn ihr Erscheinen hatte Unheil im Gefolge, sei es, daß plötzlich jemand starb, sei es, daß über Nacht eine Sturmflut ins Land drang oder die Ernte durch Dürre oder Hagelschlag vernichtet wurde. Immer brachte die Bergschlange den Menschen dort Not und Elend.

Man glaubte auch, daß es den, der sie erblickt hatte, am schlimmsten traf. So erging es einer Frau, die sie zum letztenmal gesehen haben soll. Am folgenden Tag entstand im Dorf Bauer eine entsetzliche Feuersbrunst, die zweiunddreißig Häuser in Schutt und Asche legte, und jene Frau fand auf qualvolle Weise den Tod in den Flammen.

Noch zwei Ungeheuer, gewaltige große Lindwürmer, auch Hasselwürmer genannt, hielten damals die Anwohner der Peene in Angst und Schrecken. Der eine hatte im Walde bei Lassan seinen Unterschlupf, der andere in der Peenemünder Heide. Zogen sie auf Nahrungssuche aus, so sprühten Feuer und Schwefel aus ihren tiefen Rachen und den langen, starken Schwänzen.

Zuweilen begegneten sie sich auch auf ihren Raubzügen. Dann kam es zu einem erbitterten Kampf. Wütend gingen sie aufeinander los, Flammengarben schossen aus ihren Rachen, und unter den heftigen Schlägen der Schwänze bebte die Erde. Alles ringsumher wurde verwüstet.

Eines Tages nun beschlossen die Lassaner, dem Untier in ihrer

Nachbarschaft zu Leibe zu gehen. Die mutigsten Männer rückten aus und zündeten in den Bergen bei Wehrland, wo es gerade schlief, auf allen Seiten das Schilf an.

Das sterbende Ungeheuer machte einen solchen Höllenlärm, daß es der andere Lindwurm bei Peenemünde vernahm und unter lautem Geheul die Flucht ergriff. Er warf sich in die See, bald hörte man sein Klagegeschrei aus größerer Entfernung, und schließlich verstummte es.

Manche Leute nahmen an, das riesige Tier sei bis nach Schweden geschwommen, andere jedoch meinten, es sei weit draußen im tiefen Wasser der Ostsee ertrunken.

Von den Bergschlangen

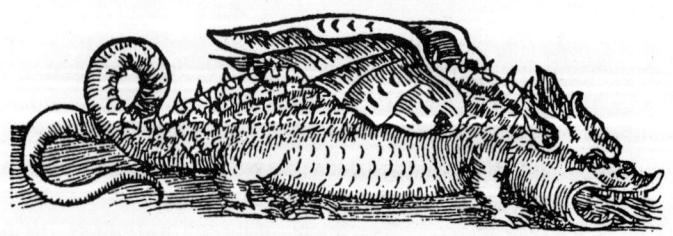

und den Lindwürmern

In den sechziger Jahren des vorigen Jahrhunderts fragt der Pastor die Konfirmanden, was sie werden wollen. Der eine nennt dies, der andere das.

Nun fragt er auch Korl Fretwurst: »Na, Korl, wat willst du denn warden?«

»Seefohrer, Herr Paster!«

»Ja, Korl, dat is doch 'n lebensgefährlichen Beruf. Wat's denn dien Vadder wäst?«

»Ok Seefohrer!«

»Un dien Großvadder?«

»Ok Seefohrer!«

»Un wur sünd sei storben?«

»Up See bläben.«

»Na, Korl, denn würr ick mi heuren, tau See tau führen.«

»Je, Herr Paster«, seggt Korl, »wur is denn Sei ehr Vadder storben?«

»Im Bett, mein Sohn.«

»Un Sei ehr Großvadder?«

»Auch im Bett.«

»Na, Herr Paster, denn würr ick mi in Sei ehr Stell ok heuren, tau Bett tau gahn.«

Vertell mi doch mal wat!

De Buer is twee Dag to Stadt west. As he nu wedder trüchkümmt, halt Jehann hem mit'n Wagen von'n Bahnhoff af.

»Na, Jehann«, seggt de Buer, »wat gifft Nies?«

»Oh«, seggt Jehann, »Nies gifft't nich.«

»Is bi ju gornicks passiert, as ick wegweer?«

»Ne, uns' Herr, passiert is dar nicks.«

»Och wat, Jehann, dar passiert doch ümmer wat op'n Hoff. Schull dar nu in de Dag gornicks passiert sin?«

»Ne, passiert is nicks.«

»Och, denk mal 'n beten nah, Jehann! Wes doch nich so tüffelig! In twee Dag, dar kann doch allerhand passiern. Vertell mi doch mal wat!«

»Jä –«, seggt Jehann, »wat kann dar denn passiert sin? – Och so, ja: Korl hett sien brun Metz afbraken.«

»Na, dat is ja nich veel. Wo hett he dat denn bi afbraken?«

»Ja, he hett dar 'n Peerd mit dodsteken, dar is dat bi afbraken.«

»Wat denn, Jehann? Wat hett he? Wat för'n Peerd denn?«

»Ja, unsen swarten Hingst, den hett he dodsteken.«

»Jehann! Minsch! Büst du des Deubels? Unsen swarten Hingst? Worüm dat denn?«

»De harr sick ja 'n Been braken.«

»De harr sick 'n Been braken? Wo dat denn bi?«

»Bi't Waterföhren.«

»Wat hebt ji denn för Water to föhren?«

»Nah dat Füer, wi müssen ja löschen.«

»Füer?? Wat för Füer, Jehann? Vertell mi dat doch mal orntlich!«

»Jä, de Schün is ja doch afbrennt …«

»De Schün is afbrennt?! Dat vertellst du mi nu erst? Un denn seggst du Schapskopp, dar is nicks passiert?«

»Ne, passiert is dar ok nicks, uns' Herr. Dit sünd all Loegen. De Herr wull je, ick schull em 'n beten wat vertellen.«

»Freie Aussicht auf das offene Meer – Hausdiener
am Bahnhof – Junge Mädchen auch ohne
Begleitung Erwachsener finden freundliche
Aufnahme – Um geneigten Zuspruch bittend –
Guter Wellenschlag – Herrschaftliches Fuhrwerk –
In bester Lage am Kurplatz und Strand«
Anzeigen aus Bansin, Ahlbeck, Carlshagen,
Heringsdorf, Zinnowitz aus dem Jahre 1912

Ostseebad Bansin

auf der Insel Usedom, Bahnstation neben Heringsdorf

Geringe Kurtaxe. ═══════ **Keine Musiktaxe.**

Zu erreichen mit der Eisenbahn oder
mit den Tourendampfern der Reederei
:: J. F. Braeunlich, Stettin. ::

Dicht an der See und am Wald gelegen.

Breiter steinfreier Strand
:: Guter Wellenschlag ::

Seebäder

in den neuerbauten Damen-, Herren- und
═══ Familienbädern ═══

Neu erbautes Warmbad.

Badeärzte im Orte ansässig.

Frequenz: 1897: 340, 1900: 1626, 1901: 2400,
1904: 3903, 1905: 4960, 1907: 5155, 1908:
5840, 1909: 6609, 1910: 7764, 1911: 9205 Badegäste.

Modern eingerichtete und preiswerte Wohnungen.

Gute Verpflegung. :: **Ruhiger Aufenthalt.**

Wasserleitung — Radlerwege — Tennisplätze
Postamt und Telephon am Orte

Näheres über Wohnungen etc. durch
die Badedirektion.

209

Ostseebad Ahlbeck

auf Usedom (Bahnstation).

Die Nähe von Berlin und Stettin (in zirka 3½ Std. mit mehreren Zügen und Schiffen täglich zu erreichen), die reizende etwa 2000 m längs des Meeres sich hinziehende Lage, die durch die unmittelbar angrenzenden, bis zum Haff sich hinziehenden, mit Hochwald gekrönten Berge und daher besonders günstigen klimatischen Verhältnisse, der schöne Strand und der lebhafte Schiffsverkehr haben Ahlbeck schnell zu einem beliebten und immer mehr emporblühenden Badeorte gemacht.

Grosser Seesteg mit Musikhalle, Restauration u. Unterkunftshallen.

Damen- und Herrenbäder. Sonnenbad.
Zwei Familien-Seebade-Anstalten.

Das erweiterte Warmbad

mit 40 Badezellen der Neuzeit entsprechend eingerichtet, gewährt alle medizinischen sowie elektrischen Lichtbäder.

3 Ärzte. :: Apotheke am Ort.

Frequenz 1911: 22394 Badegäste.

Post-, Telegraphenamt und Fernsprechanschluss am Ort mit allen grösseren Städten. Elektr. Licht, Wasserleitung im ganzen Ort.

Evangelischer Gottesdienst sonntäglich in der neuen Kirche, kathol. Gottesdienst sonntägl. in Swinemünde.

Gutes Fuhrwerk ist am Orte zu haben, besonders gute Gelegenheit zum Segeln, täglich mehrfache Verbindung durch Motorboote mit Heringsdorf und Swinemünde. Ferner werden von Dampfschiffen regelmässige und Sonderfahrten nach allen Richtungen, nach Misdroy, Zinnowitz, Rügen, Bornholm, Kopenhagen unternommen.

Prospekte und Auskunft kostenlos durch

die Badedirektion.

Ostseebad Carlshagen

auf Usedom

Neuerungen 1912:
Evangel. Kirche.   Elektrisches Licht.

Bahnstat.: Carlshagen-Trassenheide.

Familienbad
Kalte und warme Seebäder
Luft- und Sonnenbäder
Vorzüglicher steinfreier Badestrand.

Mässige Bäderpreise
Geringe Kurtaxe.

Nadelholzwaldungen direkt bis zum
Strande.

Regelmässiger Dampferverkehr nach
Rügen und Heringsdorf-Swinemünde
**Eingerichtete Wohnungen in
jeder Grösse und Preislage.**

Hotels und Pensionate.

In der Frühjahrs- und Herbstsaison
kosten Wohnungen von 2-3 Zimmern,
Küche, Balkon und Mädchenkammer
pro Woche 10 bis 15 Mark.

Prospekte und Wohnungsnachweis
mit Lageplan durch die

Badegesellschaft Carlshagen

E. G. m. b. H.

Seebad Heringsdorf

Dampfer-Station :: Eisenbahn-Station.
Saison: 1. Juni bis 30. September.
===== 3½ Stunden von Berlin. =====

Unvergleichliche Lage im Buchenwalde und an der See.
Wegen geschützter Lage als Luftkurort auch im Frühling
und Herbst sehr geeignet. Vorzügliche Warmbade-
anstalt. See-, Süsswasser, Moor- und kohlensaure
Bäder, Solbäder mit natürlicher neuerbohrter Sole. Elektr.
Licht-Bäder. Hydroelektrisches 2-Zellenbad. Kaltwasser-Be-
handlung nach Prof. Winternitz, manuelle Massage-Kuren,
auch durch elektrische Vibration. :: **Orthopädisches Institut.**

:: Familienbäder. ::

Vermietung von Abonnementszellen an Familien stunden-
und tageweise. :: Familienbad I einzig in seiner Art; Luxusbad.

:: 500 m hinausgebaute Kaiser-Wilhelm-Brücke. ::

Anlegen aller Dampfer an derselben. Hochelegant eingerichtete Lesesäle, Musiksaal, Spielzimmer, grosser Konzert-
saal, überdeckte und offene Terrassen, unmittelbar an der
See im Strandkasino, dem offiziellen Kurhaus. Wildpark.
15 Tennisplätze. Radlerwege auf der Düne und im Walde.
Wassersport, Pferderennen, u. v. a.

:: Vortreffliche Grundwasserleitung. ::

Elektrische Beleuchtung. Beste Kindermilch aus der Sanitäts-
Molkerei. Wohnungen in allen Grössen wochenweise und
auf längere Zeit. Im Gemeindeamt Wilhelmstrasse Nr. 6
Wohnungsnachweis. Auskunft ebendaselbst.

Frequenz 1911: 16585 Personen. Ausgabe von Fahrkarten,
Fahrplänen, Broschüren. Direkte Gepäckbeförderung per
Dampfer und per Eisenbahn.

:: Bauparzellen ::

von dem der „Aktiengesellschaft Seebad Heringsdorf" ge-
hörigen grossen Waldterrain, in jeder Grösse zu den ver-
schiedensten Preisen je nach Lage in Heringsdorf, Ahlbeck
und Bansin zu haben. Verkaufsbedingungen im Büro der
Akt.-Ges. Seebad Heringsdorf, Delbrückstrasse 57.

„Glashäger Mineralquelle" wirkt gelind auflösend!

Kurhaus-Kaiserhof

Heringsdorf - See- und Solbad. Besitzer: Max Gundlach.
Telefon Nr. 3 und 56.

Während der Monate Mai, Juni und ab 15. Sept.
Pension incl. Zimmer zum Preise von 10 M. an.

Eröffnung Ostern. - **Weingrosshandlung.**

Modernster Komfort: Zentralheizung, Fahr-
stuhl, elektrisches Licht, medizinische Bäder.

Wiener Café.

Grosse Seeterrasse ca. 1000 Sitzplätze.

200 See- und Gartenzimmer.

Grosse Festsäle und Salons.
==== Autogarage. ====
Oel, Benzin und Gummistock.

Haus allerersten Ranges.

Schönste Lage am Strand.

Anerkannt beste französische Küche.

Grand Hôtel „Seeschloss" R. Lindemann

mit Dependance „Schloss Bruck"

Elegantes und vornehmes Haus.

216

Ostseebad
ZINNOWITZ

Von Berlin u. Stettin in $3\frac{1}{2}$-$4\frac{1}{2}$ Std., von Leipzig in 9 Std., von Breslau in 12 Std. erreichbar. — Linie Heringsdorf-Wolgasterfähre.

Herrliche Buchen-, Eichen- und Fichten-Waldungen, die sich direkt bis an den breiten, vollständig steinfreien Strand erstrecken. Eldorado für Kinder.

1 Herren-, 2 Damen- und 2 Familien-Bäder.
Hotels und Wohnungen für jeden Bedarf.

Warme Sol-, Kohlensäure-, Malz-, Kleie- und andere medizinische Bäder.

Badearzt und Apotheke im Ort.
Post, Telegraph und Fernsprech-Einrichtung.

Frequenz: 1890: 2000, 1898: 5300, 1899: 5800, 1901: 7400, 1904: 8249, 1905: 8479, 1906: 7945, 1907: 7555, 1908: 7598, 1909: 8531, 1910: 8865, 1911: 12177 Badegäste.

Täglich Dampfer-Verbindungen nach den benachbarten Badeorten: Misdroy, Heringsdorf, Ahlbeck, Swinemünde u. d. Rügensch. Bädern.

 Zu Ausfahrten n. den prächtigen Punkten d. Umgegend steht eleg. Fuhrwerk z. Verfügung.

Auskunft und Prospekte gratis durch die Geschäftsstelle, die Ausgabestellen des Verbandes :-: und durch die **Badedirektion.** :-

„v. Blücher's Glashäger Mineralquelle" ist radio-activ!

Pensionat Seestern

Direkt am Strande, in schönster und ruhigster Lage,
ganz in der Nähe der Landungsbrücke, dem Damenbade
und Warmbade gelegen, empfiehlt

besteingerichtete Wohnungen in allen
Grössen, sowie auch einzelne Zimmer.

Vorzügliche, reichliche Pension inkl. Logis v. 5 M. an
je nach Lage der Zimmer. Vor- und Nachsaison billiger.

Geöffnet von Mai bis Oktober.

Table d'hôte 1 Uhr. ▫ **Anerkannt gute Küche.**
Helle und echte Biere. ff. Weine.

Direkt neben Pension „Seestern" empfehle in meiner Villa
„Hildegard" Wohnungen mit vollständig eingerichteten
Küchen. In jeder Etage sind 5 geräumige, 3 nach der
See, 2 nach dem Walde gelegene Zimmer und 3 ge-
schlossene Balkons. Sämtliche Zimmer sind der Neuzeit
entprechend eingerichtet und mit Reformbetten aus-
gestattet. Alle Etagen auch in Pension „Seestern" sind
mit Wasserleitung und Spülklosetts versehen.

Besitzer **Albert Häfke,** Dünenstr. 2.

Pension Miramare

direkt am Strande und Waldrande, nahe der Lesehalle, **empfiehlt bei anerkannt vorzüglicher Beköstigung** herrlich gelegene

═══ Zimmer in allen Grössen ═══

auch solche mit offenen und geschlosse·en Balkons nach der See, je nach Lage

schon von Mk. 5,00 pro Tag an.

Lesezimmer. — Diverse Zeitungen und Zeitschriften.

Feiner Privat-Mittagstisch

Mk. 1,50 das Gedeck

Menagen ausser dem Hause.

Hausdiener am Bahnhof. — Wasserleitung.

Während der Vor- und Nachsaison besonderes Entgegenkommen im Preise.

Frau Marie Kauffmann.

Ostseebad Ahlbeck, Fischerboote am Strand, 1910

Hotel Ahlbecker Hof

Ostseebad Ahlbeck, Blick auf Strand und Seebrücke

Ostseebad Ahlbeck, Strandpartie

Ostseebad Ahlbeck, Flundernhandel am Strand

Ostseebad Ahlbeck, 1912

223

Ostseebad Ahlbeck, Familienbad

Ostseebad Ahlbeck, Seebrücke

Ostseebad Ahlbeck, Strandleben

Bansin, Villen am Strand

Bansin, Villen am Strand

Seebad Heringsdorf: zwei Schöne am Strand

Seebad Heringsdorf, Strandpromenade, Blick nach Ahlbeck

Seebad Heringsdorf, das Kurhaus

Seebad Heringsdorf, Kaiser Wilhelm Brücke

Seebad Heringsdorf, Strand-Casino

Zinnowitz, Seebrücke, 1906

Zinnowitz Strand

Zinnowitz, 2. September 1912

Zinnowitz, 5. September 1912

BERNFRIED LICHTNAU

Lyonel Feininger auf Usedom 1908 – 1912

Nachhaltige und langzeitige Auswirkungen auf seine künstlerische Entwicklung übten für den Maler **Lyonel Feininger** (1871–1956) die Aufenthalte auf Usedom aus. Nach Beendigung der Rügen-Besuche (zwischen 1892 und 1907) weilte er 1908 bis 1912 regelmäßig in den Sommermonaten mit seiner Familie in dem mondänen Seebad Heringsdorf. Dieser Zeitraum besitzt in seiner künstlerischen Entwicklung eine entscheidende Bedeutung, formte er doch nach seinem erneuten Parisaufenthalt im Jahre 1911, in dem er sich mit kubistischen Werken Pablo Picassos und Georges Braques auseinandersetzte, ab 1912 seinen charakteristischen persönlichen Stil heraus.

Die Usedomer Arbeiten belegen diesen gravierenden stilistischen Wandel. Während seiner Zeichenexpeditionen löste er sich schrittweise vom unmittelbaren Zeichnen vor der Natur.

Nach 1912 arbeitete er dann in der abgeschirmten Welt seines Ateliers. Charakteristisch wurde in der Folgezeit die langjährige Auseinandersetzung mit künstlerischen Arbeiten aus früheren Jahren.

Während seiner jährlichen Heringsdorfer Sommerbesuche griff er für ihn wesentliche Motivgruppen auf. Mit karikierender Freude schuf er eigentümlich phantastisch-skurrile Zeichnungen der Badegesellschaft: seltsam verunsicherte Gestalten aus der mondänen Gesellschaft gegenüber einer dominierenden Meereslandschaft. Das Motiv der Seebrücke in Heringsdorf (ab 1911) steht ihm als ein Gleichnis der Verbindung von Meer und Land durch eine zerbrechliche Architekturschöpfung des Menschen. Dasselbe Grunderlebnis verkörpern seine Zeichnungen und druckgraphischen Blätter von den beiden Molen in Swinemünde (1909). Das Seebrückenmotiv war ihm so wesentlich, daß er es in einer Radierung und 1912 in

Lyonel Feininger: Das Motiv der Heringsdorfer Seebrücke in drei Variationen 1911/12

Lyonel Feininger mit Schiffsmodellen

vier malerischen Fassungen in kristallinisch-abstrakter Stilistik erneut gestaltete. Seine Wolkenstudien weisen im Vergleich mit den frühen rügenschen Zeichnungen eine strenge formale Abstraktion des sinnlichen Eindruckes auf. Derselbe Prozeß läßt sich an einem weiteren Grundmotiv – der Villa am Meer (angeregt durch die Heringsdorfer Villa des Berliner Bankiers Oppenheimer) – beobachten. Von der romantischen Umdeutung als Schloß am Meer (1911/12) führt der Prozeß der Abstraktion und kristallinen Durchdringung zu den strengen drei Holzschnittfassungen von 1918 und 1920. Wie schon auf Rügen, so unternahm Feininger auch auf Usedom zeichnerische Expeditionen zu Fuß oder per Fahrrad in die noch weitgehend unberührten südöstlichen Gebiete Usedoms. Diese ursprünglichen Motive, wie Dorfkirchen, alte Bauernhäuser, Windmühlen, kommen seiner Vorstellung von der noch unverbrauchten Lebenskraft der Natur der Vergangenheit entgegen und regen ihn zur wiederholten künstlerischen Auseinandersetzung an. 1909

Villa in Heringsdorf, in der Lyonel Feininger in den Jahren
1908–1912 den Sommer verlebte

entdeckte er auf einer Tour das alte Dorf Neppermin, das ihn so faszinierte, daß er sich Anfang September 1910 zu einem zweimonatigen Aufenthalt entschloß. Er zeichnete die noch intakten architektonischen Strukturen des Bauerndorfes, Mühlen – die auch im Verfall noch Würde und Monumentalität besitzen. Neben eigentümlich verlassen wirkenden Jahrmarktsszenen zeichnete er karge, strenge Landschaftsausschnitte, wie etwa den »Landweg«, 1910. In Neppermin begann Feininger, sich zunehmend vom real anschaulichen Objekt zu lösen, nur noch sehr sparsame, aber charakteristische Skizzen vor der Natur anzufertigen und sie später – oftmals über längere Zeiträume – im Atelier formal umzugestalten. Eine ähnliche Faszination strahlte auf ihn das Dorf Alt-Sallenthin aus, das er zwischen 1909 und 1912 mehrfach zeichnete und in malerischen Fassungen erneut gestaltete (die letzte entstand 1924). Die Dorfkirchen in Zirchow (ab 1908) und Benz (ab 1909) waren für ihn die Verkörperung der schöpferischen Leistungen ländlichen Bauens der Vergangenheit. »Die alten Dorfbauleute haben gewußt zu wirken, unfehlbar und mit den bescheidensten Mitteln.« Beide Dorfkirchen waren ihm als ein zentrales Motiv so bedeutsam, daß er sie noch Jahre später erneut in Holzschnitten und Gemälden aufgriff. Zwischen 1913 und 1920 erfolgten keine weiteren Reisen Lyonel Feiningers und seiner Familie an die Ostsee. Die erneute künstlerische Auseinandersetzung mit der Landschaft an der Ostsee setzte erst wieder im Jahre 1921 ein. Noch einmal bereiste er im August 1928 von Swinemünde aus Heringsdorf. Die Reise, auf der Feininger zeichnete und fotografierte, führte dann über Wolgast, Greifswald und Ribnitz nach Wismar.

Die zwanziger und dreißiger Jahre

Für die Zeit nach dem ersten Weltkrieg läßt sich ein gewachsenes Interesse auswärtiger Künstler für die Usedomer Landschaft belegen, jedoch stehen noch exakte Untersuchungen über einzelne Künstler und ihr Schaffen auf der Insel aus.

So weilte beispielsweise **Hermann Max Pechstein** (1881–1955) in den 20er Jahren zu Malaufenthalten an der Ostsee – 1923 ist ein Stettin-Besuch belegt. 1949 hat er noch einmal auf Usedom, u. a. in Ückeritz, im strengen Altersstil gemalt.

Paul Kuhfuß (1883–1960) arbeitete gemeinsam mit Pechstein in den 30er Jahren am Leba-See und in der Künstlerkolonie Nidden. In diesem Zeitraum wird ein Aufenthalt auf Usedom, in Koserow, benannt.

Hugo Scheele (1881–1960), ein in Düsseldorf und Weimar ausgebildeter Maler, mit dem Villa-Romana-Preis ausgezeichnet, ließ sich 1921 in Zempin nieder. Studienreisen führten ihn nach Paris und vor dem ersten Weltkrieg nach Griechenland. Er war Mitglied des Pommerschen Künstlerbundes. Sein Werk ist heute nahezu in Vergessenheit geraten. Zur III. Deutschen Kunstausstellung 1953 in Dresden stellte er das Bildnis einer »Landfrau von Usedom« aus.

Hugo Scheele, Insel Usedom, 1953

Egon Richter erinnert in seiner Publikation »Bansin. Die Geschichte eines Weltbades« an einen der ersten bedeutenden einheimischen Künstler: **Erich Jaeckel** (1901–1947). Als Künstler bildete er sich autodidaktisch aus. Erste Arbeiten wurden als reproduzierte Postkarten durch die Bansiner Kurverwaltung vertrieben. Mit Energie und Einfühlungskraft gestaltete er Motive der ihm vertrauten Umgebung – Fischer bei ihrer Arbeit, die Landschaft zwischen Ostsee und Achterwasser. Anfang der dreißiger Jahre wurden seine Werke in nationalen Ausstellungen mit Erfolg gezeigt. Viele Arbeiten Jaeckels wurden von Bansinern gekauft, befanden sich bis in die Gegenwart in öffentlichen Bauten und in Privathaushalten. Infolge eines sich verschlimmernden Leidens konnte er bis zu seinem frühen Tode – er starb mit 46 Jahren – nur noch wenige Werke schaffen. Seine späten Arbeiten weisen eine eigentümlich gebrochene Farbigkeit auf.

Gast im »arabischen Zimmer«

Erinnerungen an Maxim Gorkis Aufenthalt in Heringsdorf 1922

Gorki war damals in Deutschland längst kein Unbekannter mehr. So war 1901 sein erster Roman »Foma Gordejew« in deutscher Sprache erschienen und 1907 – im Gegensatz zur russischen Ausgabe – ungekürzt »Die Mutter«. Um 1910 wurde im damaligen hinterpommerschen Stargard Gorkis »Nachtasyl« aufgeführt. Nach der Vorstellung hielt der Gymnasialdirektor einen seiner Oberprimaner an: »Na, Becher, was sagt Er dazu? – Schön, aber schaurig.«

Besagter Friedrich Becher wurde Jurist in Berlin und besaß ein Haus an der Ostsee, das er im Sommer vermietete. Einer dieser Mieter war Maxim Gorki, der auf Anraten Lenins ins Ausland gefahren war, um sein Lungenleiden zu kurieren. Dr. Becher war Gorki-Verehrer und überließ dem großen russischen Dichter, der am 31. Mai 1922 anreiste, im Haus »Irmgard« sogar sein privates »arabisches Zimmer«. Gorki schrieb hier in Heringsdorf an seinem autobiographischen Roman »Meine Universitäten«.

Die Prophezeiung des Gymnasialdirektors

1948 wird Haus »Irmgard« Gorki-Gedenkstätte. Für Dr. Becher erfüllte sich damit eine Prophezeiung. Als er nämlich einmal den Studienwunsch Kunstgeschichte geäußert hatte, sagte der schon erwähnte Gymnasialdirektor und Literaturkenner, da könne ja Becher im Alter, »wenn der Kopf wackle«, Museumsdirektor werden. Tatsächlich sorgte nun der sowjetische Kulturoffizier Nasarow dafür, daß Dr. Becher im März 1948 Leiter der Maxim-Gorki-Gedenkstätte wurde. Aber bereits im November starb Dr. Becher, und seine Nichte, Margot Becher, wurde seine Nachfolgerin. Sie

Villa Irmgard in Heringsdorf. Hier wohnte Maxim Gorki 1922

hat alle Erinnerungen an Gorki, die sich über die Jahrzehnte hinweg in Heringsdorf erhalten haben, sorgfältig und liebevoll bewahrt.

Auch zwei Katzen reisten mit

Wohl kein Badegast empfing soviel Post wie Gorki. Es waren viele Einschreibbriefe dabei. Und der Briefträger Erich Meier trug alle Briefe ins arabische Zimmer. Wenn er dort den russischen Dichter im gelben bestickten Seidenmantel, dem Chalat, und mit buntem Usbekenkäppchen persönlich antraf, klopfte dieser ihm auf die Schulter und gab ihm ein Trinkgeld.

Eine Nachbarin erinnerte sich, daß Gorki zwei Katzen im Reisegefolge hatte. Von seinem Lieblingshund Topka hängt in einem der Zimmer ein Bild. Gorki ließ sich mit der Kutsche in den Wald fahren, ging auch gern zu Fuß dorthin, um Pilze zu sammeln. Und er saß oft auf der Seebrücke. Einige Male kam vom Ferienaufenthalt in Misdroy der berühmte russische Sänger Schaljapin zu Besuch. Gorki, Sohn Maxim und Schwiegertochter Nadeshda, der Maler Rakichij und die Wirtschafterin Friedel Unger-Wolf hatten zwei Etagen mit jeweils fünf Zimmern und zwei kleinen und zwei großen Veranden zur Verfügung. In jeder der beiden großen Veranden stand ein Schreibtisch.

Gorki hatte seinen eigenen Arbeitsstil, er ging viel in den Zimmern auf und ab und sprach dabei laut vor sich hin, um den Klang des Geschriebenen zu prüfen. Die Mahlzeiten dehnten sich über Stunden zu angeregten Gesprächsrunden aus. Rakichij hat Gorki und Nadeshda beim Kartenspielen gemalt. Übrigens, was das Rauchen anbelangte, war Gorki ein sehr ungehorsamer Patient.

Gorki, Sturmvogel der Revolution, unermüdlicher Arbeiter der Kultur, Freund Lenins, Wahrheitssucher, brillanter detailgetreuer Erzähler … In seinem Roman »Matwej Koshemjakin« finden sich die Sätze: »Er schrieb des Nachts, in strenger Stille, die aufmerksam auf sein Flüstern horchte, wenn er ein fehlendes Wort suchte. Das Kratzen seiner Feder wurde ihm zu einer Musik, die sein verbrauchtes, mangelhaft arbeitendes Herz beruhigte. Oft war ihm zum Weinen wohl, wenn er auf dem Papier die eben geschriebenen, noch feuchten Worte sah: ›Der Mensch ward von Gott auf diese Erde gesandt, um sie durch Freuden zu verschönern. Aber wozu haben wir gelebt, wo sind unsere Taten, würdig des Lebens der Menschen und eines dankbaren Lächelns Gottes?‹«

Berühmte Persönlichkeiten finden sich unter den Besuchern der Gedenkstätte: der türkische Dichter Nazim Hikmet Ran, der dänische Karikaturist Herluf Bidstrup und Professor Jacques Nicole, Mitarbeiter von Joliot-Curie. Der Leiter des Museums, Walter Mittag, berichtet, daß von Mai bis Dezember 1979 bereits 2180 Besucher registriert wurden, auch aus der Sowjetunion, Polen, aus Bulgarien und aus Afrika.

Manchen Besucher mag es überraschen, unmittelbar an der Küste dieses kulturelle Kleinod anzutreffen, wo die Anwesenheit des Dichters so lebendig nachklingt, der nachgerade versessen war auf den Menschen mit seinen Talenten, auf die progressive Entwicklung der Menschheit. In das Gästebuch von Haus »Irmgard« hatte

Gorki zum Abschied am 25. September 1922 geschrieben: »… und dennoch und trotz alledem werden die Menschen mit der Zeit wie Brüder leben.«

Maxim Gorki

MAXIM GORKI

Sturmvogel

Ob der grauen Meeresebene
treibt der Wind Gewölk zusammen.
Zwischen Wolkenzug und Wasser
schießt der Vogel Sturmverkünder
einem schwarzen Blitz vergleichbar.

Und das Meer mit Flügeln peitschend
und, ein Pfeil, die Wolke treffend
schreit er. Und es hört die Wolke
Lust im kühnen Schrei des Vogels.

Leidenschaft ist in dem Schrei und
Zorn und Sehnsucht nach dem Sturme
und die Zuversicht des Siegers
Diesen Schrei versteht die Wolke.

Doch die Möwe, flatternd, taumelnd
ob der Woge, fürchtet sich vorm Sturme.
Auf dem tiefsten Meeresgrunde
möchte sie sich vor dem Sturm verstecken.

Auch der Tauchervogel stöhnt nur.
Freude an des Lebens Stürmen
ist ihm gänzlich unverständlich.
Ihn erschrecken Donnerschläge.

Der Pinguin, der dumme Fettwanst
feige klebt er an der Felswand.
Nur der stolze Vogel Sturmverkünder
schwebt frei überm grauen Schaum des Meeres.

Finsterer und niedrer
senken sich aufs Meer die Wolken
und die Wasser steigen singend
um dem Donner zu begegnen.

Und es kommt der Donner. Zornig
wirft der Wind sich auf die Wasser
er umfaßt sie rudelweise
packt sie in die starken Arme
schleudert sie mit blindem Wüten an die
    Klippen
wo die weiß smaragdenen Wogen
brechen und zu Tropfen werden.

Schreiend schießt der Sturmverkünder
einem schwarzen Blitz vergleichbar
pfeilschnell durch die Wolkenmassen.
Seine Flügel reißen weißen Gischtschaum
von der Woge. Wie ein Dämon
rast er aufwärts! Frei! Des Sturmes schwarzer
    Dämon!

Lachend! Schluchzend! Er verlacht die finstere
    Wolke,
und er schluchzt vor reiner Freude.
Denn er hörte in des Donners Grollen
lange schon mit scharfem Ohr Erschöpfung.
Denn er weiß, es kann die Wolke niemals
niemals, niemals eine Sonne decken.

Wind und Donner. Blaue Wolkenberge
stehen vor des Meeres Abgrund. Flammenpfeile
fängt das Meer auf und verlöscht sie
in den Strudeln. Und wie Feuerschlangen
winden sich im Meere und verschwinden
Spiegelbilder dieser Blitze. Sturm! Schnell kommt der
    Sturm auf!

Doch der kühne Vogel Sturmverkünder
hoch hinschwebend zwischen Blitzen
hoch hinschwebend über dem Gebrüll der Wasser
schreit er, der Prophet des Sieges:
Tobe, Sturmwind! Tobe stärker!

(Aus dem Russischen übertragen von Bertolt Brecht, 1955)

KLAUS PETERS

Ruhe an der See und im Hotel
»Das stille Haus am Meer«

Heinrich Manns Aufenthalt in Heringsdorf 1923

Zu den Badegästen, die nach dem Seebad Heringsdorf kamen, zählte auch der Schriftsteller Heinrich Mann, der dorthin kam, um sich von seiner schweren Krankheit zu erholen. Er wohnte im damaligen Strandhotel.

In der Novemberrevolution 1918 in Deutschland setzte sich Heinrich Mann für die Errichtung einer deutschen Republik ein, verstand sich als geistiger Anwalt dieser Republik und reagierte sensibel auf alles, was sie in Gefahr brachte.

Katia Mann schrieb in ihren Memoiren: »Heinrich stand immer weit links, das wußte man!« Um so mehr ist es verständlich, daß Heinrich, bald durch die Verhältnisse in der Weimarer Republik so sehr enttäuscht, nichts mehr verstand. Wie z.B. die Ermordung Karl Liebknechts und Rosa Luxemburgs, deren Mörder frei herumliefen, während andere Revolutionäre eingekerkert waren. Trotzdem glaubte er an die Sozialisierungsgesetze des Zentrumpolitikers Erzberger und sah, daß revolutionäre Nationalisten den Revanchismus wieder schürten.

Trotz seiner Arbeit an dem Roman »Der Kopf« war er durch die politischen Ereignisse, sein verstärktes Engagement für die Weimarer Republik, durch die Nachkriegskrise mit der Inflation so angegriffen, daß er zusammenbrach.

Bekanntlich kam es 1919 mit seinem Bruder Thomas Mann zu einem Bruch. Die Beilegung des brüderlichen Zwistes und die Versöhnung erfolgte während der schweren Erkrankung Heinrichs. Thomas setzte sich für die Genesung so stark ein, daß die Ärzte 1923 einen Kuraufhalt in Heringsdorf befürworteten. Die Ruhe an der See, im Hotel, das der Besitzer als »Das stille Haus am Meer« bezeichnete, half unter anderem die letzten Depressionen Heinrich

Manns zu beseitigen. Hier arbeitete er an seiner Novelle »Der Verräter« die dann 1924 im Novellenband »Abrechnung« publiziert wurde. Nach seiner Rückkehr aus Heringsdorf schrieb er an seinen Freund, den österreichischen bürgerlichen Schriftsteller Arthur Schnitzler: »Wir haben den letzten Teil (des Sommers) in Heringsdorf verbracht, es war trostreich, ich glaubte, wieder erholt zu sein.«

Saisonbeginn an der Ostsee

> Es läuft der Vorfrühlingswind
> durch kahle Alleen:
> seltsame Dinge sind
> in seinem Wehn.
>
> *Hugo von Hofmannsthal*

Oben an der Nordostküste Deutschlands rollen die Wogen in langen Linien auf den Strand – es ist sehr kalt und frisch, und der Sand ist ganz naß. Horch! Läutets da nicht silberhell durch die Lüfte? Du hast dich nicht verhört, herzliebster Leser: ist ers doch, der rosafüßige Frühling, der soeben – mit Genehmigung der zuständigen Wetterwarte – seinen Einzug gehalten hat. Frühling, ja, er ists! Marie, der Lenz ist da – und allenthalben hebt ein geschäftiges Leben und Treiben an und versetzt die biedere Bevölkerung der Wasserkante in die höchste Aufregung.

Die Ostseewirte sind aus langem Winterschlaf erwacht und rekken faul die gewaltigen Glieder. Langsam kriechen sie aus den wärmenden Speckhüllen, die sie in der rauhen Jahreszeit vor den Unbilden des unwirschen Klimas geschützt haben, die Fenster fliegen auf, und in riesigen Schwaden entweicht ein trüber Grogdunst in den hellblauen Frühlingshimmel. Kräftige Fäuste packen die Stoffüberzüge, mit denen winters die Wälder zugedeckt werden, zerren daran und reißen sie herunter; die jubelnde Jugend reinigt den Strand und schüttet frischen Sand als Streu für die zu erwartenden Kurgäste auf. Saisonbeginn!

Die fleißigen Gemeindeväter treten zu ernster Beratung zusammen: gilt es doch, die Kurtaxe mit Rücksicht auf den Ernst der Zeit um das Dreifache zu erhöhen und den lieben Gästen das Leben im

Ort so angenehm wie möglich zu gestalten. Nachdem noch rasch der Mindestpreis für das Zimmer mit voller Pension (Mittagessen mit einbegriffen, Beleuchtung, Bewässerung, Bedienung und Beschlafung extra) auf 410 Mark festgesetzt worden ist, eilen die wetterfesten Männer an die Arbeit.

Da heißt es, angeschwemmte Strandgutplanken zum Familienbad zusammenzuzimmern, Strandkörbe werden ausgebessert, ja, ein luxuriöser Badeort, dessen Name hier nicht genannt sein soll, trägt sich bestem Vernehmen nach mit der Absicht, einen Rettungsring anzuschaffen. Er soll Ende August eintreffen. Der Strand wird rasch von Quallen und Tang befreit und beides vor die einzelnen Häuser ausgebreitet, zwecks Herstellung der ff. Seeluft. Viele große Badeorte schließen mit Berlin Lieferungsverträge für den kommenden Sommer ab, und große Kisten Flundern rollen aus der Residenz an, wohin sie das fleißige Fischervölkchen verschoben hat. Die Weinkarte (mit Gummizug) wird aktualisiert, auch werden große Sterilisationsapparate aufgestellt, mit denen man Seewasser trinkbar machen kann. Bei dieser Gelegenheit wird der alte Bestand in den Weinkellern aufgefrischt. Waisenkinder verteilen längs des Strandes Bernsteinstücke, die später bestimmungsgemäß von den aufjubelnden Kurgästen gefunden werden. Viele Muscheln erleiden einen qualvollen Tod: sie tragen, als Aschbecher und Briefbeschwerer verkleidet, das Bild Hindenburgs und werden mit Recht den daheim gebliebenen Verwandten zum Andenken mitgebracht.

Auf mancherlei Besuch gilts sich einzurichten. Tiere und Menschen suchen in heißer Sommerszeit das kühlende Naß der Ostsee auf – an manchen Orten verkehren auch Sachsen. Zinnowitz läßt auf dem Gemeindehaus ein großes blank poliertes Hakenkreuz anbringen: im dortigen Herrenbad werden Badehosen nur nach vorheriger Revision durch den Badearzt abgegeben. (Es sollen dabei böse Vertuschungsmanöver vorgekommen sein.) Ein herzerfrischender antisemitischer Wind pfeift brausend über den judenreinen Strand des anmutigen Badeörtchens; seine Toiletten sind sämtlich schwarz-weiß-rot angestrichen und mit frommen Wünschen für die Monarchie versehen. Horrido –! Die Stellung kann bezogen werden.

Kurt Tucholsky

Ein sanfter Zephyr hingegen mauschelt um die geschwungene Bucht Heringsdorfs. »Freya«, der germanische Dampfer, das einzige arische Lebewesen weit und breit, ächzt durch die Fluten; pflichttreu, alt und gebrechlich, hat das wackre Boot, das kurz vor Erfindung der Dampfmaschine in Dienst getreten ist, schon manchen Kummer erlebt. Es ist auch heuer zur Stelle. In den Hotels wibbelt und kribbelt es: einem neu eingetretenen Angestellten, der ein Zimmer aufzuschrubbern versucht, wird vom Direktor seine Ungehörigkeit ernst verwiesen, und der zweite Gemeindevorsteher geht mit seinem Söhnchen spazieren, um ihm eine Fensterscheibe zu zeigen, die er einmal als Knabe eingeschlagen hat. Nach gutem alten Heringsdorfer Brauch ist sie bis heute nicht erneuert.

In Mecklenburg hängen sich die Schiffer die Umhängebärte um, die ihnen ein so bideres Aussehen verleihen, und die übrige Land-bevölkerung lernt noch einmal rasch aus dem Polyglott Kuntze das gute Platt, um bei den Preisangaben durch mangelhafte Ver-ständigung mit dem hochdeutschen Kurgast gedeckt zu sein. Ost-preußens Steilküste strahlt in schönster Ausstattung und ist am be-sten dran: Mücken und Berliner sind daselbst unbekannt.

Auf den Dünen werden die Polizeiverordnungsschilder neu an-gepinselt. »Das Betreten der Dünen und das Ausreißen derselben ist streng untersagt. Königl. Preuß. Hafenamt. 14. Juli 1876.« (Wie habe ich immer die Leute beneidet, die am 13. Juli 1876 da geba-det haben! Die durften noch!) Rasch werden einige hundert Schil-der mit der Aufschrift »... ist verboten« ausgeteilt – die Lücke kann später beliebig ausgefüllt werden. Am Horizont dampft inzwi-schen das deutsche Kriegsschiff zu Reklamezwecken hin beziehungs-weise her. Ganz Berlin kann mit Operngläsern feststellen, wofür es seine dicken Steuern bezahlt ...

Die frisch gesalzenen Wogen rollen an den Strand. In einer Reihe, die ganze Küste entlang, stehen die Wirte, großen Raubvögeln gleich, vor ihren Horsten und lauern auf Beute. Sie klappern mit den Schnäbeln, die leeren Kröpfe baumeln im Winde, ab und zu fällt einem von ihnen hinten ein kleiner Prospekt heraus. Sie scharren ungeduldig mit den riesenhaften Fängen im Sande. Und warten.

Sieh! Da naht ein langer Zug ernster Männer dem Strande. Es ist der Landrat von Swinemünde, gefolgt von einer unabsehbaren Reihe Badeort-Delegierter. Von Holstein bis Samland ist alles vertreten. Die Geistlichkeit beider Konfessionen sowie Heringsdorfer Kultus-beamte eröffnen den Zug. Fahnen wehen ihnen voran. Die Emma-Möwen kreischen und klacksen kleine Glückwünsche. Der Wind weht. Schulkinder singen. Der Zug steht.

Und hervor tritt der Landrat und hält eine schöne Rede, in der er auf die gute alte Zeit hinweist und darauf, wie grade die Ostsee allezeit treu zum Deutschen Reiche gehalten habe, weil in ihr (früher: auf ihr) dessen Zukunft liege und weil Neptun der Gott des Meeres sei. Biegen oder Brechen sei auf See stets die Losung gewesen. Von der Schmutzkonkurrenz der Nordsee wolle er schweigen – hie gut Ostsee allewege! Die Möwen schreien. Die Geistlichkeit spricht Gebete, Messen und Broochen und erfleht vom Himmel eine feiste Saison. Das Meer wird eingesegnet.

Und der Landrat hebt den Zylinder und spricht. Auftakt und Anfangssignal der Sommerzeit 1922: »Hiermit erkläre ich die Ostsee für eröffnet!«

Die Ostseebäder der Insel Usedom; Titelseite des Prospekts von 1925

»Semitische Kurgäste unerwünscht«
Anzeigen von Ahlbeck, Bansin, Heringsdorf, Koserow, Zinnowitz aus dem Jahre 1925

Die Badeverwaltung von Zinnowitz ist fortgesetzt bemüht, den Badeort durch Verschönerungen und Neueinrichtungen weiter zu heben, um den Freunden dieses Bades den Aufenthalt möglichst angenehm zu gestalten. Um peinliche Zwischenfälle zu vermeiden, die die Verwaltung häufig in wenig angenehme Lage bringen, und auch zur Vermeidung diesbezüglicher Rückfragen muß erwähnt werden, daß von jeher Bestrebungen unter den Gästen des Badeortes Zinnowitz bestehen, das Bad von semitischen Kurgästen freizuhalten.

Aus: Die Ostseebäder der Insel Usedom, 1925

Am Strand von Ahlbeck, 1931

Anzeigen aus Ahlbeck

254

255

Anzeigen aus Bansin

256

257

Anzeigen aus Heringsdorf

265

EHM WELK

Pommern-Lied

Es fährt auf hohen Wogen
Ein Schifflein in die Fern;
mein Schatz ist mitgezogen
und hat mich doch so gern.
Ich sagt, ich kann nicht fassen,
daß er mir nicht verblieb.
Er sagt, ich muß ihn lassen,
die Welt hat tausend Straßen,
dort ruft der Vogel Grip,
vom Land, wo der Soldat erstand,
vom weiten, grünen Pommernland,
der wilde Vogel Grip.

Nun blühn ihm fremde Bäume,
mein Schatz, der ging verlorn.
Da rauscht durch seine Träume
im Pommernland das Korn.
Er sagt, er kann nicht fassen,
was ihn von hinnen trieb.
Ich sagt, er muß sie lassen,
die tausend fremden Straßen,
hier ruft der Vogel Grip,
zum Land, wo unsre Wiege stand,
zum weiten, grünen Pommernland,
der liebe Vogel Grip.

Ein Mägdlein saß im Düstern
so lang und bang allein.
Was kommt da für ein Flüstern
aus ihrem Kämmerlein?
Sie sagt, er soll sie lassen,
die Lieb, die böse Lieb.
Er sagt, ich will dich fassen,
bis daß die Sterne blassen,
ich bin der Vogel Grip,
im Land, wo Gott die Treu erfand,
im weiten, grünen Pommernland,
der treue Vogel Grip.

Der Vogel Greif

HERMANN HEINZ WILLE

Badebetrieb und Badesitten vergangener Zeiten

» Beim Baden zum ersten Male ist zu raten,
sich nur einmal oder ein paarmal geschwind unterzutauchen,
sich dann schnell unter fleißigem Reiben des ganzen Körpers,
abzutrocknen und wieder anzukleiden.
Nach und nach kann man etwas länger im Wasser verweilen,
aber doch nie solange, daß man nach überwundenem ersten
Schauder von neuem wieder Frost empfindet.
Man lernt diesen Zeitpunkt bald kennen,
der bei verschiedenen Konstitutionen von sehr
unterschiedlicher Dauer ist ... «

Samuel Gottlieb Vogel (» Allgemeine Baderegeln«, 1794)

1821 eröffnete Swinemünde den Badebetrieb, der von Anfang an gewerbemäßigen Charakter trug. Die Swinemünder Bädergründer hatten es so vordergründig auf das Geldverdienen angelegt, daß sich ein Zeitgenosse zu der bitteren Klage veranlaßt sah: »Das Gewerbe der Einwohner des kleinen Ortes spekuliert gegenwärtig zu sehr auf die kurze Badezeit, sucht die Gäste gar zu sehr zu schröpfen ...«

Die Folge davon war, daß es sich schon kurz darauf in dem kleinen Dörfchen Neukrug bei Heringsdorf zu regen begann, wo einst der »niege Kroog« der Pudaglaer Mönche stand. Oberforstmeister von Bülow, der 1817 beim Konkurs der Mellenthinschen Besitzungen das Rittergut Gothen erworben hatte, zu dem der Strand von Heringsdorf gehörte, verstand sich nicht schlechter als die geldliebenden Mönche und seine Swinemünder Nachbarn auf die Erschließung gewinnbringender Kapitalanlagen. 1824 ließ von Bülow die erste Badeanstalt und die dazugehörigen Logierhäuser, zwei Jahre später das erste »Gesellschaftshaus« erbauen. In der Nachfolge des gräflichen Oberforstmeisters und Gutsbesitzers schröpfte

Seebad Heringsdorf, Blick von der Kaiser-Wilhelm-Brücke

die Gräfin von Stolberg-Wernigerode die wohlhabenden Badegäste. Zu Beginn der Gründerjahre erwarb der Berliner Bankier Hugo Delbrück das Heringsdorfer Strandgelände und gründete 1871 die »Aktiengesellschaft Seebad Heringsdorf«, die bis in die Inflationsjahre bestand und an ihre Aktionäre alljährlich reiche Dividenden ausschüttete. Ein Reiseführer aus jener Zeit preist die Vorzüge des Bades nicht ohne falsche Bescheidenheit: »Entzückende landschaftliche Reize, eine seltene Verbindung von Wald und See, kokette, ja pikante, mit allem Zauber der Architektonik ausgestaltete Villen, die den Meeresstrand umsäumen, vortreffliche, mit allem Komfort ausgestaltete Bade- und Wohnungseinrichtungen und die friedliche Ruhe, die uns in diesem reizenden Fleckchen Pommerscher Erde empfängt, – all dies trägt dazu bei, daß Heringsdorf immer mehr der Sommeraufenthalt der wohlsituierten Berliner, Stettiner, Brandenburger und Pommeraner wird.«

Über ein Jahrhundert bestimmte die Klassenzugehörigkeit der Gründer und Finanziers des Seebades die soziale Struktur seiner Gäste. Vom Bürgermeister, Rittmeister a. D. Valentin von Bismarck, und dem Kurdirektor Graf von Strachwitz empfangen, gaben sich

Zinnowitz, Konzertplatz

in den Jahren vor und nach dem ersten Weltkrieg in den Spielkasinos und Salons, auf den Promenaden und Rennplätzen die Spitzen der wilhelminischen Aristokratie, Angehörige der kaiserlichen Familie, deutsche, österreich-ungarische und polnische Großgrundbesitzer, amerikanische und französische Börsenjobber und Industriemagnaten ein Stelldichein.

In den Badelisten waren Namen wie die einer Fürstin von Liegnitz, eines Generals Fürst Radziwill, einer Reichsgräfin von Hochberg-Fürstenstein oder Titel wie der eines Gesandten von Bolivien nichts Ungewöhnliches. Monokel, rotbebieste Hosenbeine und dicke goldene Uhrketten, »an denen man die stärksten Bären hätte anbinden können«, wie Max Kretzer in seinem Altberliner Roman »Der Millionenbauer« von Heringsdorf erzählt, waren die äußeren Kennzeichen der Crème der Gesellschaft. Ein knappes Jahrzehnt genügte den Aktionären der »Seebad-AG«, um Heringsdorf 1880 mit 4300 Gästen – vor Heiligendamm, Warnemünde und Saßnitz-Crampas – an die Spitze der deutschen Ostseebäder zu rükken.

Dem Wunsch des »Mittelstandes« nach einfacheren und billige-

270

ren Seebädern gesellte sich die Forderung fortschrittlicher Ärzte nach Einrichtung von Erholungsheimen und Badeanstalten hinzu.

Der Ortsvorstand von Zinnowitz beschritt eigene Wege. Er ließ durch einen Wolgaster Arzt die Strandverhältnisse und das Wasser prüfen und beantragte am 21. April 1851 beim Königlichen Landratsamt in Swinemünde den Badekonsens. Schon zwei Monate später erteilte das Landratsamt seine Einwilligung, genehmigte die Oberförsterei Neupudagla den Zugang der Badegäste zur See durch die Königlichen Forsten, eröffnete Zinnowitz im gleichen Sommer noch – als dritter Ort auf Usedom – den Badebetrieb. Die ersten Badegäste, Gutsbesitzerfamilien aus der Umgebung, reisten zaghafter an und nahmen Unterkunft in den bescheidenen Bauernkaten des Dorfes Zinnowitz.

1852 trafen in Ahlbeck, 1858 in Koserow die ersten »offiziellen« Badegäste ein. 1885 »entdeckten« Zinnowitzer Sommergäste auf einer Bootsfahrt die Fischerkolonie Karlshagen als Badeort. 1893 nahm Ückeritz die ersten Badegäste auf. Als 1897 Bansin mit sechs Villen den Badebetrieb eröffnete, zeigte es sich, daß auch hier

Ostseebad Ahlbeck, Konzertgarten

der Gründer der Heringsdorfer Seebad-AG seine Hände bei umfangreichen Bodenspekulationen im Spiele gehabt hatte. Lange bevor jemand an ein Seebad Bansin dachte, hatte Delbrück große Teile des dortigen Dünengeländes zum Spottpreis von zehn Pfennigen pro Quadratmeter erworben. Das Geschäft lohnte sich. An zwei Baustellen verdiente er mehr, als ihn das Gesamtgrundstück gekostet hatte. Im übrigen war es ein bunt zusammengewürfeltes Konsortium, das Bansin als Seebad aus der Taufe hob. Neben zwei ortsansässigen Bauern betätigten sich der Schriftsteller Necker aus Sallenthin, ein gewisser Wille aus Heringsdorf und zwei Berliner (der Handschuhfabrikant Wichmann und ein Zahnarzt Lustig) als Bauherren. Zu den ersten Bansiner Hotelbauten zählten das Haus »Meeresstrand« und das heutige Haus »Joseph Orlopp«, die der »pikanten Heringsdorfer Architektonik« nicht nachstanden und in die das gleiche Publikum Einzug hielt, das in den Heringsdorfer Spielkasinos verkehrte.

Die meisten kleineren Badeorte, wie Kölpinsee, Zempin und »Hammelstall«, das spätere Trassenheide, wuchsen um die Jahrhundertwende so unauffällig in den Badebetrieb hinein, daß sich ein genauer Zeitpunkt dafür kaum bestimmen läßt. Die kleineren Badeorte wurden hauptsächlich von Angehörigen des Mittelstandes, von Beamten und besser bezahlten Handwerkern, Geschäftsleuten und Lehrern, Familien mit Kindern bevorzugt, die sich mit den von den Einheimischen vermieteten Privatquartieren begnügten. Arbeiterfamilien konnten sich selbst in den kleineren Orten keinen Badeaufenthalt leisten, zumal es in der Regel keinen bezahlten Urlaub gab.

Ein ungetrübtes Vergnügen war im vorigen Jahrhundert eine Badereise nicht. Als 1852 der Gutspächter Holtz aus Stolpe seine Kinder in Begleitung ihrer Erzieherin nach Ahlbeck schickte, gab er ihnen nicht nur die kompletten Betten und eine Fuhre Lebensmittel mit, sondern auch am Haff geschnittenes Rohr zum Bau einer Badehütte. Die ersten Zinnowitzer Badegäste waren nicht weniger anspruchslos. Sie gaben ihrer ersten Unterkunft den bezeichnenden Namen »Wigwam«, weil sie eher einer Indianerhütte als einem Logierhaus glich.

Seebad Heringsdorf, Blick auf das Kurhaus und Strand-Casino

Während Swinemünde und Heringsdorf seit 1826 regelmäßig von Fahrgastschiffen angelaufen wurden, bildete für die neuentstandenen Badeorte im Westteil der Insel die Wolgaster Chaussee die einzige Verkehrsverbindung mit der »Außenwelt«. Erst der 1863 erfolgte Bau der Bahnlinie Züssow – Wolgast brachte gewisse Reiseerleichterungen mit sich. In Wolgast mußt man jedoch noch immer und noch lange Zeit auf die Fähre umsteigen, um von Mahlzow aus die Badereise per Pferdefuhrwerk und gegen Entrichtung von Chausseegeld fortzusetzen.

Die 1876 eröffnete Bahnlinie Berlin-Pasewalk-Ducherow-Swinemünde kam hauptsächlich den Badegästen an der Swinamündung und – weil mit der Pferdekutsche leicht zu erreichen – von Ahlbeck und Misdroy (heute als Międzyzdroje ein Stadtteil von Świnoujście auf der Nachbarinsel Wollin) zugute. Auf Betreiben der Aktionäre der »Aktiengesellschaft Seebad Heringsdorf« wurde die Bahnlinie 1894 – über Ahlbeck – bis Heringsdorf verlängert. Von nun an offerierte das »Berliner-Verkehrs-Bureau« den hauptstädtischen Ferienreisenden täglich vier Direktverbindungen über Wolgast oder Karnin – von wo aus die Badeorte im Westteil der Insel auf dem Wasserweg über das Achterwasser zu erreichen waren – mit der Insel Usedom. Die Weiterführung der Inselbahn bis Wolgaster Fähre konnte erst 1911 durchgesetzt werden. Weil aber angeblich die Ruhe der Heringsdorfer Badegäste nicht gestört und die Luft durch Kohlenstaub nicht verschmutzt werden sollte (in Wirklichkeit bangten die Seebadaktionäre um den Wertbestand ihrer Aktien), mußte die Bahnlinie einen großen Bogen um den Ort beschreiben. Drei Kilometer von der Endstation Ahlbeck entfernt wird die Lokomotive bis heute auf dem Heringsdorfer Kopfbahnhof vor der Weiterfahrt umrangiert, als befände man sich am Ende der Welt.

Inzwischen hatte der Motorwagen auf der Insel »Premiere«, der den Binnenländern eine neue Anreisemöglichkeit zu Lande erschloß. Anno 1902 berichtete die »Wolgaster Zeitung« ihren auf Neuigkeiten erpichten Lesern: »Zwei Automobilwagen passierten gestern abend, von der Insel kommend, unsere Stadt und fuhren auf der Chaussee nach Greifswald weiter.« Wer von ihnen konnte damals ahnen, daß drei Jahrzehnte später schon 17 000 »Kraftwagen« und 3500 Motorräder (im Jahr wohlgemerkt!) den Peenestrom an Bord des Fährdampferchens »Bogislav« queren würden? Damit sahen sich die Verkehrsplaner unausweichlich gezwungen, ihre Zustimmung zum Bau der Klappbrücke in Wolgast und einer modernen Eisenbahnhubbrücke in Karnin zu geben, die – über die Peene hinweg – die Insel mit ihrem Hinterland fest verbanden.

Ein Kapitel für sich, und dabei keinesfalls das uninteressanteste, könnte mit dem Titel »Badesitten vergangener Zeiten« überschrieben sein. Darin wäre dann zunächst festzustellen, daß unsere Ururgroßeltern den merkwürdigen Trieb besaßen, sich möglichst ungesehen von ihren Mitmenschen in die kalten Fluten zu stürzen. Die ersten Badehütten aus Schilfgeflecht, die bei jedem Sturm den Wellen zum Opfer fielen, konnten sich auf die Dauer nicht behaupten. Kluge Köpfe konstruierten eine »Bademaschine«. In der zeitgenössischen Beschreibung eines solchen Monstrums heißt es: »Wer sich des Seebades bedienen will, besteige die vierrädrige Badekutsche und lasse sich ins Meer rollen. An Ort und Stelle, die der Fuhrmann sehr richtig zu treffen weiß, indem er das Maß für die gehörige Tiefe am Pferde nimmt, öffnet der Entkleidete die Tür, welche der See zugewandt ist. Man faßt mit beiden Händen das Seil und steigt auf der daselbst angebrachten Treppe ins freie Meer. Tauchen kann, wer Mut hat, indem er den Strick festhält und auf ein Knie fällt, wie die Soldaten beim Feuern im ersten Glied ...«

Doch muß diese Konstruktion einen ernsthaften Fehler aufgewiesen haben; denn bald darauf baute man Schaluppen, die, von vier Mann gerudert, in »sicherer« Entfernung vom Strand vor Anker gingen. Anstatt im »freien Meer« wurde von nun an in einem übergroßen Aalkasten gebadet, der die Bewegungsfreiheit beträchtlich einschränkte. Vielleicht kamen deshalb die Freibäder vom Strande aus in Mode. Die zu diesem Zwecke aufgestellten Umkleidekabinen glichen grellbunten »Schilderhäusern«. Von hier aus liefen die Nakkedeie (Badekleidung galt als nachteilig) auf einem schmalen Holzsteg ins Wasser. Auch die Fischer machten ihre bescheidenen Geschäfte. Sie deklarierten ihre kleinen Teerstänker zu Badebooten und ruderten damit die Badegäste zu den Sandbänken im Flachwasser.

Ab Mitte der 70er Jahre beherrschten die an frühgeschichtliche Pfahlbauten erinnernden »Seebadeanstalten« das Strandbild, die

Ostseebad Koserow, Strand mit Damenbad

aus Sittlichkeitsgründen mit hohen Bretterwänden umgeben waren. Zur festgesetzten Badezeit trennten sich die Geschlechter. Alles Männliche zog zum »Herrenbad« am Oststrand. Die Weiblichkeit wandelte dem »Damenbad« am Weststrand entgegen, um im züchtigen »Badecomplet« mit dreiviertellangen Hosenbeinen, Röckchen und Rüschen, eine Kappe aus Wachsleinewand auf dem Kopf, grobgeflochtene Schuhe an den Füßen, ins Wasser zu steigen.

Als sich später das »Familienbad« als neutrale Zone zwischen die beiden Antipoden schob, bedeutete das geradezu einen epochalen Fortschritt. Außerhalb der Badeanstalten war das Baden verboten. Für jedes Seebad mußten Gebühren entrichtet werden. Der Preis für das Einzelbad betrug um die Jahrhundertwende fünfunddreißig Pfennige, für Kinder zwanzig Pfennige. Im Abonnement war es fünf Pfennige billiger. Unvorstellbar, welche Beträge die Kassierer von damals, wären sie noch im Amt, heute vereinnahmen könnten. Für die Dienstleistungen der »Bade-Dienerschaft« wurden Extragebühren erhoben. Für das Geleit ins Wasser fünfundzwanzig Pfennige, für das Trocknen und Aufbewahren der Badewäsche pro Person und Woche fünfzig Pfennige. Gebührenfrei war allein das Sonnenbaden, das man in den neuerfundenen Strandkörben, die sich um die Jahrhundertwende von Warnemünde aus die Badestrände eroberten, zu genießen pflegte.

Zur Wahrung der Sittlichkeit und Moral steuerte die Exekutive dem Fortschritt ihrerseits eine Polizeiverordnung bei, die gleich in ihrem ersten Paragraphen befahl: »Frauen dürfen öffentlich nur baden, falls sie einen Badeanzug tragen, der Brust und Leib an der Vorderseite des Oberkörpers vollständig bedeckt, unter den Armen fest anliegt sowie mit angeschnittenen Beinen und einem Zwickel versehen ist. Der Rückenausschnitt des Badeanzuges darf nicht über das untere Ende der Schulterblätter hinausgehen. Männer dürfen öffentlich nur baden, falls sie wenigstens eine Badehose tragen, die mit angeschnittenen Beinen und einem Zwickel versehen ist.« Diese »Zwickelverordnung« stammt keineswegs aus der Biedermeierzeit, sondern aus dem Jahre 1933, als die kapitalistische Entwicklung des Usedomer Bäderwesens ihren Höhepunkt bereits überschritten hatte.

Wie sich das Badeleben der »feinen Leute« in den renommierten Seebädern auf Usedom abspielte, hat Hedwig Courths-Mahler, die ungekrönte »Königin des Kitschromans«, die zu den »prominenten« Badegästen in Zinnowitz zählte, in mehreren ihrer über zweihundert Romane beschrieben. Das Baden in der See nahm die wenigste Zeit der Herrschaften in Anspruch. Den ersten Höhepunkt ihres Urlaubstages bildete die für dreizehn Uhr angesetzte »Table d'hôte« – die große Mittagstafel. Am Nachmittag begab man sich nach dem Motto »Sehen und gesehen werden« zur Promenade auf die Seebrücken und Konzertplätze. Während die Damen mit Federhut, geblümtem Sonnenschirm und in langen Röcken, die Herren mit Spazierstock und steifem Hut, wie aus einem Bild Boudins, des französischen Malers der Strandszenen, herausgestiegen, promenierten, war es dem Dienstpersonal gegen Entrichtung der tariflich festgelegten Badegebühren erlaubt, die Seebadeanstalten zu besuchen. Reunions, Feuerwerke und andere Vergnügungen, deren Besuch den Dienstboten – »im Interesse der übrigen Badegäste« – untersagt war, beschlossen den herrschaftlichen Urlaubstag.

Bansin legte von Anfang an Wert darauf, in den Badeprospekten

Usedomer Bäderbrücke, Luftaufnahme

Bansin, 1930

und Reiseführern als »Deutsches Ostseebad« mit dem erklären-
den Zusatz »christliche Häuser in bester Lage« geführt zu werden.
Die Aktionäre von Heringsdorf, das schon vor dem ersten Weltkrieg als das »elegante Bad von Weltruf« galt, hatten zu keiner
Zeit danach gefragt, welchem Glaubensbekenntnis ihre Badegäste
huldigten, wenn nur die »Kasse« stimmte. Sie hatten auch gegen
sogenannte »Israelitische Häuser« nichts einzuwenden. Der vom
Hotel-Millionär Kempinski erbaute protzige Palast am Strand von
Heringsdorf, das »Kurhaus Kaiserhof-Atlantik«, stand allen offen,
die sich die Zimmerpreise leisten konnten. Dabei blieb es auch,
nachdem die »Aktiengesellschaft Seebad Heringsdorf« 1921 in Ge-
meindebesitz überführt worden war. Um den Badebetrieb in den
Nachkriegsjahren neu zu beleben, ermunterte man das ausländi-
sche Kapital, in die erschöpfte Kasse der Kurdirektion zu fließen.
    Zinnowitz, das ursprünglich und im Gegensatz zu Heringsdorf
als »einfaches und preiswertes Mittelstandsbad« gegründet worden war, hatte sich schon bald zu einem Treffpunkt der ostelbi-
schen Gutsbesitzer und Landjunker, der Besitzbürger mit ihren Familien entwickelt.
    Im Frühjahr 1920 konstituierte sich in Zinnowitz ein sogenann-

278

Zinnowitz 1932, Seebrücke und Strand

ter »Zweckverband zur Reinhaltung des Ostseebades Zinnowitz
für deutschblütige Kurgäste«. Verbotstafeln hielten »jüdische und
fremdstämmige Kurgäste« vom Betreten des Ortes zurück. Auf
den Promenaden wurden Flugblätter des Zweckverbandes verteilt,
und die Kurkapelle war gehalten, ihre täglichen Konzerte mit dem
berüchtigten »Itz«-Lied zu beschließen. Zum Bad der Deutschnationalen geworden, hißte in den Jahren der Weimarer Republik
selbst die Gemeindeverwaltung an den offiziellen Staatsfeiertagen
die schwarz-weiß-rote Fahne.

Für die Beliebtheit Ahlbecks, das im Jahr seines fünfzigsten Ba-
dejubiläums unter die fünf meistbesuchten deutschen Ostseebäder
aufrückte, findet sich in einem zeitgenössischen Reiseführer eine
plausible Erklärung: »In Ahlbeck wohnt man billiger als in den
beiden eleganteren Nachbarbädern, wegen der Nähe von Heringsdorf und Swinemünde kann man jedoch alle Annehmlichkeiten
genießen, die letztere bieten.«

Bis auf Straßenbreite schoben sich die Villen und Pensionen von
Ahlbeck an die Villen von Heringsdorf heran, und nur der Name
»Grenzstraße« deutete an, wo der eine Ort endet und der andere
beginnt. Ahlbecks Ruf als »Bad des guten Mittelstandes« hinderte

Ostseebad Ahlbeck, an der Seebrücke

die vornehmen Gäste der beiden Nachbarbäder nicht daran, naserümpfend von der »Kinderbadewanne von Berlin« zu sprechen.

In den kleineren Badeorten herrschte von Anfang an ein zwangloserer, ruhigerer Betrieb, beschränkte man sich in der Werbung auf den Zusatz »idyllisches Ostseebad« und den Hinweis auf den besonders »breiten und feinsandigen Strand«, das reiche und preiswerte Angebot an täglich frisch gefangenen und frisch geräucherten Fischen.

HANS WERNER RICHTER

Betrachtung über die pommerschen Küstenbewohner und ihre Badegäste

Du büst so dumm wie ein Badegast.

POMMERSCHER KINDERMUND

Der Küstenpommer sieht sich selbst mehr humoristisch als ernst und hält sich weder für verschlossen noch wortkarg. So dumm wie ein Badegast kann nach seiner Ansicht aber kaum ein Mensch sein, der sich Wind und Wetter um die Ohren wehen läßt.

Sein ablehnendes Urteil über Badegäste hat folgende Gründe. Badegäste gehen unvernünftigerweise ins kalte Wasser, geben ihr Geld unnötigerweise aus und legen sich wider das Gebot eines gesunden Lebens in die pralle Sonne. Außerdem reden sie zuviel und fragen zuviel. Was sie fragen, hat nach seiner Ansicht nicht »Sinn und Verstand«. Die Rede eines Badegastes ist unklar und unlogisch.

Ich habe einmal zwei Fischern zugehört, die unterhalb der Strandpromenade saßen, zwischen ihren Fischerbuden. Oben, auf der Promenade, wenige Meter entfernt, gingen die Badegäste spazieren. Beide Fischer kommentierten die Reden der Promenierenden.

»Nu hür di dat an. Dei seggcht doch wirklich ›wahnsinnig schön‹. Dat givt et doch gor nich.«

»Ne, dat givt et nich.«

»Wenn wat schön is, is et nich wahnsinnig.«

»Richtig.«

»Und wenn wat wahnsinnig is, is et nich schön.«

»Sehr richtig.«

»Öber dann givt et dat doch gor nich ›wahnsinnig schön‹?«

»Nee, dat givt et nich. Öber du wetzt doch, dat dei dömmlich sind.«

»Jo, dömmlich sind sei. Öber dat stimmt doch ook nich: ›Furchtbar interessant‹. Interessant is doch genaug. Wenn hei ›sehr interessant‹ seggcht, denn is dat richtig. Sei öberdrieben immer.«

»Dat daun sei. Öber ick hev di doch seggcht, dat sei dömmlich sind. Du glövst mi jo nich.«

»Doch, ick glöv di dat schon. Dömmlich sind sei. Öber so dömmlich, dat is doch nich tau glöven.«

Die Badegäste haben von nichts eine Ahnung. Ein Badegast geht ins Wasser, schwimmt hinaus und ertrinkt. Ertrinkt er nicht, so ist das ausschließlich dem Wohlwollen der Ostsee zuzuschreiben. Immer wundert man sich, daß nicht alle ertrinken, und dafür gibt es nur eine Erklärung. »Dei spuckt ook alles werra ut.«

Das heißt, die Ostsee spuckt alles wieder aus, selbst die Badegäste. Auch sie will die Badegäste nicht haben, was einerseits für die Ostsee, andererseits gegen die Badegäste spricht. Ein Gast kann zwar meistens schwimmen, aber er hat keine Ahnung von Wind, Wetter, Strömungen, Strudel, also vom Sog des Wassers, das oft oben landeinwärts, unten aber seewärts läuft. So ertrinken immer einige, manchmal in einem Ort ein Dutzend während einer Saison, manchmal auch weniger. Die Fischer, die nicht schwimmen konnten, und die Bademeister, die ebenfalls nicht schwimmen konnten, ertranken nie. Solange ich an der pommerschen Küste ununterbrochen gelebt habe, von meiner Geburt bis zu meinem achtzehnten Lebensjahr, ist niemals ein Einheimischer ertrunken. Hätte man sie danach gefragt, so wäre die Antwort vielleicht gewesen:

»Versupen, ne, dat daun wi nich. Dat daun bloß dei Gäst.«

Badegäste werden im allgemeinen höflich, aber rauh behandelt. Höflich werden sie behandelt, weil sie Geld an die Küste bringen, rauh werden sie behandelt, weil sie sonst zu nichts nütze sind.

Früher kamen die Gäste vorwiegend aus Berlin. Im Juni rückten die ersten mit Kisten, Kasten und Koffern an, im Juli hielten sie den Ort dicht besetzt, und Anfang September verschwanden sie wieder, wie sie gekommen waren. Im Juni hieß es: »Dei Berliner kommen«, und im September hieß es: »Dei Berliner sind wech«, oder auch: »Jetzt sind sei all werra wech, gottseidank.« Immer empfand man die drei Monate der Saison als eine fremde Inbesitznahme des eigenen Meeres, der eigenen Wälder, Strände, Seen. Es waren Fremde,

Bansin, 1930

die dort badeten, tanzten, promenierten und die sich in den eigenen Betten breitmachten. Man hätte sie sofort vertrieben, wäre ihr
Geld nicht notwendig gewesen, um die einmal sprichwörtliche
Armut dieses Küstenstreifens in einen bescheidenen Wohlstand
zu verwandeln. Kamen die Gäste im nächsten Jahr wieder, so hieß
es:

»Ja, Herr Sanitätsrat, da sind Sie ja wieder. Welch eine Freude.«

Besagter Sanitätsrat glaubte dann, ein enges freundschaftliches
Band verbinde ihn mit den Eingeborenen, freute sich und klopfte
jedermann wohlwollend auf die Schulter, ohne zu wissen, was dieselben Eingeborenen hinter seinem Rücken über ihn dachten und
sagten:

»Dei Ull süll mit sinen fetten Mors ook ruhig tau Hus blieben.
Wat deit hei hier?«

Trotzdem: die Badesaison war der Geldbringer. Jedermann war
dann für die Gäste tätig. Die einen vermieteten Zimmer, die anderen Strandkörbe. Die Kinder fuhren die Koffer der Gäste vom
Bahnhof in die Häuser. Die Bademeister standen auf den Treppen
ihrer Badeanstalten und sahen aufs Meer hinaus, pfiffen oder trom-

Zinnowitz, 1923

peteten, wenn jemand zu weit hinausschwamm, und sagten zu jedermann »Herr Baron«, der es hören wollte und ein gutes Trinkgeld gab. Die Fischer holten für die Gäste vom Meer herein, was zu holen war, und an jeder Ecke stand ein Fischräucherer in seiner Verkaufsbude und bot frischen Räucheraal und frische Räucherflundern an. Der ganze Ort roch dann nach geräucherten Aalen und Flundern, ein Geruch, der die Badegäste in Verwirrung stürzte und ihnen das Geld aus der Tasche lockte. Die Ruderbootsbesitzer vermieteten ihre Ruderboote, und die Segelbootsbesitzer, meist alte Fischer, segelten die Gäste bei jedem Wind und Wetter aufs Meer hinaus.

So sind die pommerschen Küstenbewohner. Sie segeln immer hart am Wind, setzen sich aber nicht allzu großen Gefahren aus. Badegästinnen kam man entgegen, wo immer es sich machen ließ oder notwendig war, im allgemeinen aber blieb man bei den eigenen Frauen.

»Dort weet man doch, wat man hätt. Över dat anner Gesochs, dat givt jo doch nich väl her.«

Ihre Frauen arbeiteten ebenso hart wie sie während der Saison. Sie verkauften Fische, wuschen die Wäsche der Gäste, machten ihre Zimmer sauber, bedienten sie und waren von morgens um fünf bis abends um zehn auf den Beinen. Jeder Pfennig wurde für den Winter beiseite gelegt. Jeder mußte abliefern, was es an Geld abzuliefern gab.

Waren die Gäste weg, so zählte man das ihnen abgenommene Geld, steckte es in den Sparstrumpf oder trug es zur Sparkasse und wartete auf die großen Herbststürme, die ebenso prompt wie alles andere kamen. Der Wind wühlte dann den Strand auf, jagte den Sand zu den Dünen hinauf und wieder zurück, und das Wasser wusch den Strandboden wieder klar. Dann kam heraus, was die Badegäste verloren hatten: Ringe, Halsketten, Ohrringe, Armbänder, Geldstücke.

An solchen Nachsturmtagen hatte es mein Vater besonders eilig. Er wollte am Strand sein, bevor andere Suchende ihm wegnahmen, was es zu finden gab. Und so liefen wir dann am Strand entlang: er vornweg und wir, seine Kinder, hinter ihm her, die Nase fest auf dem Strandboden, die Augen fest und suchend auf jeden

Quadratmeter Sand gerichtet. Fanden wir nichts, so gab mein Vater entweder dem Sturm oder den Gästen die Schuld.

»Dei war'n ook immer örmer. Dei verlieren ook gor nix mihr.«

Die Winter waren fast immer lang, hart und kalt. Ein eisiger Ostwind pfiff dann am Strand entlang, ließ die Ostsee gefrieren und schob mit den Wasserströmungen ihre Schollen zu Eisbergen zusammen, die vor der Küste lagerten.

Dann begannen die Eingeborenen ihre Feste zu feiern: den Ball der Freiwilligen Feuerwehr, das Stiftungsfest des Gesangvereins, den Hausbesitzerball, das Turnerfest und einen Maskenball, der wochenlang vorbereitet wurde. Kein Glas blieb auf diesen Festen unberührt, und was sonst noch nicht unberührt blieb, weiß ich nicht. Von Schwerfälligkeit oder gar Schwermut konnte auf diesen Festen keine Rede sein. Ernst, in sich verschlossen und wortkarg waren diese Tanzenden, Trinkenden, Liebenden nicht. Eher das Gegenteil. Noch nach Tagen sprachen sie über das Fest, und ihr Lieblingsausspruch war:

»Mensch, da blieb aber wieder kein Auge trocken.«

Sie tanzten vor dem ersten Weltkrieg den Rheinländer und den Besentanz, nach dem ersten Weltkrieg bis zum zweiten den Fox-

Seebad Heringsdorf, 1925

trott, Charleston und Tango, und nach dem zweiten Weltkrieg den »Bouki-Wouki«. Sie waren immer auf dem laufenden und tanzten alles bis zur Erschöpfung.

Nach jedem Fest war der Ort wie ausgestorben. Alles schlief bis in den übernächsten Tag hinein, und kaum erwacht, dachte man schon an das nächste Fest. Waren die Feste vorüber und kühlte der Winter ab, begann auch schon die Vorbereitung für die nächste Saison. Dann wurden Fenster und Türen aufgerissen, die Fassaden neu gestrichen, Fußböden gebohnert, Teppiche ausgeklopft, und alles, was nicht niet- und nagelfest war, wurde beseitigt oder erneuert.

»Mensch, jetzt muß aber wieder Geld in die Kasse«, sagten sie.

Kaum ließ sich der erste Gast auf dem Bahnhof blicken, fing alles auch wieder von neuem an: das Ruderboot-, Zimmer- und Strandkorbvermieten, das Wäschewaschen und das Kofferschleppen, das Fischeräuchern und das Gästesegeln. In der Vorsaison liefen alle in steter und beharrlicher Konkurrenz noch den Badegästen nach, boten dies und jenes an und waren von betonter Höflichkeit, in der Hochsaison aber, wenn Keller und Küche, Zimmer und Boden dicht besetzt waren, trat wieder die rauhere Seite ihrer Seele nach außen und damit auch die tiefe Respektlosigkeit gegenüber allen Inlandbewohnern, Landratten und Badegästen, die nach ihrer Ansicht nichts anderes zu tun hatten, als sich in das kalte Wasser zu legen.

»Ja, mein Herr, da müssen Sie sehen, wie Sie unterkommen.«

»Wie? Einen Strandkorb wollen Sie haben, jetzt, im Juli? Aber meine Dame, da ist auch nicht ein Fetzen frei.«

»Ein Zimmer, ha, ha. Und da fahren Sie einfach so her und glauben, wir hielten für Sie die Zimmer frei?«

So oder ähnlich lauteten die Auskünfte während der Hochsaison, was sich in der Nachsaison, wenn die Gäste weniger wurden, sofort wieder änderte. Dann sagte etwa meine Mutter zu mir:

»Go up dei Strot und kieck naoch dei Gäst ut. Vielleicht is doch einer dorbi, dei meiden will.«

Trieb aber der Gast in der Hochsaison die Preise selbst hinauf und ließ er beharrlich Trinkgelder springen, so bekam er unter Umständen doch eine leere Badewanne, in der er dann, den Kopf nach unten, die Beine oben, seine Feriennächte verbringen konnte. Beschwerte er sich, etwa mit dem Satz: »Das ist auf die Dauer aber wirklich etwas zu hart«, dann kam jenes Mitleid zutage, das allen Küstenbewohnern eigen ist, eine Art Mitleid aus Seenotzeiten. Dann wurde die Badewanne mit Kisten und Kasten ausgefüllt und Decken und Kissen darauf gelegt.

»Zufrieden, Herr Doktor?«

»Sehr. Sie sind doch eine prächtige Frau.«

»Na, so prächtig bin ick nu ook werra nich«, antwortete dann vielleicht die Vermieterin, aber kaum hatte sie die Tür hinter sich geschlossen, so sagte sie mit Sicherheit zu ihrem Mann oder sonst einem Anverwandten:

»Nu lot em man. Hei betoalt jo ook ganz gaut.«

So oder ähnlich waren die pommerschen Küstenbewohner, die mit Badegästen umgingen, und wer von ihnen ging nicht mit Badegästen um!

Natürlich sind nicht alle gleich. Zuviel Völkerscharen, Armeen, Regimenter, Kompanien sind an dieser Küste vorbeigezogen. Sie haben nicht viel zurücklassen können, aber was sie zurückließen, das wuchs fort und hat den Charakter dieser Küstenbewohner mitbestimmt. Mehr aber als alles andere hat die See ihre Art geprägt, mehr als alle Schweden, Russen, Polen, Dänen, Preußen und mehr als alle Badegäste, woher sie auch immer kamen.

So sind auch die pommerschen Küstenbewohner unterschiedlicher Natur: ernst und heiter, charakterfest und verschlagen, prüde und freizügig. Was sie aber am meisten lieben, sind zwei Dinge: jemandem einen Bären aufbinden, das heißt eine Lügengeschichte so zu erzählen, daß der Betreffende sie glaubt, und jemandem das Geld aus der Tasche ziehen, und zwar so, daß der Betreffende meint, er müsse unbedingt noch etwas darauflegen.

HANS WERNER RICHTER

Bansiner Topographie

Die Straßen des Ortes, in dem mein Vater lebte, bilden ein Kreuz.
Die längere Seestraße läuft von Süden nach Norden, die kürzere
Bergstraße von Westen nach Osten. Sie schneidet die Seestraße in
ihrer oberen Hälfte. Das Kreuz ist behangen mit ein paar Neben-
straßen, mit einem Kriegerdenkmal, mit einem vermoderten See,
mit einer zweiklassigen Volksschule, mit Villen aus der Jahrhundertwende, mit einem Kinderspielplatz und mit zwei Tennisplät-
zen. Der Kiefernwald, der von Westen her an das Kreuz grenzt,
umschließt Kriegerdenkmal, Kinderspielplatz und Tennisplätze.

Die Seestraße beginnt im Süden am Bahnhof und läuft nach
Norden bis ans Meer. Ein weißer Gürtel hält sie dort auf: der
Strand. Der Bahnhof muß nicht weiter beschrieben werden: ein
Schalter, eine Gastwirtschaft, eine Verladerampe. Der Strand ist
steinfrei, sein Sand körnig-weiß und nur im Herbst und Frühling
etwas bräunlich. Das Meer besitzt einen sandig-hellen Untergrund,
läuft flach von der Küste weg zu größeren Tiefen hin, ist milde
salzhaltig und sieht in der Sonne blau, bei Gewitter grün, bei Sturm
weiß und in der Nacht schwarz aus.

Im Westen stehen etwa dreißig oder vierzig Pfähle im Wasser.
Auf jedem Pfahl sitzt zu jeder Jahreszeit eine Möwe. Die Pfähle
sind weiß von Möwendreck.

Geschichte der Einwohner: Die ersten Einwohner kamen aus
den Dörfern, die vier, fünf oder sechs Kilometer hinter der Küste
an vier miteinander verbundenen Seen liegen und sich Schmollen-,
Gothen- und kleiner und großer Krebssee nennen. Sie waren Fischer, Maurer, Bauern, Zimmerleute, Tischler, Schlosser. Angezogen von dem Geldstrom der Gründerjahre bauten sie drei-, vier-
und fünfstöckige Villen, die sie Seeblick, Seeschloß, Seemöwe, Dü-

nenblick, Dünenschloß, Meereswoge, Meeresstrand oder auch Germania, Kurfürst, Bismarck, Prinz Heinrich nannten. Sie bauten auf Kredit und stellten sich gegenseitig Wechsel aus. Platzte ein Wechsel, so begannen die betroffenen Bauherren am nächsten Tag auf ihrer eigenen Baustelle wieder als Maurer, Zimmermann oder auch als einfacher Hilfsarbeiter.

Sie arbeiteten viel, tranken viel und waren nebenbei Husaren, Dragoner, Ulanen, Kürassiere. In ihren Wohnungen hingen Husaren-, Dragoner-, Ulanen- und Kürassierbilder, die sie auf trabenden Rossen und mit bunten Fahnen an gesenkten Lanzen zeigten. Sie zwirbelten morgens ihre Schnurrbärte mit Wachs ein, zeugten in der Nacht zahlreiche Kinder – einige bis zu siebenundzwanzig – und kamen fast alle zu Wohlstand. Im August 1914 zogen sie jubelnd aus, um Frankreich zu schlagen. Viele kamen nicht wieder. Jene, die wiederkamen, gründeten einen Kriegerverein, stellten ein Kriegerdenkmal auf, einen Findling, in den die Namen der Nichtzurückgekehrten eingemeißelt wurden, trugen das Eiserne Kreuz, waren zuerst für die Sozialdemokraten, dann für die Volkspartei, dann für die Deutschnationalen, und kamen über die Revolutionsjahre und die Inflationszeit mit der Rentenmark wieder zu Wohlstand.

1930 zogen die ersten Nationalsozialisten durch die Seestraße, SA-Männer in Uniform, drei an der Zahl. Sie sangen: »Rotfront und Redaktion erschossen«, weil ihnen das Wort Reaktion nichts sagte. Sie vermehrten sich schnell, übernahmen die Macht, und der Dümmste unter ihnen – ein Malergeselle – wurde Ortsgruppenleiter. Sie redeten viel, marschierten viel, tranken viel und waren nebenbei Scharführer, Unterscharführer, Sturmführer. Sie rasierten sich täglich, zeugten in der Nacht weniger Kinder – drei oder vier – und kamen nach der Wirtschaftskrise wiederum zu Wohlstand. Die dreiundvierzig kommunistischen Wahlstimmen, die es im Ort gegeben hatte, schmolzen bis auf eine Nein-Stimme zusammen, und diese eine Nein-Stimme blieb, obwohl Scharführer, Unterscharführer und Sturmführer ständig nach ihr suchten. Im September 1939 zogen auch sie aus – diesmal ohne Jubel –, um Frankreich, England, Polen, Rußland, Amerika, Australien, Kanada,

Brasilien zu schlagen. Sie kamen nicht zurück. Statt dessen kamen die Russen und vergewaltigten ihre Frauen.

Nur die Frauen der Fischer fanden diese unfreiwillige Siegerehrung nicht unangenehm. Sie sagten: »Dat hem wi schon lang nich mir heft.« Die anderen strichen entweder ihren Körper mit Rheumasan ein, was den Geruchssinn der Russen verwirrte, oder flohen ins Land und standen im hohen Rohr der Seen bis zum Hals im Wasser, wenn russische Krieger vorbeisprengten. Siebenundzwanzig Einwohner des Ortes, die Parteimitglieder waren, erhängten sich, einer zündete sein Haus an, eine Frau erschoß nach der dritten Vergewaltigung ihre drei Kinder und dann sich selbst. Die eine verbliebene Nein-Stimme wurde zum Bürgermeister ernannt. Die alte Partei wurde von einer neuen abgelöst. Sie verstaatlichte alle Häuser, den Grund und Boden, die Hotels und Restaurants. Die meisten der Einwohner flohen in ein Land, das sie den goldenen Westen nannten. Für sie fanden sich neue Einwohner aus dem Osten ein. Da diese rechtzeitig ihre Papiere fortgeworfen hatten und niemand ihnen nachweisen konnte, daß sie auch Scharführer, Unterscharführer und Sturmführer gewesen waren, stellten sie bald die neuen Gemeinderäte, Bürgermeister, Ortsleiter, Polizeioffiziere, Bademeister. Nach der letzten Statistik hat der Ort seit Einmarsch der Russen achtzehn Bürgermeister verbraucht.

Das Gemeindehaus, von dem aus die schnell wechselnden Bürgermeister regierten, ist ein roter Backsteinbau und wird einerseits von der Bergstraße und andererseits von der Schloonstraße begrenzt. Es besitzt neben den Amtsräumen ein Spritzenhaus, in dem die Feuerwehrwagen stehen und an dem die Feuerwehr übt. Daneben befindet sich die heutige Polizeistation, in der man sich an- und abmelden muß. Gab es früher einen Polizisten, der den gesamten Ort vor Diebstahl, Mord, Unfug und Unzucht bewahrte, so sitzen heute hier über ein Dutzend, ohne daß der Ort inzwischen wesentlich gewachsen wäre. Nicht weit davon befindet sich der ehemalige Droschkenhalteplatz, heute Schuttabladeplatz, und dahinter der vermoderte See, der sich Schloonsee nennt. In ihm versenkten die Hoteliers beim Herannahen der russischen Armee fünfzigtausend Flaschen ihrer besten Weine, was ihnen aber nichts half. Die Russen holten sie mit Hilfe von Tauchern Flasche für Flasche aus der vermoderten Tiefe des Sees herauf und betranken sich so sehr, daß die Frauen diesmal die Hoteliers und nicht sie verfluchten. Am See entlang führt eine kastanienbaumbestandene Straße dreihundert Meter nach Osten an einen Kanal, der See und Meer verbindet und deshalb Schloonkanal heißt. Er ist die natürliche Grenze des Orts und teilt auch den Strand, der hier westlich dem Ort gehört, vom östlichen Ufer ab aber einem anderen, der früher etwas über die Schulter angesehen und als nicht ganz fein empfunden wurde, was mit den »christlichen« Gästen dieses und den »nichtchristlichen« des anderen zusammenhing. Hier ist die Küste flach, sind die Dünen, hinter denen die Strandpromenade läuft, mit Strandhafer bewachsen und leicht gewellt.

Geschichte des Strandes: Erst mit der Gründung des Ortes – 1897 – bekommt der Strand seine Bedeutung. Er wird Badestrand. Seine Geschichte läßt sich in drei Perioden unterteilen. Die erste Periode ist die des Badeanstaltbadens, die zweite ist die des Freibadens, die dritte die des gemischten Nackt- und Freibadens.

Oberhalb des Strandes hinter den Dünen läuft die Strandpromenade vom Westen nach Osten, fünfzehn Meter breit, zum Meer hin abgeschirmt von einer Buchsbaumhecke, mit einem überaus schmalen »Trottoir«, wie man es früher nannte, versehen mit einigen gartenähnlichen Ornamenten, mit einem Konzertpavillon, mit grün- oder weißgestrichenen Bänken, und in der ersten Periode mit Gas-, in der zweiten mit Glühbirnen-, in der dritten mit Neonlicht-Kandelabern geschmückt. Diese Strandpromenade diente den Gästen zum Promenieren. Man promenierte nach dem Baden während der Teestunde und noch einmal nach dem Abendessen und vor dem abendlichen Vergnügen. Zum Zweck dieses Vergnügens liegen an der Strandpromenade neben drei-, vier- und fünfstöckigen Villen einige Hotels, ein Kurhotel mit Kursaal, und ein Café, das früher als sehr vornehm galt, nächtlichen Ausschweifungen diente und einen altgermanischen Namen trug, den es auch jetzt noch trägt, obwohl es inzwischen HO-Gaststätte geworden ist. In dem Kursaal gingen die Gäste zur »Reunion«, in dem Café mit dem altgermanischen Namen setzten sie die Reunion gelockerter fort, und die Strandpromenade nahm sie erst wieder auf, wenn sie angetrunken oder betrunken ihren Hotelbetten oder den Strandkörben im Dämmerlicht des Morgens zueilten. Hotelbetten wie Strandkörbe dienten dem Liebesleben.

Geschichte der Gäste: Die Gäste der ersten Periode kamen mit Leibdienern und Leibkoch, mit Zofen und Kammerzofe, mit Leibkutscher und Kammerdiener, mit riesigen hängeschloßbeschwerten Reisekörben, mit Reitpferden und Stalljungen, und die Einwohner bezeichneten sie als »die Herrschaften«, und jeder Diener war ein herrschaftlicher Diener, jeder Kutscher ein herrschaftlicher Kutscher, und jeder Koch ein herrschaftlicher Koch. Sie nannten sich Hoheit, Graf, Herzog, Durchlaucht, Excellenz, Baron und kamen gemeinhin mit dem D-Zug an, der kurz vor Mittag auf dem kleinen Bahnhof einlief. Sie trugen Schnurr-, Backen-, Voll- und Spitzbärte, rauchten Zigarren auch beim Promenieren, gingen in Galauniform oder auch im Frack zur Reunion, spielten Tennis in knielangen Hosen, tranken Champagner, hörten sich als Experten kritisch das Spiel der wechselnden Militärkapellen an und ritten durch den Buchenwald bis zu Knuths Ruh, er kerzengerade und sie im langen Reitrock und im Damensattel. Unter ihnen befand sich zeitweise auch S. Majestät der Kaiser, der sich in der Meeresluft auf langen Spaziergängen von seiner Politik erholte und so oft zu einer bestimmten Anhöhe schritt, bis die Einwohner sie in Kaiser-Wilhelm-Höhe umtauften. Die Zahl der Gäste stieg in der ersten Periode schnell an und betrug:

1897	380
1902	2476
1906	5500
1910	7764
1912	8589

Diese Gäste waren leutselig, herablassend und so vornehm, daß die Einwohner des Ortes sich nur selten auf die Strandpromenade oder ans Meer wagten. Im August 1914 verließen sie panikartig den Ort und kamen nicht mehr zurück.

Die Gäste der zweiten Periode gingen glattrasiert und reisten mit Autos an, die in keinen Bretterschuppen paßten. Überstürzt bauten die Einwohner des Ortes Garagen. Diese Gäste kamen ohne oder nur selten mit Leibpersonal. Nur auf den Chauffeur konnten sie nicht verzichten, und wer keinen Chauffeur hatte, den nannte man verächtlich einen Herrenfahrer. Sie waren Geheimräte, Professoren, Doktoren, Kommerzienräte, und nur selten war ein General oder eine Hoheit dazwischen. Sie rauchten weniger Zigarren, trugen nur noch vereinzelt Monokel, hörten den Militärmärschen der Kurkapelle skeptischer zu, liebten in der Reunion den Tango, dann den Charleston, und schließlich das, was sie die »Jazzerei« nannten, und wurden im Laufe ihrer Periode immer ausgelassener. Viele von ihnen kamen nur zum Wochenende, um ihre Frauen zu besuchen, was zur Intensivierung des Liebeslebens im Ort beitrug. Sie lagen am Vormittag in ihren Strandburgen unter schwarz-weiß-roten Flaggen, schliefen am Nachmittag, promenierten am Abend im Smoking, tanzten, liebten am frühen Morgen und hätten gern zu den Gästen gehört, die in der ersten Periode kamen.

Viele von ihnen kamen in der dritten Periode nicht wieder, aber jene, die wiederkamen, nannten sich nun Major, General, Hauptmann oder Hauptsturmführer. Sie kamen nicht mit Chauffeur, sondern als Herrenfahrer, was nun nicht mehr verächtlich war. Ihren ehemaligen Chauffeur trafen sie unter Umständen nachts in dem Café mit dem altgermanischen Namen wieder, nun ebenfalls Hauptsturmführer. Sie nannten das, was sie tranken, Sekt oder Champagner. Sie tanzten nicht mehr Charleston und lehnten die »Jazzerei« ab. Sie kehrten zum Tango, zum langsamen Walzer, zum Foxtrott zurück, und neu war für sie nur der Swing. Unter ihnen waren viele Berufe, die mit »Staats« anfingen: Staatsräte, Staatssekretäre, Staatsintendanten, Staatsschauspieler und Staatsschauspielerinnen. Für Liebesspiele bevorzugten sie die Strandkörbe. Ihre Lebenslust zeigte seltsame Abarten. Einige von ihnen schossen nachts mit Revolvern in die Reifen der eigenen Autos oder in die Kronleuchter oder Spiegel der großen Hotels. Sie eilten im August-September 1939 panikartig davon, ein jeder zu seinem Corps, zu seiner Division oder sonstwohin, und kamen nicht mehr zurück. Statt ihrer reisten Jahre später Urlauber an, die in Hosenträgern auf der Strandpromenade spazierengingen, ihr eigenes Bettzeug mitbringen mußten, zu irgendwelchen Arbeitsbrigaden gehörten, täglich Schulungsabende besuchten oder besuchen mußten und mit ihrem eigenen Glück nicht viel anzufangen wußten. Ihnen war das Meer verdächtig und nur der Wald vertraut, in dem sie Blaubeeren und Pilze sammelten, um sich ein Taschengeld zu verdienen. Sie tanzten wieder Walzer, wie die Gäste der ersten Periode, und lehnten die »Jazzerei« ab, wie die Gäste der dritten Periode.

Der Ort wurde in den drei Perioden zuerst als Adelsbad, dann als Bad des Kurfürstendamms, dann als exklusives Volksbad und schließlich als Bad des FDGB, des Freien Deutschen Gewerkschaftsbundes, bezeichnet.

Es hat sich seit jenem ersten Jahrzehnt der Gründung im Aussehen des Ortes nicht viel verändert.

Der Anstrich der Häuser ist farbloser geworden, der Bürgersteig brüchig, und der Asphalt der Straßen ist mit Schlaglöchern durchsetzt. Fünf Kilometer entfernt läuft im Osten jetzt die polnische Grenze – stacheldrahtbewehrt, mit Wachttürmen und Wachtsoldaten –, eine Freundschaftsgrenze. Die zahlreichen Ruderboote am Strand sind verschwunden, und niemand darf mit Luftmatratzen ins Meer hinausschwimmen. Das Kriegerdenkmal ist noch immer das Kriegerdenkmal, und die Kurkapelle spielt wieder Militärmärsche, wenn es für die Erhaltung des Friedens notwendig ist. Nur die Häuser haben ihre Namen gewechselt: statt Seeblick, Meereswoge, Meeresstrand tragen sie jetzt Namen wie: »Heim der Intelligenz« oder »Heim der Brigade XYZ« oder »Haus der Völkerfreundschaft«. Die Möwen haben durch den Wechsel der Zeiten nicht gelitten.

Sommer auf Usedom

»Wenn wir am Freitag an die Ostsee fahren, darf jeder seinen Koffer selbst tragen. Dann werden wir buddeln und baden und braun werden wie die Indianer, solange es keine Strippen regnet.« Und dann erklärte uns mein Vater den Reiseweg mit der Eisenbahn. »Auf der Landkarte von Berlin aus immer nach oben, bis an die See!«

Ich glaube, in dieser Nacht bin ich erst um zwölf eingeschlafen. Neben meinem Bett lagen unsere neuen Schätze: Buddeleimer, zwei Schippen, gestreifte Badeanzüge und ein bunter Wasserball zum Aufblasen.

Auch Pitt konnte vor Aufregung nicht schlafen.

»Wie heißt die Insel, zu der wir hinfahren?«

»Usedom«, sagt Pitt, »und das Dorf heißt Neuhof, und das Haus heißt Sonnenhof, und die Leute da heißen Budzin. Am Strand gibt es Muscheln ... und Seesterne ... und Quallen ...«

Der Sonnenhof ist ein hell verputztes, zweistöckiges Haus mit rotem Ziegeldach und steht dicht an der Landstraße. Budzins und Ilse wohnen im Sommer ganz unten, wo die Fenster nur halb aus der Erde kommen. Darüber sollen bald noch zwei andere Familien einziehen, und ganz oben sind zwei Zimmer für uns.

Gerade werden die Koffer ausgepackt. Frau Budzin bringt eine Seegrasmatratze herbei, damit Heini in unserer Dreierstube in der freien Ecke auf dem Boden seinen Schlafplatz hat. Da sind wir jetzt nur im Wege. Wer kommt mit nach nebenan ans andere Fenster?

Da seht ihr die Lindenchaussee, die links in Bansin anfängt und rechts nach Heringsdorf verschwindet. Jenseits der Straße beginnen gleich die Kornfelder und Wiesen. Wo sie zu Ende sind, soll die Ostsee sein. Schade, daß man sie auch von hier oben nicht sehen kann – nicht mal eine Mastspitze!

So, und nun zum Fenster der anderen Seite. Da sieht man in den Hof hinunter. Am Küchenausgang liegt Tyras. Links steht eine eiserne Pumpe mit einer Wasserschüssel. Daneben hat Herr Budzin einen mächtigen runden Turm aus gelben Holzscheiten für den Winter aufgebaut. In dem schmalen Gebäude gegenüber ist unten seine Schreinerwerkstatt und darüber der Strohboden.

Herr Budzin hat nämlich nicht nur Feriengäste und ein bißchen Landwirtschaft, er ist außerdem Tischler.

Nach dem Frühstück ziehen wir los. Vorneweg laufen Ilse und Tyras. Ilse trägt wieder einen weißen Strandanzug mit langen Hosen. Jeder von uns muß etwas zum Strand mitnehmen. Mutti hat das verteilt: Bademäntel, Schippen mit Holzstiel, Buddeleimer, unseren Wasserball, Badetücher und die Basttasche mit den Leberwurstbroten und den Tomaten aus Budzins Garten.

»Da ist die große Düne!« ruft Ilse an der Spitze.

Vor uns erhebt sich eine graugrüne Hügelkette mit runden, weißen Kuppen und tiefen Mulden. Hinter der schmalen Promenade aus Steinplatten schlängeln sich Sandwege in die Dünen hinein. Der Weg vor uns ist mit zusammengenagelten Brettern belegt. Darauf kann man besser laufen als durch den knöcheltiefen, heißen Sand. Rechts und links wächst spitzer Strandhafer, und am blauen Himmel erscheinen auf einmal kleine und große Möwen. Sie halten die Flügel nie still und schauen mit ihren schwarzen Knopfaugen aufmerksam hin und her. Zugleich wird das Brausen und Rauschen immer lauter, je höher wir die Düne hinaufsteigen. Endlich stehen wir ganz oben und können hinabblicken.

»Die Ostsee!« ruft Pitt.

Ja – dort unten kommen und kommen flache gekräuselte Wellen mit weißen Schaumstreifen in weiten Bögen hintereinander auf den Strand zu. Wie groß die See ist! Sie hört nirgends auf, rechts nicht, links nicht, und hinten läuft sie einfach mit dem Himmel zusammen.

Ich weiß nicht, warum ich auf einmal so still stehen muß. Mir ist ganz sonderbar zumute. Immer neue Wellen kräuseln ihre Kämme und stürzen rauschend vornüber auf den dunkel-feuchten Sand. Und wie lang der Strand ist! So weit ich sehen kann, ist wunderbarer Zuckersand ausgebreitet. Am flachen Dünenabhang stehen überall geflochtene Strandkörbe oder bunte Strandzelte mit flatternden Fähnchen. Weit draußen auf dem Wasser arbeitet sich ein niedriges, weißes Fährboot auf und ab nickend voran. Es ist so klein, daß man die Augen zukneifen muß, um es im Dunst zu erkennen. Und wie die See braust und rollt und rauscht und flach auf den Strand heraufschießt!

Da lassen wir alle Sachen fallen. Wer ist zuerst unten? Wir kollern und purzeln den geschwungenen Abhang der großen Düne hinunter. Heini macht einen Purzelbaum nach dem anderen. Ich stürze mit kurzen Hopsern hinterher, falle hin und fühle überall den lockeren, warmen, herrlichen Sand.

Schaufeln, schaufeln, schaufeln! Wir bauen einen kreisrunden Burgwall um unser Strandzelt. Das ist ein großer, vorne offener Kasten aus festen Brettern, mit rot und weiß gestreiftem Markisenstoff bespannt, mit einer Holzbank innen an den drei Seiten und einem Klapptischchen neben dem Eingang. Ringsherum türmen wir von innen und außen den Sand auf.

»Das gibt Muskeln!« sagt Vati.

»Das gibt Muskelkater«, brummt Pitt und steckt seine Schippe schwitzend in den Sand. Aber wir anderen schaufeln fleißig weiter. Immer höher wächst die Strandburg. Nur vorne, wo es zum Wasser geht, führt ein schmaler Gang hinaus.

»Wenn einmal ein windiger Tag kommt und draußen der lose Sand fliegt, dann werdet ihr sehen, wie gut so eine tiefe Sandburg ist!« sagt Vati. Dann machen wir den Boden rings um das Strandzelt glatt. Uff! Endlich sind wir fertig.

Nachdem wir verschnauft haben, geht es ans Wasser. Mutti und Ilse räumen inzwischen unsere Sachen in das Zelt. Wir springen über die kleinen Wellen, die uns gerade bis zum Knie reichen. Langsam rücken wir immer weiter vor, bis wir zu tief im Wasser stehen und nicht mehr hochspringen können.

Am Nachmittag kommt auch Ilse zu uns in die Burg und bringt Tyras mit. Sie hat Frau Budzin im Garten geholfen und mit ihr auf den Gemüsebeeten Unkraut gezupft.

Pitt, Heini, Ilse, Tyras und ich laufen mit Mutti zum Wasser und sehen ihr nach, während sie langsam immer weiter hinausgeht und nur stehenbleibt, wenn wieder eine höhere Welle auf sie zukommt.

Dann wandern wir auf dem nassen, festen, glatten Sand dicht am Wasser entlang zur Seebrücke von Heringsdorf mit ihren Türmchen und Fahnenmasten und halten Ausschau, was die unruhige See an diesem windigen Tag angespült hat. Da sind braune, verhedderte Stränge Blasentang, der sich so wabbelig und glitschig anfühlt. Schon von weitem sehe ich die etwas eingesunkenen Halbkugeln der glasigen Quallen, die vom ablaufenden Wasser auf dem Sand zurückgelassen werden. Wir finden grüne Glasstücke, die wie rund gelutschte saure Drops aussehen, und überall liegen dünn abgeschliffene Steine, größer als Fünfmarkstücke.

Aber wenn wir auch zu jedem winzigen Seestern hinlaufen, den einer findet, Muscheln und Schneckenhäuser aufsammeln, vergleichen und wieder fallen lassen – eigentlich suchen wir mit den Augen dicht vor unseren Füßen unermüdlich etwas Geheimnisvolles, etwas ganz Seltenes – einen Schatz. Aber keiner spricht davon.

Als wir gerade umkehren wollen, macht Pitt den Fund. Er hebt ein Korkstück mit schwarzen Rissen auf, das wohl als Schwimmer an einem Netz gehangen hat. Dann hockt er sich rasch hin, starrt auf den Sand, wo es gelegen hat, und macht mit ausgestrecktem Finger etwas los, während wir um ihn herumstehen.

»Ich habe Bernstein«, sagt er leise und spült etwas vorsichtig im Wasser ab. Zwischen Daumen und Zeigefinger zeigt er uns das Stück. Wir nehmen es reihum in die Hand. Der Bernstein scheint leichter zu sein als ein gleich großer Stein – aber ist das ein Beweis? Ich glaube es noch nicht, denn bisher haben wir uns immer getäuscht. Vielleicht gibt es nur in Ostpreußen Bernstein.

Da nimmt Pitt Ilse das Stück von der flachen Hand, reibt es tüchtig an seiner trockenen Badehose und hält es rasch an Heinis Haar. Wie der Bernstein die Haare anzieht! Er ist wirklich echt!

Als wir am anderen Morgen stiller als sonst bei Budzins unten in der Küche sitzen, wo es zum Frühstück Marmeladenbrote und Buttermilch gibt, klopfen die beiden Fischfrauen wieder einmal an das niedrige Fenster. Sie gehen zweimal in der Woche mit schweren

Drahtkörben von Haus zu Haus und verkaufen geräucherte oder frische Fische an die Sommergäste.

Natürlich wollen wir die Fische sehen und gehen mit Frau Budzin, die einen tiefen Teller mitnimmt, auf den Hof. Da haben die Fischfrauen ihre Henkelkörbe abgestellt, schieben das Ölpapier weg und fangen an, hin und her zu reden. Von diesem Gespräch mit Frau Budzin verstehen wir wie immer kein Sterbenswörtchen.

Aber gleich kommen in einem Korb frisch geräucherte Flundern zum Vorschein. Die essen wir am liebsten. Sie schmecken abends so gut zu trockenem Brot, und sie haben nicht so niederträchtige Gräten wie die Bücklinge. Pitt hält den Teller, bekommt nach und nach sechs ausgesuchte Flundern aufgezählt und trägt den Einkauf höchst zufrieden in die Küche hinunter zum Fliegenschrank.

»Was für Fische sind denn hier drin?« fragt Heini.

»Das sind Aale und Barsche und ein Hecht aus dem Gothensee. Den hat Emas Vater gefangen«, sagt Frau Budzin. »Aber sie müssen eingepackt bleiben.«

Noch eine Woche lang trollten wir morgens mit Ilse und Tyras, mit unseren Schippen, Niveadose und Wurststullen zum Strand. Weit draußen am Horizont zog das Segelschulschiff »Gorch Fock« dahin.

Und dann kam der Tag, an dem Mutti zum letzten Mal alle Sachen in die Basttasche steckte. Wir standen beim Sturmball oben auf der Düne und sahen auf unsere leere Strandburg, auf den Zuckersand, auf die heranrollenden Ostseewellen hinunter. Draußen stieg der Bug des Fährbootes auf und ab, das wie immer von Bansin nach Heringsdorf unterwegs war. Die Möwen mußten nicht abreisen.

Noch einmal sagte Mutti »Sandalen anziehen«, ehe es über die ausgebleichten Plankenwege durch die Dünen abwärts zur »Langen Nase« ging, zu den Kühen am Kanal und heim zum Sonnenhof.

Der Strandkorb

Strandleben

8. Juli, 12.45, Bansin

Direkt nebeneinander sitzen eine ältere Frau und ein älterer Herr jeweils in ihrem Strandkorb. Beide lesen. Sind ganz versunken in ihre Bücher. Sie blättern etwa immer zur gleichen Zeit um. Es ist spannend, zuzuschauen, wer von beiden das nächste Mal, bei der folgenden Seite, der erste sein wird. Und so blättern sie bis tief in den Nachmittag hinein.

Dann legt der Herr sein Buch als erster aus der Hand. Er hat es zu Ende gelesen. Morgen braucht er ein neues, um den Wettkampf wieder aufnehmen zu können …

9. Juli, 12.34, Ahlbeck

Eine Mutter stillt ihr Baby. Hinter dem Strandkorb füllt der etwa fünfjährige Sohn Sand in die Tasche mit den Badesachen.

Er hört erst auf, nachdem die Tasche schon fast voll ist.

Die Mutter stillt ihr Baby.

11. Juli, 13.34, Heringsdorf

Gegen elf Uhr hat die Frau das Rückteil ihres Strandkorbes nach hinten gekippt und es sich auf der so entstandenen Liegefläche gemütlich gemacht. Kurz darauf ist sie eingeschlafen. Durch die Veränderung des Sonnenstandes liegt sie inzwischen im vollen Licht. Man glaubt zu sehen, wie sich die Haut ihrer Beine von Minute zu Minute stärker und stärker rötet.

Ein Ehepaar in einem benachbarten Strandkorb überlegt, ob es die Dame in der Sonne wecken soll.

Der Photograph klopfte noch den Sand vom Saum der schneeweißen Sommerkleider, rückte den Strandkorb etwas nach links, schlug eine Falte aus dem gemalten Hintergrund, sagte »Achtung!« und drückte auf den Auslöser.

Wer sich um die Jahrhundertwende eine Erinnerung an den Urlaub mit nach Hause nehmen wollte, der kaufte sich entweder eine Ansichtskarte oder ging ins photographische Atelier. Die Lichtbildner an den Ferienorten waren auf Urlaubsfotos spezialisiert, im Studio hatten sie Sand aufgeschüttet, ein Strandkorb stand bereit, ein Liegestuhl, und an der Wand hing meist ein kunstvoll bemalter Stoff mit einem künstlichen Strandpanorama.

So bekam man ein gut ausgeleuchtetes Photo von sich und seiner Familie, ein Dokument der vollbrachten Erholung.

Das Handwerk der Korbmacherei ist ohne Zweifel eines der ältesten überhaupt.

Gesicherte Nachweise für den Strandkorb in Deutschland gibt es erst für die Zeit nach 1870, im Grunde genommen für die Periode nach dem Deutsch-Französischen Krieg und der darauffolgenden Gründung des Deutschen Reiches 1871.

Der Strandkorb wurde in einer Zeit populär, als eine mitten in der industriellen Revolution steckende Gesellschaft mehr und mehr die Lust an einer aktiven Freizeitgestaltung entdeckte. So ist es kein Zufall, daß es nach 1871 in deutschen Seebädern in Mode kam, mit kleinen Segelbooten »Lustfahrten in See« zu veranstalten, Seehundjagden zu organisieren, große Bälle zu feiern, Strandgymnastik anzubieten (damals noch »Exerzier- und Freiübungen« genannt) und etwa Tennisplätze anzulegen: Schon um 1900 drosch man in fast allen Seebädern den kleinen Filzball über das Netz.

Mit entscheidend für den Beginn des Massentourismus war der Höhepunkt des Eisenbahnbaus in Deutschland zwischen 1870 und 1910. Das Streckennetz verdreifachte sich in dieser Zeit. War zuerst die verkehrstechnische Erschließung großer Städte vordringlich, so gab es zum Ende des Jahrhunderts erste Linien an die Küste. Ab 1891 pendelten Feriensonderzüge zwischen Berlin und der Ostsee.

Dort sollte sich in den kommenden Jahren alles rasch entwickeln: Strandkörbe wurden angekauft und aufgestellt, Promenaden

Aufnahmen im »photographischen Atelier«. Im Atelier war Sand aufgeschüttet, ein Strandkorb stand bereit, im Hintergrund befand sich ein künstliches Strandpanorama

Marlene Dietrich 1926 am Strand von Swinemünde

angelegt, Strandhallen mit Spiel- und Lesezimmern, Teeräume und Casinos etabliert. Kurz: An den deutschen Küsten, den eigentlich ärmsten Regionen des Landes, denn die Schwerindustrie stand woanders, wurde kräftig investiert.

Für diese frühen Gäste zimmerte man ab etwa 1820 am Strand einfache Badehütten und Umkleidekabinen, stellte Zelte auf oder errichtete jene »Luftschnapper« genannten Häuschen aus Rohr, Stroh und Lehm. Hier konnte man am Wasser sitzen, tafeln und sich gegenseitig besuchen, Konversation treiben und die gesunde Meeresluft in die Lungen strömen lassen.

Der Strandkorb sollte, ausgehend vom Ostseebad Warnemünde, erst einige Jahre später das Strandleben wirklich revolutionieren.

Am 8. Oktober 1870 eröffnete Wilhelm Bartelmann dann seine

Korbmacher-Werkstatt in Rostock bei der Marienkirche N° 10 in der Stadtmitte. Das Alter von 25 Jahren war nach damaligem Recht der frühestmögliche Zeitpunkt, um einen eigenen Handwerksbetrieb zu führen.

Seit der Geschäftseröffnung waren gut 11 Jahre vergangen, als eines Tages, im Frühling 1882, eine vornehme, ältere Dame die inzwischen in die Lange Straße 73 umgesiedelte Korbmacherei betrat und von Wilhelm Bartelmann, derweilen Hof-Korbmachermeister des Großherzöglichen Hofes zu Rostock, eine Sitzgelegenheit für den Strand »als Schutz gegen Sonne und Wind« verlangte. Ihr Arzt habe ihr wegen ihres Rheumaleidens zwar vom Aufenthalt am Meer ganz und gar abgeraten, aber sie wolle auf diese Wohltat für

Zinnowitz, Juli 1905

305

Eugen und Käte

Am Meer, Juli 1908

Leib und Seele trotzdem nicht verzichten und brauche also einen gegen die Unbill des Klimas schützenden Stuhl.

Wilhelm Bartelmann fertigte für die unbekannte Dame einen Strandkorb aus Weiden und Rohr, anfangs noch »Strand-Stuhl« (und eben nicht »Strandkorb«) genannt, den ersten – soweit bekannt – an der Ostsee. Die Badekultur wurde nun regelrecht revolutioniert. Mehr Strandkörbe mußten her. Auch andere Badegäste wollten ihren Stuhl am Meer. Wilhelm Bartelmann flocht und flocht und flocht die nächsten Wochen und Monate, ließ sich von einem Tischler Rahmengestelle zimmern, die dem Korb mehr Festigkeit gaben.

Ausgehend von Wilhelm Bartelmanns Rostocker Korbmacherei wurde innerhalb der nächsten Jahre und Jahrzehnte die ganze Ostsee mit Strandkörben versorgt, wurde die industrielle Fertigung eingeleitet und entstanden die bedeutendsten Strandkorbfabriken Deutschlands. Sie standen an der Ost- und nicht an der Nordsee.

Wilhelm Bartelmann selbst lehnte es ab, als Fabrikant bezeichnet zu werden. Er verstand sich als Handwerker, versah seine Körbe mehr und mehr mit angenehmen Details wie Markisen, Fußstützen und -brettern, Armlehnen, Seitentischchen und flocht schon bald auch Körbe, in denen zwei Personen nebeneinander sitzen konnten.

Doch das große Geschäft sollten andere machen, die bei ihm in die Lehre gegangen waren. Franz Schaft etwa, der eine Strandkorbfabrik in Kröpelin mit aufbaute, oder vor allem Johann Falck, der dann, in den zwanziger Jahren, die größte Fabrik in Deutschland besaß.

Der 1870 geborene Johann Falck ging bei Wilhelm Bartelmann in die Lehre. Wie sein Meister machte auch er sich mit 25 Jahren selbständig, gründete 1895 in Rostock seine eigene Werkstatt, in der Wismarschen Straße Nr. 3.

Bereits zwei Jahre später erfand Falck den sogenannten »Halblieger«, einen Korb für zwei Personen, bei dem sich die eine Hälfte der Rückwand um 45° nach hinten klappen ließ.

Man konnte so entspannter ruhen, wobei das wilhelminische Badepublikum um die Jahrhundertwende die Sonne noch mied

Dame am Strandkorb

Gruppenbild mit Dame

Im Strandkorb in der Sandburg

Am Strand

Gruppenbild mit Herr, 1919

Ahlbeck 1924, Musikgruppe

Großmutter, Mutter und Kind, Ostseereise nach Swinemünde, 1929

Schönes Paar, Juli 1925

Gestiefelt und beschirmt, Ahlbeck, Juli 1927

Eltern mit Tochter, Juni 1928

Und im Badedress, Juni 1928

Pfingsten 1927

August 1932

Allein

und zu zweit

Ich saß auf einem Steine ...

Wer hat die schönsten Beine?

wie der Teufel das Weihwasser. Wichtiger als das Bade- und Sonnenvergnügen war die Teilnahme am gesellschaftlichen Leben.

Eine gesunde Bräune galt als unschicklich und ordinär, braun war die Farbe des Proletariats. So nutzte man die Strandkörbe nicht als Sommerbratpfannen, sondern als schattenspendende Oasen. Hier konnte man, entsprechend den damaligen Sitten, zugeknöpft und in voller Montur sitzen und den Kindern zuschauen, wie sie im Sand spielten. Die Damen trugen Schnürstiefeletten, lange Röcke, meist vornehme, helle Blusen und nicht selten ausladende Hüte, damit die Haare nicht vom Wind zerzaust würden und auch beim Promenieren kein Strahl Sonne ins Gesicht fiele. Alternative zum Hut war ein zusammenklappbarer Schirm. Die Herren waren, sofern keine Militärs, in Anzüge samt Westen gewandet, bisweilen sogar in einen Frack, ein weißes Hemd mit Fliege gehörte dazu und meist die weiße Strandmütze. Die Kinder tollten keineswegs nackt in der Brandung, sie trugen den damals unvermeidlichen Matrosenanzug, durften sich beim Spiel allenfalls der Schuhe entledigen.

Wer baden wollte, tat dies nicht an den Stellen, an denen die Strandkörbe zum Verweilen einluden, sondern in den eigens für Damen und Herren eingerichteten Badeanstalten. Später wurden auch Familienbäder zugelassen.

Der 1904 im pommerschen Wolgast geborene Carl Martin Harder etwa, ehedem Geselle und Mitarbeiter von Johann Falck, gründete im Oktober 1925 eine Korbfabrikation neben seinem Elternhaus auf der Mahlshooper Schloßinsel im Peenestrom, wo außer Strandkörben sämtliche Korbmöbel, Landwirtschafts- und Industriekörbe hergestellt wurden. Doch als Anfang der dreißiger Jahre die Brücke von Wolgast auf die nahe Insel Usedom gebaut wurde, mußte die Familie weichen, wurde Carl Martin Harder für die Aufgabe seiner Produktionsanlagen entschädigt und ließ sich in Heringsdorf nieder, einem nahe Swinemünde gelegenen, idyllischen Seebad auf Usedom, gründete dort 1933 eine neue Strandkorbfabrikation, ein damals sehr innovatives Unternehmen, das heute als das traditionsreichste in Deutschland gilt.

Der Strandkorb wurde jetzt endgültig zum Möbel mit Massencharakter. Er verbreitete sich bis ins Inland, stand plötzlich an Badeseen, Talsperren und Flußufern.

In den zwanziger Jahren wurde in den meist prüden Seebädern endlich erlaubt, sich im Strandkorb zu sonnen und von dort aus ins Wasser zum Baden zu gehen.

Vor allem Carl Martin Harder in Heringsdorf wurde nicht müde, immer neue Patente einzureichen bzw. bereits eingereichte Patente um Details zu ergänzen. Das hat, vielleicht ja unbewußt, mit der unleugbaren Tatsache zu tun, daß die Wiege des deutschen Strandkorbes tatsächlich in Mecklenburg und Vorpommern stand.

Die vor dem zweiten Weltkrieg maßgeblichen Betriebe fabrizierten in Rostock und in Heringsdorf, und überhaupt hat man längst vergessen, daß die populärsten Badeorte Deutschlands einmal Swinemünde, Ahlbeck, Heringsdorf, Binz, Saßnitz, Warnemünde, Heiligendamm sowie Arendsee & Brunshaupten (heute: Kühlungsborn) hießen und nicht Timmendorfer Strand, Travemünde, Grömitz, Westerland, Wyk auf Föhr oder St. Peter-Ording.

Carl Martin Harder hatte im weiteren Verlauf des Krieges immer weniger Zeit, sich um die Strandkorbfabrikation zu kümmern. Bald produzierte er fast ausschließlich für die Armee, vor allem für das Raketenzentrum im nahe gelegenen Peenemünde. 1944 errichtete er sogar noch neue Produktionsgebäude, in denen teilweise bis heute Strandkörbe hergestellt werden.

Die vielen Strandkörbe an Deutschlands Küsten waren während der Kriegsjahre natürlich nicht verschwunden. Zwar waren einige verfeuert worden, denn das Brennmaterial für Herde und Öfen war knapp, aber bei weitem nicht alle Körbe wurden ein Opfer der Flammen. Deutschland hatte kapituliert, die Versorgungslage war schlecht und die Menschen hatten 1945/46 andere Sorgen, als an den nächsten Badeurlaub zu denken.

Außerdem waren die deutschen Seebäder mit Flüchtlingen übervölkert, man hatte sie in den entsprechenden Pensionen, Ferienheimen und Hotels untergebracht.

Fast von Beginn an hatte das volkseigene Strandkorbwerk in Heringsdorf mit Materialschwierigkeiten zu kämpfen. Es gab Engpässe mit dem aus Asien importierten Rohr, welches bereits früh, noch vor der Jahrhundertwende, die Weidenruten ergänzt bzw. abgelöst hatte, aus denen die ersten Strandkörbe geflochten worden waren.

Nun wurde ab 1954 in Heringsdorf gezwungenermaßen ein neuer, alternativer Werkstoff ausprobiert und verarbeitet, der sich im Endeffekt bis in unsere Tage behaupten sollte: Plastik (hier in der DDR-Variante »Plaste«).

Doch die Flechter in Heringsdorf hatten nicht lange Freude an dem bunt-elastischen Material, denn auch hier wurden sie bald mit Versorgungsproblemen konfrontiert. Tischler zimmerten die Gestelle, in die dann die Seitenwände aus glatten Werkstoffen eingesetzt wurden. Dieses Vorgehen erinnerte fatal an das Patent, das Carl Martin Harder, der enteignete Alteigentümer der Heringsdorfer Fabrik, noch zu Kriegszeiten angemeldet hatte: Damals, 1941, baute er versuchsweise und aufgrund von Problemen mit der Materialversorgung einen Strandkorb, dessen »äußere Wandungen« nicht mehr aus Flechtwerk bestanden, sondern aus glatten Werkstoffen wie Holz, gepreßter Pappe, sogenannten Kunstplatten und Zinkblechen. Körbe dieser Art hatte Harder auch nach dem Krieg fabriziert, als es noch nicht wieder Rohr zu kaufen gab.

Dieses Notnagels erinnerten sich nun die sozialistischen Strandkorbhersteller: Für den Dachbereich verwendete man leicht biegsame Platten aus Phynolharz, Für die Seitenteile wurden Platten aus Sperrholz oder aus Faserstoffen genommen. So entstand der Typ »DDR-Platte« (Ostjargon), er setzte sich schnell durch und bestimmte bald das Bild der volkseigenen Strände.

Heute sind die alten DDR-Strandkörbe in Plattenbauweise und den knalligen bis pastellenen Farben schon wieder, wie etwa auch der Trabant, ein Sammler- und Liebhaberstück. Sie werden von der Heringsdorfer Fabrik aufgekauft, renoviert und als Gebrauchtkörbe für rund 500,– DM angeboten.

An einer Wand der traditionsreichen Heringsdorfer Firma hängt der Spruch: »Verflochtene Ruten ein Ganzes ergeben. Ganzes wir stetig erstreben. Verflechtet die Menschheit zum friedlichen Leben.«

Wer über die Ostseestrände der ehemaligen DDR wandelt, vom

ehedem grenznächsten Seebad Boltenhagen (östlich der Redewi-
scher Steilküste) über Warnemünde, Binz auf Rügen bis zum auf
der Insel Usedom gelegenen Seebad Ahlbeck (fast 1500 Kilometer
Küste), der flaniert durch ein Freiluftmuseum der gesamtdeutschen
Strandkorbgeschichte nach 1945. An den Küsten Mecklenburg-
Vorpommerns finden sich noch alte DDR-Rohrkörbe aus der Zeit
vor 1960, danach wurde ja aus Materialmangel auf die Plattenbauweise umgestellt. Es finden sich neue Körbe von den beiden
größten deutschen Herstellern, der »Korb GmbH Seebad Heringsdorf« und dem Familienunternehmen Eggers aus Mölln. Und es
steht da, in nur mehr wenigen Exemplaren, das zweite Modell
»DDR Platte«, der legendäre und total zerlegbare Strandkorb aus
Rhena. Der wurde vor allem an Privatkunden verkauft, die sich
ein transportables Freizeitmöbel wünschten, welches aber nur so
groß sein durfte, daß es noch auf das Dach oder in den Kofferraum
eines Trabants paßte.

326

L. Priewe, Heringsdorf

Wilhelmstr. 8 mit Filiale in Ostseebad Bansin.

Special-Geschäft in

Glas-, Porzellan-, Eisen- u. Emaille-Waaren

Grosses Lager in **Geschenk-Artikeln** mit
Ansichten von Heringsdorf.

Bedeutendes Lager in

Lampen, Spiegel, Eisspinden u. Badewannen

(auch leihweise).

L. Priewe, Schlossermeister,

hält stets grosses Lager von eigengearbeiteten Eisenwaaren
für **Neubauten.**

Frau E. Vogelsang

Photogr.-artist. Atelier
Berlin, Lützowstr. 77.

HERINGSDORF
an der Strand-Promenade, Ecke Eichenweg.

**Portrait-Aufnahmen, Gruppen-Bilder, Platinotypien
und Aquarelle** in künstlerischer Ausführung.

Specialität:

Photographien auf Perlmutterschalen
die in grösster Auswahl im Atelier zu haben sind.

An Wochentagen geöffnet von 9 bis 7 Uhr,
Sonntags von 10 bis 2 Uhr.

A. Breslauer,

BERLIN W.,

Potsdamerstr. 30, Markgrafenstr. 34 und
Tauenzienstrasse 21.

Wurst- und Fleischwaaren-Fabrik

mit Dampf-Betrieb

unter Aufsicht des Berliner Rabbinats.

Vom 15. Juni bis 15. September

Seebad Heringsdorf,

Wilhelmstrasse 11

gegenüber dem neuerbauten Badebureau.

Telephon No. 10.

Täglich Lieferung von rohem Fleisch

per Fahrrad nach

 Ahlbeck, Swinemünde, Bansin.

Geflügel aller Art.

Wurstwaaren.

Rohes Fleisch.

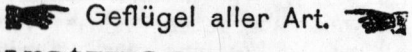

HERMANN HEINZ WILLE

Peenemünde – kein Geheimnis

> »Dünen, um welche die Winde wehn,
> schweigt stille von allem,
> was ihr gesehn ...«
>
> Ruth Kraft (»Insel ohne Leuchtfeuer«)

Am Ortseingang von Karlshagen und auf dem Golm bei Kamminke halten eindrucksvolle Gedenkstätten die mahnende Erinnerung an das dunkelste Kapitel der Geschichte wach, dessen Spuren sich tief eingegraben haben in das Landschaftsbild der Insel.

Nach der Machtübernahme der Faschisten wurden – wie überall im Lande – auch in Wolgast und auf der Insel Usedom die aktivsten Funktionäre der Arbeiterbewegung verhaftet und in Zuchthäuser und Konzentrationslager verschleppt. Unter ihnen der Kommunist Fritz Behn, der seit 1927 die Parteiarbeit im Ostteil der Insel geleitet hatte. Wenigen nur gelang es, sich dem Zugriff der Gestapo zu entziehen, den antifaschistischen Widerstandskampf in der Illegalität weiterzuführen und das Volk vor der heraufziehenden Gefahr eines zweiten Weltkrieges zu warnen. Während die Ahlbecker Arbeiter nachts ihr Konsumgebäude bewachten, um das Hissen der Hakenkreuzfahne zu verhindern, versuchten nicht wenige geschäftstüchtige Hotelbesitzer durch Aufdruck dieses Emblems auf ihre Werbeprospekte neue, zahlungskräftige Gäste zu werben.

Die Herren in den braunen und schwarzen Uniformen begannen in den Kurverwaltungen den Ton anzugeben, und bald schon tauchten auf den Promenaden die ersten blauen und grauen Uniformen auf. Die Kriegsvorbereitungen verwandelten die Bäderinsel nach und nach in eine regelrechte Festung. Baukolonnen des Arbeitsdienstes und der »Organisation Todt« errichteten bei Garz einen

Bauten in Peenemünde: Kraftwerk, Sauerstoffwerk und Wissenschaftlersiedlung

Fliegerhorst und legten in der stillen Mellenthiner Heide ein unter-
irdisches Munitionslager an. In den Dünen stellte Marine-Artille-
rie ihre Geschütze auf. Entlang der Steilküste und auf der Oie, dem
»Helgoland der Ostsee«, richteten sich Beobachter und Funker
ein. Swinemünde erlangte wiederum den zweifelhaften Ruhm, einer der wichtigsten Marinestützpunkte im Ostseeraum zu sein.

Besonders geheimnisvoll ging es im Westteil der Insel zu, zwischen Karlshagen und dem Peenemünder Haken. Als im April
1936 Regierungsbeauftragte von der Stadt Wolgast für 750 000
Mark den Peenemünder Forst erwarben, ahnte keiner der Einwohner von Peenemünde und Karlshagen, welche unheilvollen Folgen
der Besitzerwechsel für sie haben sollte. Noch im selben Jahr kamen die Vermessungstrupps, im Jahr darauf rückten die unifor-
mierten Baukolonnen an. Die Einwohner von Peenemünde wurden evakuiert, die Strandkolonie von Karlshagen beschlagnahmt.
In dem zum Sperrgebiet erklärten Nordwestteil der Insel entstan-

den in kurzer Zeit Autostraßen, Industriebahnen, Hafenanlagen und ein Flugplatz, ein Heizkraftwerk, eine Sauerstoffabrik, Werkhallen, Laboratorien, Konstruktionsbüros, Prüfstände, Lagerbunker, Raketenabschußrampen, Wohnsiedlungen für die Wissenschaftler, Techniker und Offiziere, Barackenlager für Bauarbeiter und Wachmannschaften, Unterkünfte für dienstverpflichtete Männer und Frauen. Für die Errichtung der Anlagen stellte die Regierung 300 Millionen Mark zur Verfügung. Zum militärischen Leiter wurde der Raketenspezialist Oberst Walter Robert Dornberger, als Technischer Direktor SS-Sturmbannführer Wernher von Braun ernannt.

Die Vorgeschichte reichte bis zum Ende der zwanziger Jahre zurück, als das Heereswaffenamt der Reichswehr mit Feststoff- und Flüssigkeitsraketen zu experimentieren begann. Bereits 1934 konnte Dornberger, der die Entwicklungsarbeiten leitete, dem Oberkommando des Heeres die erste brauchbare Flüssigkeitsrakete vorführen. Auch die Luftwaffe zeigte, um Entwicklung neuer Flugzeugantriebe bemüht, an dem Aggregat »A 2« Interesse. Höchsten Orts beschloß man die Koordinierung der Forschungs- und Entwicklungsarbeiten und die Errichtung einer gemeinsamen Großversuchsstelle, die möglichst weitab dichtbesiedelter Gebiete liegen sollte, damit ihre Tätigkeit geheimgehalten werden könne. Im Gespräch waren die Nordseeinsel Borkum und die Greifswalder Oie, die sich jedoch für die geplanten Anlagen als zu klein erwiesen. Wernher von Braun hielt einen besseren Vorschlag bereit: Peenemünde! Im Grunde genommen stammte dieser Vorschlag von seiner Mutter, deren Vater in Peenemünde auf Wildentenjagd gezogen war.

Den größten Teil des Terrains zwischen Peenestrom und Ostseeküste nahm das »Werk Ost« ein, die Heeresversuchsanstalt. Im äußersten Zipfel der Insel befand sich das »Werk West«, die Erprobungsstelle der Luftwaffe. Noch vor dem faschistischen Überfall auf Polen begannen in Peenemünde die Probestarts der Flüssigkeitsraketen, die Testflüge mit strahlgetriebenen Heinckel-Flugzeugen. Die zu den Versuchen aus Berlin angereiste braune und graue Prominenz mit Hitler an der Spitze gab dem Raketenprogramm die höchste Dringlichkeitsstufe der Waffenproduktion. Von nun an standen Peenemünde finanzielle Mittel und Arbeitskräfte in unbegrenztem Umfang zur Verfügung. Selbst Fronttruppen mußten während des Krieges Spezialisten nach Peenemünde abstellen. In immer größerer Zahl trafen Zwangsarbeiter aus den besetzten Ländern, Kriegsgefangene und KZ-Häftlinge zur Verstärkung der Arbeitskräfte ein. Den Bau der Lager übernahm die »Baugruppe Schlempp« mit einem Hauptmann d. R. Heinrich Lübke als Stellvertreter des Einsatzleiters. Es war jener Lübke, der später Präsident der Bundesrepublik Deutschland wurde.

1938 erlebten die benachbarten Badeorte Zinnowitz (mit 3800 Badegästen) und Zempin ihre letzte »Vorkriegssaison«, bevor sie in das militärische Sperrgebiet einbezogen wurden und Mitarbeiter der Heeresversuchsanstalt in den Hotels und Pensionen Quartier nahmen. Selbst die Oberschule Wolgast mußte zur Unterbringung eines Speziallaboratoriums, das sich mit der Entwicklung von Raketentreibstoffen befaßte, geräumt werden. Von Tag und Stunde an begann auch an anderen Küstenabschnitten außerhalb des Sperrgürtels – so zwischen Zinnowitz und Koserow und auf der Insel Wollin – der Bau von Abschußrampen, Bunkern und Munitionsrollbahnen.

Dem ersten erfolgreichen Abschuß eines unbemannten strahlgetriebenen Flugkörpers mit der harmlosen Typenbezeichnung »Fzg-76« (später von der Goebbelspropaganda als »V 1« in den Rang einer Wunderwaffe erhoben) folgten die Probestarts der »A 4« (»V 2«). Aber erst am 3. Oktober 1942, als sich mit der Wende an der Wolga bereits die Wende des gegen die Sowjetunion geführten Krieges abzuzeichnen begann, wurde die Erfolgsmeldung fällig. In Anerkennung seiner »Verdienste« wurde Dornberger zum Generalmajor befördert, von Braun zum Professor ernannt. Angesichts der enormen Verluste der Göring-Luftwaffe im Luftkrieg gegen England und die Sowjetunion befahl Hitler, die Raketenwaffen schnellstens in die Serienproduktion zu überführen und ungesäumt alle Vorbereitungen für ihren Einsatz zu treffen.

Speer setzte Sondereinheiten der »Organisation Todt« zum Bau der Abschußrampen an die Kanalküste in Marsch. Der Raketengeneral und der Raketenprofessor trieben ihre Mitarbeiter, deren

Kapelle auf dem Friedhof Peenemünde

Zahl die Größe von zwei kriegsstarken Divisionen erreichte – darunter 36 namhafte Professoren, 1500 Wissenschaftler und Ingenieure und etwa 8000 Spezialisten und Facharbeiter –, zur Eile an. Ein Probestart löste den anderen ab. In hundertundfünfzig bis hundertsechzig Kilometer Höhe fauchten die tödlichen Projektile seewärts und ließen am blauen Himmel ihre weißen Kondensstreifen zurück, von den Inselbewohnern furchtsam »gefrorene Blitze« genannt. Immer wieder erschütterten von Peenemünde und vom Wasser her Detonationen die Luft. Trotz neunjähriger Entwicklungszeit blieben Fehlstarts nicht aus, explodierte fast jede dritte, vierte Rakete beim Wiedereintauchen in die dichteren Atmosphäreschichten, weil das Material der thermischen Beanspruchung nicht gewachsen war. Auf die Dauer blieb deshalb der Feuerzauber über der Insel Usedom der gegnerischen Aufklärung auch nicht verborgen.

Spätestens im Frühjahr 1943 hatte das »Geheimnis von Peenemünde« seinen Nimbus verloren. Der doppelte Sperrgürtel konnte nicht verhindern, daß sich in Peenemünde und Zinnowitz der antifaschistische Widerstand organisierte, dessen Leitung in den Händen des katholischen Prälaten Dr. Lampert lag. Als Verbindungsmann zu den in Peenemünde beschäftigten Zwangsarbeitern stand ihm der holländische Kommunist Johannes ter Morsche zur Seite. Mit Hilfe eines Spitzels gelang es der Gestapo im Februar 1943, mehr als sechzig Mitglieder der internationalen Widerstandsgruppe zu verhaften. Als »Fall Stettin« vor einem faschistischen Sondergericht in Leipzig verhandelt, wurden die führenden Mitglieder der Gruppe zum Tode durch den Strang, die anderen zu langjährigen Zuchthausstrafen verurteilt. All das vermochte jedoch nicht den Widerstand zu brechen. Auch weiterhin liefen in Warschau, Paris, Lyon und London Nachrichten über die faschistischen Raketenversuche in Peenemünde ein.

Fotoflüge der Royal Air Force ließen – trotz Tarnung gegen Fliegersicht – Lage und Ausmaß des Entwicklungs- und Erforschungszentrums erkennen. Später gelang es einer polnischen Widerstandsgruppe sogar, die wichtigsten Bauteile eines Blindgängers zu bergen und mit einer englischen Kuriermaschine, die zur Nachtzeit im besetzten Polen landete, nach London zu überführen. In der Nacht vom 17. zum 18. August 1943 holten die westlichen Alliierten zum Gegenschlag aus; starteten sie das Unternehmen »Foretop«, das mit einem konzentrierten Luftangriff das Raketenzentrum ausschalten sollte. Sechshundert »fliegende Festungen«, begleitet von fünfzig Nachtjägern und Pfadfindermaschinen, entluden innerhalb von dreißig Minuten ihre Bombenlast über Peenemünde und Karlshagen. Über zweitausend Menschen, unter ihnen mehr als zweihundert Zwangsarbeiter, zahlreiche Frauen und Kinder, aber auch faschistische Rüstungsexperten, kamen in dem Inferno ums Leben. Nur wenige Gebäude blieben unversehrt. Die Strandkolonie von Karlshagen wurde völlig zerstört.

Während in Peenemünde die Aufräumungsarbeiten im Gange waren, wurde die Raketenproduktion in unterirdische Werke nach Mitteldeutschland verlagert, und Truppenübungsplätze im besetzten Polen wurden für die Startversuche hergerichtet. Am 16. Juni 1944, wenige Tage nach Eröffnung der zweiten Front in Frankreich, ging die erste »V 1« auf London nieder. Von nun an wurden täglich Hunderte Flügelgeschosse und Raketen auf die britische Hauptstadt und – mit dem Vorrücken der Alliierten – auch auf Antwerpen, Brüssel und Lüttich abgeschossen. Aufhalten ließen sich durch den massierten Einsatz der »Wunderwaffe« die Niederlagen der faschistischen Armeen in Ost und West nicht.

Was die ersten Monate des Jahres 1945 an Schrecken und Not über die Inselbevölkerung brachten, wird kein Usedomer, der diese Tage und Wochen miterlebte, jemals vergessen. Am 1. Februar erließ der Nazi-Gauleiter von Pommern, Schwede-Koburg, einen Aufruf an die Bevölkerung, der sie zum Durchhalten aufforderte: »Durch alle Not und Prüfungen hindurch wird uns Adolf Hitler zum Siege führen!« Davon, daß die Rote Armee auf ihrem unaufhaltsamen Vormarsch am gleichen Tag die Oder bei Küstrin bereits überschritten hatte, wurde in dem Aufruf nichts gesagt. Überstürzt räumten Behörden und die Spitzen der Partei die damalige Landeshauptstadt Stettin und setzten sich nach dem Westen ab. Im östlichen Brückenkopf der Stadt blieben nur wenige Fronttruppen, verstärkt durch fünfzehnjährige Kinder und ergraute Volkssturmmänner, zurück, die mit Panzerfäusten die vordringenden Sowjetpanzer aufhalten und die verlassene Oder-Festung verteidigen sollten. In Peenemünde traf ein Sonderkurier des neuernannten Oberbefehlshabers der »Heeresgruppe Weichsel«, des Reichsführers der SS Himmler, ein, der Wernher von Braun den Befehl zur Räumung von Peenemünde überbrachte. Obwohl es überall an Transportmitteln fehlte, stellte das Oberkommando für den Abtransport der etwa sechstausend in Peenemünde verbliebenen Techniker und über zwölftausend Tonnen Fracht zweitausend Lastkraftwagen mit tausend Anhängern zur Verfügung.

Die hektischen Aufbruchsvorbereitungen veranlaßten die Kriegsgefangenen und KZ-Häftlinge, Maßnahmen zur Sicherung ihrer Unterkünfte und zur Selbstbefreiung zu treffen.

Seit dem Vorrücken der Roten Armee auf Stettin und der Räumung von Peenemünde bildete die Insel Usedom einen der letzten festen Plätze in der faschistischen Rückzugsstrategie. In Swinemünde ließ Himmler die Truppen sammeln, denen es gelungen war, auf dem Seewege den großen Kesseln in Ostpreußen und Ostpommern zu entkommen. Von hier aus sollten sie zum Entsatz von Stettin in Marsch gesetzt werden. Am 12. März versetzte ein alliierter Luftangriff der in Swinemünde vor Anker liegenden Kriegsflotte empfindliche Verluste und forderte etwa achttausend Todesopfer. Die Toten wurden in Eile aus der Stadt gebracht und fanden erst später in einem Hain zu Füßen des Golms ihre letzte Ruhestätte.

In den Morgenstunden des 30. April näherten sich aus Richtung Anklam Vorausabteilungen der 2. Stoßarmee des Generals P. Fidunski Wolgast, begann der tagelange Kampf um den Peeneübergang vom Festland her. Pioniereinheiten der faschistischen Wehrmacht deckten den Rückzug der sich nach Swinemünde absetzenden Truppen. Fast gleichzeitig flogen die Stahlkonstruktionen und Betonfundamente der zweihundertundfünfzig Meter langen Straßenbrücke bei Wolgast, der 1930 erbauten Bäderbrücke bei Zecherin und der Eisenbahnbrücke zwischen Kamp und Karnin – eine der modernsten Hubbrücken Europas –, die schon seit Monaten mit Sprengkammern versehen worden waren, in die Luft. Marineeinheiten verminten die Fährstellen über die Swine und die Peene, um die Insel uneinnehmbar zu machen.

Als am 4. Mai die Pionier-Sturmbataillone der 2. Stoßarmee in Mahlzow ihren Fuß auf die Insel setzten, war die Entscheidung im Kampf um Berlin schon gefallen. Desto erbitterter wurde im Raum Ahlbeck um den Swineübergang gekämpft. Von Wolliner Seite unterstützten Verbände der 19. Armee des Generals Romanowski den Angriff auf Swinemünde, das am 5. Mai fiel. Am 8. Mai wehten über den ersten sowjetischen Ortskommandanturen in Wolgast, Swinemünde, Usedom und allen größeren Badeorten der Insel die roten Fahnen des Sieges. Aber noch nach Monaten glich die Bäderinsel einem Kriegsschauplatz. Die Strandpromenaden waren von Kettenfahrzeugen zerfahren, die Seebrücken – einst der Stolz der Seebäder von Ahlbeck bis Zinnowitz – zerstört. In den Kuranlagen waren Unterstände und Schützengräben ausgeworfen, gähnten Bombentrichter, wucherten mannshoch Gestrüpp und Unkraut. Die Hotels und Pensionen, zum Teil von ihren Besitzern verlassen, waren mit Verwundeten und Flüchtlingen überfüllt. Abseits der Straßen standen zerschossene Panzer, ausgebrannte Autos, lagen Flugzeugtrümmer, weggeworfene Waffen, unbestattete Leichen …

Als der Soldat Ruhberg am 9. Mai 1945 nach Zempin zurückkehrte, hörte er, daß in den Wiesen tote deutsche Soldaten lägen. Mit einem Fischer ging er hinaus, um sie begraben zu helfen. Nach wenigen Schritten wurde Ruhberg von einer explodierenden Mine in die Luft geschleudert, die ihm das rechte Bein zerschmetterte. Erst jetzt wurde den Inselbewohnern offenbar, welch grausames Ende ihnen die Faschisten zugedacht hatten. Zwischen Koserow und Zempin breitete sich ein endloses Minenfeld! Tausende Minen waren heimtückisch im Sande verscharrt. Der Plan war teuflisch ersonnen: Hier, an der schmalsten Stelle der Insel, wo ihre Lebensadern – Bahnlinie und Fernstraße, Telefon- und Elektrizitätsleitungen – verlaufen, sollte sie in die Luft gesprengt werden. Schon am nächsten Tag kam ein sowjetisches Minenräumkommando ins Dorf und begann die furchtbare Hinterlassenschaft zu beseitigen. Neunzehn Menschen, davon fünf Sowjetsoldaten, mußten dabei ihr Leben lassen. Noch viele Jahre später fand man verborgene und vergrabene Minen unter der Bäderbrücke bei Zecherin, in dem für die Wasserversorgung der Stadt Usedom unentbehrlichen Pumpenhaus, an der verkehrswichtigen Straßeneinmündung beim Haltepunkt Schmollensee, in Kamminke, Garz, Görke, Katschow und an anderen Orten und machte sie unschädlich. Aber das Leben triumphierte auch auf der Bäderinsel über die dunkle Vergangenheit.

OTTO NIEMEYER-HOLSTEIN

Lüttenort

Kann man sein Leben erzählen?

Wenn ich morgens aufwach, was seh ich? Ungemalte Bilder, noch nicht Erlebtes. Wenn ich vors Haus tret, in den Garten geh, ein paar Schritte an den Strand – Bilder, überall Bilder, die ich hoffentlich noch werde malen können. Meine Existenz ist Leben in Bildern, ist Bilder-Leben – kein Bilderbuch-Leben, o nein, es ist ein bewußtes Bild-Erleben, das dann und wann auch zu einem Gemälde wird, hoffentlich manchmal zu einem guten oder wenigstens zu einem anständigen.

Wieland Förster, Bildnis Otto Niemeyer-Holsteins, 1972

Der Anfang? Ist das der Anfang: ein Haus? Wir hatten für sechzig Mark fünfundsechzig in Berlin einen Bahnwagen gekauft, 1932 war das. Aber keinen Eisenbahnwagen, sondern einen ausrangierten S-Bahn-Wagen.

Der Wagen stand noch auf dem Bahnbetriebsgelände in Berlin-Rummelsburg, aber er gehörte uns. Doch wie ihn nach Zempin bringen und dann hierher aufs Grundstück? Das, was heute Lüttenort heißt, war damals 'n Sandfleck: kein Baum, kein Strauch, nicht mal ordentlicher Mutterboden. Am Wasser standen ein paar krumme Weiden – wenigstens die. Der Wagen hatte keine Räder mehr; sie waren abmontiert und anderweitig verwendet worden. Ich hatte versucht, wieder welche anbringen zu lassen, erfolglos. Es wäre auch zu teuer geworden. Kurzum, der Wagen konnte nicht an einen normalen Zug angekuppelt und nach Zempin oder bis hierher ans Grundstück gerollt werden. Also mietete ich bei der Bahn einen Flachwagen. Das Aufladen in Berlin wurde mit entsprechenden Hebezeugen von Bahnleuten besorgt. Wie aber ihn in Zempin wieder runterkriegen? Zwar führte die Strecke schon damals direkt am Grundstück vorbei, aber Abladen an Ort und Stelle wurde von der Bahnmeisterei nicht erlaubt, weil's zu lange gedauert und den Fahrplan durcheinander gebracht hätte. Was also tun? Wir besorgten als erstes ausrangierte Eisenbahnschwellen. War meine Idee. Und leicht gesagt. Abgesehen davon, daß jede einzelne mehr als einen Zentner wog, mußten wir auch noch sehen, wo wir sie herbekamen. Schließlich liehen wir sie bei den Bahnhöfen der Insel aus und transportierten sie mit einem Pferdefuhrwerk zum Bahnhof Zempin. Wir schichteten drei große Böcke – bis zur Höhe des Flachwagens, als wollten wir Scheiterhaufen errichten. Dann wurde mit Schmierseife eingestrichen, und so rutschte der Wagen auf die Schwellenböcke. Da stand er, und wir konnten wenigstens den gemieteten Transportwagen freigeben, der wurde nach Tagen berechnet.

Lüttenort heißt nicht Lüttenort, weil's ein lütter Ort ist, Lüttenort ist der Ort des Lütten. Und der Lütte war unser kleines Segelboot. Was wir mit dem erlebt haben, Geschichten!

Dat heet hier Lüttenort,
gelegen an lütten Port.
Dat Hus, dat steit südnord,
wem dat nich paßt, de mok sich fort.

Vor uns stand nun die große Frage: Wie können wir dieses Land erwerben? Da stellte sich heraus, daß im Grundbuch keine Eintragung zu finden war. Aber einen Besitzer mußte es doch geben. Also ließ ich mir alte Flurkarten vorlegen und sah, daß hier früher ein breiterer Hafen gewesen war. Also hatte man die Einfahrt schmaler gemacht, und das Land, das wir haben wollten, war folglich Aufschüttung, kein natürlicher Boden. Später hörte ich, daß hier eine Ablage gewesen ist; der Hafen war für die Transportkähne angelegt worden, die das Baumaterial für das Siemens-Heim auf dem Koserower Berg gebracht hatten. Heute ist's das Krankenhaus. Danach wurde auch auf der anderen Seite unseres Grundstücks durch Aufschüttung Land gewonnen. Der Hafen war früher

Im Atelier Tabu

viel breiter. Und tief ausgebaggert, dreizehn, vierzehn Meter tief, immerhin. Und weil das Land nicht tektonisch natürlich aufgebaut ist, gibt's hier auch kein Grundwasser. Dreißig Meter tief haben wir gebohrt. Ein Geologe sagte: »Und wenn wir auf hundert Meter gehen, Sie werden kein Trinkwasser finden.« So wurde Wasser für uns ein Problem, das uns durchs Leben begleitet hat. Seit vierzig Jahren karren wir Trinkwasser aus dem Dorf heran, früher mit einem Wägelchen, später fanden wir einen Bauern, der uns das mit einem Faßwagen besorgte. Wie schwierig das hier war, davon macht man sich heute kaum noch ein Bild.

De Isenbahner im Kaffernkral

Für die Leute im Dorf waren wir »de Isenbahner im Kaffernkral«. Als Eisenbahner galten wir, weil wir in einem Bahnwagen lebten, und als Kaffernkral bezeichneten sie den Rohrzaun, den wir um unser Grundstück gezogen hatten; die Mauer des Hofgartens, den wir Klostergarten nennen, zeigt noch die Begrenzung, so klein war das Grundstück ursprünglich. Für den Rohrzaun rammte ich Weidenpfähle in den Boden; sie schlugen alle aus, wurden Bäume, wuchsen so hoch, daß ich sie fällen mußte.

Natürlich wunderten sich die Dorfleute über das zugewanderte Volk. Wir waren komische Vögel für sie, aber wir fanden doch schnell Zugang zu ihnen, zu den Kaufleuten, zu den Handwerkern, zu den Fischern, zu allen. Für meine Bilder hatten nur wenige Verständnis, aber freundlich gesinnt waren sie uns alle. Als wir einigermaßen fertig waren, feierten wir meinen Geburtstag; wir luden 'ne Menge Leute ein, Fischer und Bauern aus Zempin und Koserow, die Arbeiter, die uns geholfen hatten, aus Berlin kamen Freunde und brachten wieder Freunde mit. Wir haben gelärmt, getanzt und gelacht, haben getrampelt und geschrien, waren ausgelassen, wie man's in der Stadt nie hätte sein können. So ging's die Nacht durch. Wir waren glücklich, der erste Schritt war getan.

Oft war ich aber auch unglücklich. Wir hatten nun unsere Bleibe; der Rasen, den wir gesät hatten, wurde grün, einige Bäume hatte ich gesetzt, alle gingen an, wir legten Kartoffeln, zogen Gemüse, wir machten alles mögliche, nur – zum Malen kam ich nicht mehr.

Wir hatten kein Petroleum. Strom gab's hier noch nicht. Wir meinten keinen zu brauchen, wollten ja eigentlich nur im Sommer hier sein. Wir mußten erweitern, es blieb uns nichts übrig; daß wir uns für immer würden hier einrichten müssen, hatten wir zunächst nicht vermutet.

Klar wurde uns nur schnell, daß wir nicht in Berlin bleiben durften. Unter keinen Umständen! Hier an der Küste, auf dem Land, konnten wir uns besser zurückziehen. Ich erfuhr auch, daß die braunen Kulturbanausen mich auf die Liste der Unerwünschten gesetzt hatten. Ich war erst in wenigen Museen vertreten damals, aber wo etwas von mir hing, wurde es abgehängt.

Elektrisches Licht haben wir erst seit 1942. Da rückten Pioniere an und legten eine Freileitung. Der Westteil der Insel wurde damals aus militärischen Gründen gesperrt, weil man in Peenemünde fieberhaft an der »Wunder«-Rakete bastelte, und vorn an der Straße, direkt vor unserm Grundstück, wurde eine Sperre errichtet mit einer Baracke für die Wachleute, die bekamen Stromanschluß. Ich sagte zu den Soldaten: »Wenn ihr hier schon Strom habt, könntet ihr doch eine Leitung abzweigen.« Das haben die tatsächlich gemacht – für ein kleines Bild. Na, jedenfalls hatten wir von da an Strom. Und damit waren wir wieder ein Stück weiter.

Wir bauten Lüttenort weiter aus. Ein festes Steinhaus, zunächst nur eins. Wir haben beide tüchtig zugepackt, vieles haben wir überhaupt allein gemacht. Wenn die Maurer abends fort waren, habe ich weitergearbeitet. Das Haus zu bauen war aber weniger schwierig, als mit einem großen Vorschlaghammer einen Durchbruch durch die Stahlwand des Wagens zu schlagen. Das habe ich allein geschafft, dazu war keiner bereit. Bei Gott, was für 'n Stück Arbeit! Das zweite Haus bauten wir erst 1939. Eine Wand hatten wir früher schon mal hochgezogen, dann ging uns die Puste aus.

Im Garten von Lüttenort

Gebaut haben wir dann länger als ein Jahr, immer mal wieder 'n Stückchen. Zuerst hatten wir nur ein kleines Fenster in der Döns, das große wurde auch erst nach dem Krieg eingesetzt. In der Dachschräge richteten wir noch ein Kämmerchen für unseren Sohn Günter ein. Stück um Stück mußten wir selbst schaffen. Zuerst hatten beide Häuser keine Holzdielung, an Bretter war nicht zu denken. Heute sieht alles wohnlich aus, und die Leute, die zu Besuch kommen, laufen herum und sagen: »Ach, wie romantisch!« Mit Romantik hat das überhaupt nichts zu tun. Und daß alles, was hier wächst, mühsam kultiviert worden ist, glaubt ohnehin kaum einer. Nach den Worten der Fachleute hätte auf unserem Boden kein Halm wachsen dürfen. Wenn ich heute durch meinen Garten gehe, so wundere ich mich selbst, was geworden ist, und ich kann mich nicht genug dran freuen, bin stets überrascht, wie mit wechselndem Licht, mit dem Wechsel der Jahreszeiten immer neue Raumverhältnisse entstehen. Und die Mauern, die Steine, die Plastiken gehören dazu, verschmelzen mit den Bäumen und Pflanzen zu einer Einheit, in der sich doch jedes einzelne behauptet – das natürlich Gewachsene ebenso wie das von mir Geschaffene. Das gehört zu meinen großen Wundern. Ich sage, die See ist meine große Geliebte. Aber mein Garten ist ihr Bruder, den ich nicht minder liebe. Ich brauchte fünfzig Jahre das Grundstück nicht zu verlassen, um zu malen. Wenn ich morgens meinen kleinen Spaziergang mache, meistens mit der Gartenschere, sehe ich überall Bilder.

Das Herz von Lüttenort

Die Döns ist das Herz von Lüttenort. Die Einbauten sind an die zweihundertfünfzig Jahre alt. Mein Vater kaufte sie schon als Antiquität. Damals war es noch nicht so große Mode, alte Stücke zu erwerben und zu bewahren. Die Löffel mit den Halbedelsteinen im Griff, die am Kaminofen hängen, hat meine Mutter gesammelt. Auf der Sitzbank liegt ein Kissen mit der eingewebten Jahreszahl 1810. Die Möbel sind aber älter. Solide nordfriesische Tischlerarbeit. Die Schränke waren Alkoven; eine sinnvolle Einrichtung: am Tage verschwinden die Betten im Schrank – ganz modern.

Als mein Vater von Kiel nach Berlin zog – mein Bruder Johannes hatte ihm ein kleines Haus entworfen –, wurde auch die Döns wieder eingebaut. Sie war fortan die Trinkstube; in diesem Raum – er lag im Souterrain – wurden Besucher empfangen.

Nach dem Tod meines Vaters holten wir Stück um Stück nach Lüttenort. Leider gingen von den Delfter Kacheln beim Transport einige kaputt. Wir haben sie geklebt und wieder eingesetzt.

Die Abende in der Döns waren im Winter besonders schön. Zum Fest hatten wir meistens keinen Weihnachtsbaum, wir stellten nur einen großen Zweig der Weymouthskiefer ins Zimmer. Der schmiedeeiserne Leuchter überm Kamin ist ja eigentlich ein stilisierter Christbaum; er stammt aus einer norddeutschen Kirche, mein Vater hatte ihn ebenfalls im Kunsthandel erworben.

Im Minenfeld

In den letzten Monaten des Krieges wurde das Land hier vermint; Lüttenort glich einer Oase in der Wüste. Ich fragte einen der Minenleger, ob Lüttenort auch noch dran kommen würde. »Nein, das wird mit gesprengt.« Ich wußte schon, daß Usedom hier, an der schmalsten Stelle, geflutet werden sollte; man hatte den teuflischen Plan, den westlichen Inselteil vom östlichen abzusprengen, um Peenemünde besser verteidigen zu können. Von da an war der Zugang zu Lüttenort nur noch von der Straße her offen. Wir lagen mitten im Minenfeld. Ich konnte auch meinen Schleichpfad über den Deich nicht mehr benutzen, den ich uns angelegt hatte, um im Ernstfall verschwinden zu können. Der Deich, die Niederung, der Wald – überall Minen.

Pistole und Geige

Die Rote Armee stand an der Oder – die ersten Truppen waren schon bis ans Haff vorgedrungen –, da schleppten wir einiges, was uns wichtig war, auf unser Schiff, den Orion. Nun schafften wir

Das Schiff »Orion«

unsere Habe bei Nacht aufs Schiff: Wäsche, Schmuck, Lebensmittel und natürlich Bilder. Das Getier nahmen wir lebend an Bord, der Orion war die reinste Arche Noah.

Dann richteten wir uns probeweise auf dem Schiff häuslich ein, blieben aber so lange wie möglich an Land. Wir fürchteten, daß man das herrenlose Anwesen ausrauben würde. Das letzte, was ich an Bord holte, war eine Pistole, die ich von früher besaß – auch paar Schuß Munition hatte ich –, und eine kostbare alte Geige, die mir Otto Manigk zur Aufbewahrung übergeben hatte, bevor er an die Front mußte.

Wir legten erst ab, als das Donnern der Kanonen nahe gerückt war. Jungen Soldaten der Flak wurde befohlen, Schützenlöcher zu graben, auch vor Lüttenort. Die Insel glich einer Festung, der Küstenstreifen war stark befestigt. Vermint hatte man schon vorher. Uns blieb also nur der Wasserweg.

Als es brenzlig wurde, segelten wir los – zunächst in Richtung Warthe. Stüermann und Günter mußten höllisch aufpassen, um Treibminen rechtzeitig ausmachen zu können. Ungefähr wußte ich, wo sie vertäut waren, es konnten sich aber welche losgerissen haben. Es war schon ein Vabanquespiel. Doch wir hatten Glück.

Wir fuhren zu einer Stelle, wo das Winterried hoch war. Verstekken konnten wir uns mit dem großen Gefäß natürlich nicht, aber bißchen Tarnung konnte nichts schaden; es gab ja ständig Tieffliegerangriffe. Wenn's ruhig war, kletterte ich auf den Mast und verfolgte mit dem Fernglas die Bewegungen auf der Insel. Überall sah ich Rauchfahnen aufsteigen. Manchmal hörten wir auch Geschützdonner.

Wir hatten einen guten Platz gewählt, rundum blieb es einigermaßen friedlich. Einmal schossen allerdings Tiefflieger ganz in der Nähe Gehöfte in Brand. Doch eines Tages dann – absolute Stille. Unheimlich. Wir warteten, was passieren würde. Wir hatten ja keine Informationen, wußten überhaupt nicht, was los war. Nachdem die Ruhe einige Zeit angehalten hatte, entschlossen wir uns, langsam nach Hause zu segeln, das heißt, übers Wasser fuhren wir schnell, da warteten wir auf günstigen Wind, aber vor Lüttenort verlangsamten wir das Tempo, um zu erkunden, ob die Luft rein ist. Und wie wir in Ufernähe kamen, tauchten überall kleine Boote auf, Dorfleute, die sich ebenfalls versteckt hatten. Wenn Niemeyer zurückkommt, dachten sie, können wir's auch wagen. Ich stand an Deck und beobachtete, was sich bewegte. Alles lag friedlich, die Häuser standen noch, das konnte ich erkennen, aber in welchem Zustand, das sahen wir erst später. Die Schiffe hatten alle was Weißes gehißt, Taschentücher, Kopfkissen, irgendwas … Wir flaggten über die Toppen. Wir segelten voran, die anderen folgten, wie eine Armada zogen wir ein. Ich sprang als erster an Land. Russische Soldaten empfingen uns, hießen alle an Land zu kommen, untersuchten uns kurz und bedeuteten, daß wir frei seien und gehen könnten, wohin wir wollten. Ich lief langsam durch den Garten ins Haus. Alle Scheiben waren zersprungen, die Dachziegel teilweise weggefegt – eine Folge der Sprengungen von Straße, Bahndamm und Deich. Auch sah man, daß hart gekämpft worden war.

Am gleichen Tag gingen wir an die Arbeit, sammelten die Scherben auf, stopften die Löcher zu, bestellten den Garten und holten das Kleinvieh an Land. Es war, als sei der erste Tag angebrochen.

Figurensegeln

Als die Lebensumstände langsam wieder besser wurden, kamen die ersten Sommergäste. Aber wir lebten immer noch von der Hand in den Mund, es war alles rationiert, Bilder verkaufte ich wenig. Bilder waren ein Luxus, und wer konnte sich den schon leisten damals. Dazu kam, daß ich mich von denen, die ich hatte, nicht gern trennte, andererseits kaum neue malte. Alles mögliche mußte gemacht werden, um die Existenz zu sichern. Da kam ich auf die Idee, das Nützliche mit dem Angenehmen zu verbinden. Wenn es das Wetter zuließ, segelten wir gern auf dem Achterwasser, also lag es auf der Hand, Badegäste einzuladen. Ich schrieb Plakate und hängte sie in Zempin und Koserow aus: »Mit dem Segler Orion Gesellschaftsfahrten auf dem Achterwasser. Anruf Koserow 13. Otto Niemeyer, Lüttenort.« Pro Person und Stunde eine Mark. An manchen Tagen warteten zwei-, dreihundert Leute am Bollwerk, Anstehen waren sie ja gewohnt. Und ich staunte, wieviel Menschen auf so ein Schiff gehen.

Ich hatte mein »Geschäft« ordentlich angemeldet – wegen der Versicherung – und war als Boddenschipper registriert worden. Einen Billettblock bekam ich auch, um die Steuer abrechnen zu können.

Aber ordentlich abgerechnet habe ich nie, weil ich meistens vergaß, die kleinen Schnippelchen vom Abriß aufzukleben, wie's verlangt wurde. Und eine Schiffermütze mußte ich aufsetzen! Einmal gab's eine unerwartete Kontrolle. Ich hatte an diesem Tag zwar akkurat Eintrittskarten ausgegeben, aber die Mütze nicht auf. Also wurde ich gerügt: »Bei Personenbeförderung ist Dienstkleidung Vorschrift.« Ganz ernst nehmen konnte man das natürlich nicht, aber der reine Spaß war's auch nicht; ich hätte mich nicht gewundert, wäre ich aufgefordert worden, blaue Bluse mit Matrosenkragen zu tragen.

Von Sommer zu Sommer wurde der Andrang am Bollwerk größer. Einmal kam Otto Manigk zufällig vorbei. »Wollen die alle zu dir, um deine neuen Bilder zu sehen?« Nicht, daß es mich gekränkt hätte, es war unsere Art, so miteinander zu verkehren, aber gewurmt hat's mich doch, es war ja wirklich so, daß ich zu wenig zum Malen kam. Da gab ich das Figurensegeln auf. Den Billettblock mußte ich abgeben und abrechnen. Nach der Schiffermütze fragte keiner.

Leben in Spannung

Eines kann ich mir nicht vorstellen: ein Leben ohne Spannung. Nur in Spannung kann ich mich schöpferisch entfalten, und hinter ihr steht Neugier. Ja, ich bekenne, ich bin neugierig. Und wenn manchmal junge Leute zu mir kommen und sich lasch und lax geben, wie es heutzutage Mode ist, möchte ich sie am liebsten rausschmeißen – und tu's auch, wenn ich merke, daß dies nicht nur aus Unsicherheit geschieht, sondern daß dahinter eine Haltung steht, die eine Nicht-Haltung ist.

Es gibt nichts, woraus ein Künstler für seine Arbeit nicht etwas gewinnen könnte. Und auch das, was man einmal meint, richtig erkannt zu haben, muß man von Zeit zu Zeit wieder in Frage stellen, weil man nur auf dem Weg über neue Fragen neue Antworten finden kann.

Heute, da ich alt bin, spüre ich aber, daß die Spannung sich reduziert; das hängt damit zusammen, daß eine lange Lebenszeit hinter mir liegt mit einem mehr oder weniger bewußt gelebten Leben; es hat auch damit zu tun, daß sich die Dinge des Lebens im Alter stärker relativieren. Aber ein großer Irrtum wäre es, zu vermuten, daß nun das Desinteresse überwiegt. Die allergrößte Spannung erwuchs stets aus der Begegnung mit Menschen, denn das schließt zugleich ein, Ansichten und Meinungen zu begegnen. Darauf kam's mir immer an, das ist so geblieben, bis zum heutigen Tag. Auch die Begegnung mit der Natur beschert immer wieder Spannungen. Die allergrößte ist mein täglicher Spaziergang über den Deich zur Ostsee. Der Alte ist närrisch, könnte man meinen. Da

Der Maler Otto Niemeyer-Holstein am Strand

wohnte er seit einem halben Jahrhundert an der Küste und ist noch darauf gespannt, wie's an der See aussieht. Wer so denkt, kann's nicht empfinden. Wenn ich Schritt für Schritt über den Deich gehe, baut sich in mir eine große Spannung auf, mit jedem Schritt kommt etwas Neues in mein Blickfeld – erst der Horizont, dann der Übergang zum Wasser, das Meer mit seinen Farben, der Strand, die Düne ... Meine größte Geliebte ist die See, sie hat mich nie enttäuscht. Selbst auf Reisen habe ich mich manchmal gefragt: Wie wird's jetzt an meinem Strand aussehen, was mag da zu entdecken sein? Und wenn ich zurückkehre, führt mein erster Weg durch den Garten zum Meer. Oft habe ich gedacht: Irgendwann muß sich der Eindruck wiederholen, irgendwann muß doch ein Licht sein, das ich schon kenne. Gibt's nicht, nichts wiederholt sich, nichts ...

Na ja, und natürlich ist's nicht nur die See vor der Türe, die in mir Spannung erzeugt. Wenn ich male, und da liegt so ein Wesen in unverhüllter Schönheit, o je, ganz fühllos ist man noch nicht ... Und so lange das anhält, denk ich, kann's nicht vorbei sein, werd ich vielleicht noch ein Stück vorwärtskommen, wenn auch zunehmend mit kleineren Schritten. Hab ich recht?

Tabu

Früher hatte ich mein Atelier im Haus – das Ati; in diesem Raum schlief ich auch, da fanden Gespräche statt, da wurde musiziert, weil dort der Flügel steht. Überm Ati schlief ich manchmal, aber die steile Schiffstreppe wurde mir mit der Zeit zu beschwerlich.

Später ließ ich im Schuppen einen großen Raum ausbauen, das Tabu. Ich bin der Meinung, daß man auch als freier Künstler diszipliniert »auf Arbeit gehen« muß – und seien es nur ein paar Schritte. Atelier und Schlafkoje in einem Raum, das ist nur eine Notlösung, mit der ich mich allerdings dreißig Jahre lang abfinden mußte.

Das Tabu ist der Ort, wo ich tagsüber am liebsten bin. Hier arbeite ich, hier trage ich meine Kämpfe aus. Neuerdings habe ich 'ne Kaffeemaschine hier und Geschirr – ich mach mich selbständig, wird ja auch Zeit. Aber ich bin nicht abgekoppelt, ich brauch nur aus dem Fenster zu gucken, da weiß ich, was sich im Haus und im Garten abspielt, aber es muß mich nicht berühren. Ich bin böse, wenn ich mit Nichtigkeiten aus der Konzentration gerissen werde, es stört mich, wenn jemand hereingeschneit kommt und was Belangloses fragt. Ich sage immer, wäre ich Arzt und würde operieren, käme niemand auf die Idee, einfach die Tür aufzureißen. Und wenn ich unwirsch werde, heißt's, der Alte hat schlechte Laune. Stimmt nicht, der Alte will nur in Ruhe arbeiten.

Min Möhl

Jetzt dreht der Alte durch, dachten manche, als ich die Mühle in Benz kaufte. Und die Mitarbeiter beim Liegenschaftsamt in Wolgast sagten: »Warum tun Sie uns das an und machen uns solche Arbeit?« Am meisten geflucht hat der Vermessungschef, weil das gesamte Mühlengrundstück für den Kaufvertrag neu festgeschrieben werden mußte, die ursprüngliche Fläche wurde teilweise schon von der LPG beackert. Manche hielten das Ganze wie gesagt nur für »die Laune eines alten Herrn«. Aber ich wußte, was ich tat. Die Landschaft bei Benz hat mich immer angezogen, dieses liebliche Dorf mit der Feldsteinkirche aus dem dreizehnten Jahrhundert, die Feininger gemalt hat. Und der Pastor ist ein aufgeschlossener Mann, der nicht versucht, mich in seine Herde zu holen. Er respektiert mich, wie ich bin.

Im Sommer gleicht Benz einem Wallfahrtsort. An einem Tag in der Woche kommen Musiker, namhafte Solisten zum Teil, und geben Konzerte: Werner Tast, ein virtuoser Flötist, Wolf-Dieter Batzdorf vom Berliner Streichquartett, Georg Moosdorf, der Violinist, auch junge Sänger ... Die kleine Kirche füllt sich bis zum letzten Platz, und in den alten Mauern empfindet man Geborgenheit, man wird von Musik umhüllt.

Anfangs sprach Martin Bartels zum Schluß der Konzerte ein Gebet. Ich habe ihm mal gesagt, daß ein Konzert ein Konzert ist und bleiben sollte, und was geht schon über Buxtehude, Vivaldi, Bach,

Die Mühle in Benz

Händel. Das hat er verstanden, seitdem beschränkt er sich darauf, in die Ansage nur einen schönen Spruch einzuflechten, das macht er gut.

Doch ich wollte von min Möhl erzählen. Die steht in Benz auf 'm Berg. Der letzte Müller, Werner Jahnke, sagte zu seiner Frau auf dem Sterbebett: »Wenn ich tot bin, verkauf die Mühle, du kannst sie nicht halten; und wenn sich keiner drum kümmert, verfällt sie.« Das stimmte, schon nach zwei Jahren flogen die Schindeln weg, waren die Fensterscheiben eingeschlagen, begann der Verfall.

Die Mühle ist ein Holländer-Typ, da dreht sich nur die Haube zum Wind – im Gegensatz zu deutschen Bockmühlen, bei denen sich das gesamte Mühlenhaus bewegt. In Eldena bei Greifswald gab es noch vor wenigen Jahren eine Bockmühle, ein historisches Bauwerk, für die Stadtgeschichte von Greifswald von Bedeutung. Aber sie verfiel zusehends, und man ließ sie verfallen. Heute ist da nur noch ein Grashügel, auf dem Pferde weiden.

Sollte der Benzer Mühle ein gleiches widerfahren? Noch war alles halbwegs in Ordnung, die Wellen, die Lager, das Räderwerk, zum Teil noch mit Holzzähnen – Originalzustand. Nur wenige Einbauten aus neuerer Zeit gab es, eine elektrische Schrotmühle, einen Elektromotor für die alte Sackwinde; Jahnke hatte sein Brot zuletzt als Schrotmüller verdient. Kaum war er gestorben, kamen Interessenten, ein Kneipwirt wollte darin ein Lokal einrichten, ein Betrieb hoffte das Bauwerk als Urlaubsunterkunft nutzen zu können, ein Architekt suchte eine Datsche … Aber Ruth Jahnke, die Witwe, bestimmte, daß ich das Vorkaufsrecht haben solle, denn ich hatte versprochen, daß ich alles erhalten und rekonstruieren lassen würde. Also bekam ich die Mühle. Ich hatte den Nationalpreis erhalten, den verwendete ich auf diese Weise. Natürlich ahnte ich nicht in vollem Umfang, worauf ich mich einließ. Ein ganz neuer Lebensabschnitt begann, mein Mühlenzeitalter.

Zunächst machten wir die Fenster dicht, viele Scheiben waren eingeworfen, und die Luken, die aufgebrochen waren. Dann ließ ich spätere Einbauten entfernen, und danach begannen wir mit der Außenarbeit. Zwanzigtausend Schindeln mußten geschnitten werden, Holzschindeln! Wer macht denn die heutzutage noch? Das

357

Haubendach war undicht. Das mit Teerpappe neu zu decken und zu dichten, das war ein hartes Stück Arbeit. Und dann kam das Hauptproblem. Ich wollte, daß die Mühle wieder richtige Flügel erhält. Aber wir fanden keinen, der das machen wollte ... Wir sind überall herumgefahren, ergebnislos. Da sagte Herr Müller, mein Mitarbeiter: »Also nun kümmern Sie sich mal darum nicht, das kriege ich schon hin.« Und man möchte es nicht glauben, er hat's geschafft. Der Mann ist ungeheuer geschickt, er ist nicht mehr der jüngste, aber er ist auf der Mühle herumgeklettert wie ein junger Kerl. Dabei pfeift da oben ein scharfer Wind, klar, sonst stünde dort keine Mühle!

Als schließlich alles fertig war, sagte ich: »Jetzt legen wir einen Bannkreis um min Möhl.« Ich hatte erfahren, daß die Müller zu früherer Zeit mit Findlingen und Ackersteinen kleine Wälle um die Mühlen legten – zur Abwehr böser Geister. Diese Tradition wollte ich bewahren. Also schleppten wir Steine auf den Mühlenberg und legten einen kniehohen Wall. Ob's was nützt? Wer weiß. Dann ließ ich die Mühle unter staatlichen Denkmalsschutz stellen. Aber was sollte nun mit ihr geschehen? Diese Frage tauchte zum erstenmal auf, als die Versicherung kam. Geraucht werden darf nicht, offenes Feuer ist verboten. Bei einem Brand wäre binnen Minuten alles vorbei. Als wir jedoch mit der Kommission das Bauwerk begutachteten, entdeckten wir Kerzenstummel und Zigarettenkippen auf den ausgetrockneten Brettern des Mehlbodens – unfaßbar! Wir hatten Leuten einen Ferienunterschlupf gewährt, und sie hatten die einfachsten Vorschriften mißachtet. Also legte ich fest, daß die Mühle als technisches Denkmal erhalten bleiben muß und nicht für andere Zwecke genutzt werden darf, nicht als Kneipe, nicht als Sommerquartier und nicht als Atelier, denn ich weiß, auch manche Kollegen sind scharf auf das Bauwerk. Die Mühle ist es wert, um ihrer selbst willen Interesse zu finden, und wem sie einmal anvertraut wird, den möge der Blitz treffen, wenn er meinen Wunsch negiert und unsere Arbeit mißachtet.

Viele Künstler – Maler, Bildhauer, auch Musiker, Schriftsteller und Schauspieler – zählen zu meinen Freunden, Zunftgefährten vor allem. Wenn man über die Achtzig geht, steht man, was Weggefährten betrifft, ziemlich allein: Gustav Seitz, Heinrich Ehmsen – er war übrigens Kieler –, Herbert Tucholski, Hans Jüchser – sie starben zu früh, ihre Freundschaft vermisse ich; Wilhelm Lachnit, Curt Stoermer und immer meine besten Freunde Wegehaupt und Manigk, ich entbehre sie sehr. Den Waldemar Grzimek, der gerade gestorben ist, kann ich nicht vergessen, nicht die Schweizer Martin Christ und Ernst Frick; unterschiedliche Charaktere sind sie alle, als Künstler grundverschieden, und wenn wir uns trafen, um über unsere Arbeiten zu sprechen, kamen wir oft auf keinen Nenner. Doch das hat nichts geschadet, es hat uns beflügelt. Keiner war im Urteil leichtfertig. Ich schätze es nicht, wenn so dahingesagt wird, der X ist ein schlechter Maler, der Y kein guter Bildhauer. Jeder, der mit einer anständigen Grundhaltung arbeitet, hat das Recht, ernst genommen zu werden. Ob ein Werk gelungen ist, bleibt ein Problem der Kritik, und Kritik ist einer Freundschaft nie abträglich.

Was die Zeitgenossen angeht, so wächst zum Glück immer was nach. In Rolf Werner, dem zwanzig Jahre jüngeren Bansiner, einem schnurrigen Kerl, finde ich einen Mitstreiter, wenn's um Qualität geht; er kümmert sich darum, daß im Kunstpavillon in Heringsdorf Ordentliches vor die Leute kommt – über einzelnes läßt sich dann immer noch streiten. Und obgleich mir seine Art zu sehen und zu malen weniger liegt, schätze ich seine Bilder. Er malt übrigens so, wie er erzählt – kompositorisch bemühte und nachdenklich-humorvolle Geschichten.

Oder Willi Sitte, von manchen nicht akzeptiert, ein deutliches Talent. Manches Fragenswürdige seiner Bilder ändert an meiner grundsätzlichen Einschätzung nichts und schon gar nichts an meiner kollegialen Einstellung zu ihm, die mich nicht hindert, meine Meinung auszusprechen, die meistens kritisch ist. Ähnliches könnte ich über andere sagen – über Ludwig Engelhardt zum Beispiel, der hinter der Stadt Usedom am Haff an seinem Denkmal arbeitet. Ich habe ihn schon seit längerem nicht besucht; noch stehe ich dem Entwurf skeptisch gegenüber, möchte aber nicht dazu beitragen, den Künstler bei der Arbeit zu verunsichern. Die Aufgabe ist groß. Und das fertige Werk muß man abwarten. Doch daß hier einer mit Leib und Seele und mit Überzeugung zu Werke geht, das sieht jeder. Mich hat's beeindruckt. Wie die Gestalten des Entwurfs – Marx und Engels – weiß auf der grünen Wiese stehen!

Und dann gibt's jüngere: Wieland Förster, Werner Stötzer, Jo Jastram, die Maler Hans Vent, Harald Metzkes, Lothar Böhme und seine Frau Christa, Dieter Goltzsche, Wolfgang Leber, Rolf Händler, den Max Uhlig – ich werde nicht müde, mich an ihrem Schaffen zu erfreuen. Und Hans Otto Schmidt – hab ich den vergessen? Seinen Weg als Maler habe ich von Anfang an verfolgt.

Immer mehr sehe ich es als eine Aufgabe, auch für die jüngeren da zu sein, wenn ich den Eindruck habe, daß sie mich brauchen. Ich zögere nicht, guten Herzens weiterzugeben, was ich in meinem

Otto Niemeye-Holstein: Achterwasser – Zempiner Ufer, 1982/84

Leben gefunden zu haben meine, aber immer bin ich froh darüber, wenn jüngere, die bei mir arbeiten und meine Hinweise suchen, trotzdem zu anderen Ergebnissen kommen – mit innerer Konsequenz. Jochen John, Wulff Sailer, beide ebenfalls »Insulaner« über Jahre, Matthias Wegehaupt und Oskar Manigk in Ückeritz – die Söhne meiner alten Freunde –, Johannes Müller, Sibylle und Horst Leifer, Sabine Curio und andere, die ich vielleicht jetzt zu nennen vergesse, sie sind wohl Künstler mit einem anderen Lebensgefühl, ein, zwei Generationen trennen uns teilweise voneinander, unterschiedliche Erfahrungen, und doch käme ich nicht auf den Gedanken, sie als meine Schüler zu sehen und mich in der Rolle des Schulmeisters. Ich sage ihnen, wie ich es auffasse, zeige, wie ich's mache, teile ihnen meine Erfahrungen mit und teile sie mit ihnen. Ich verstehe sie als Weggefährten. Und ich sage, was ich auch mir selbst immer sage: Il faut realiser – man muß es tun!

Lüttenort mit Eintrittskarte

Oft habe ich darüber nachgedacht, was später aus Lüttenort werden soll. Als ich mit Herzinfarkt zu Boden gegangen war und noch nicht wußte, ob ich je wieder auf die Beine kommen würde, trug ich mich mit dem Gedanken, das Anwesen zu verkaufen und nach Rostock zu ziehen. Doch ich verwarf die Idee; in einer Stadtwohnung würde ich unglücklich sein. Solche Fragen stellen sich nun nicht mehr – bis zum heutigen Tag, und wir schreiben den 24. Dezember 1982. Wir sind gottlob noch leidlich beisammen, und übermorgen gehen wir auf eine kleine Reise ...

Was aber, wenn wir auf die *große* Reise gegangen sind? Soll alles niedergewalzt werden? Soll man's jemandem übereignen – einem jungen Maler vielleicht? Kein schlechter Gedanke. Aber würde Lüttenort ihn erdrücken? Das wäre nicht gut. Oder sollte hier ein Sommer-Freilicht-Atelier eingerichtet werden? Durchaus denkbar. Doch nun ist die Frage beantwortet: Lüttenort soll Museum werden. Von dem Gedanken ausgehend, daß ich als Künstler niemals ins Leere gearbeitet habe, sondern möglichst vielen Menschen

dienen wollte, möchte ich, daß auch in Zukunft das, was ich geschaffen habe, denen zugänglich bleibt, denen ich mein Tun wid-
mete. Aber nun kommt das nächste Problem. Museen haben oft
etwas Steifes, etwas, was mir fremd ist. Wie soll es einmal in Lüttenort aussehen, wenn Besucher kommen? Ganz einfach, sagte
Annelise, so wie immer. Es sollte alles so bleiben, die Räume, der
Garten, dein Tabu ... Und es sollte bleiben, was es immer war: ein
Ort der Begegnung. Das ist doch ein guter Gedanke. Und wenn er
realisiert werden kann, bin ich's zufrieden. Es sollen Bilder an den
Wänden hängen, bestimmte Bilder, die ich festlegen will – für mich
wichtige, oder die seit langem hier hängen oder die hierher gehören. Die Türen sollen für Besucher offen sein, und jeder soll den-
ken: Gleich wird der Alte mit dem Stock auftauchen – und zum
Eintreten einladen. Lüttenort mit Eintrittskarte! Urkomisch.

Wenn ich zu Bach gehe

Hier auf der Insel bleibe ich, wenn ich zu Bach gehe – für immer. In
Benz wird mein Platz sein, nahe der Mühle. Grzimeks Knabe, der
jetzt vorn im Garten steht, soll an mein Grab kommen, das Antlitz
beschatten, in die Ferne träumen – zum Meer, zur Ostsee, meiner
großen Geliebten, die mich täglich gefordert und nie enttäuscht
hat.

Gäb's eine Fee, und ich hätt' einen Wunsch offen, ich würde drum
bitten, wie ein Baum zu fallen – eines späten Tages. Oder, das wäre
noch verlockender, sie ginge mit mir auf und davon, unauffällig
und unbemerkt, einfach weg, wie ich's manchmal gemacht habe,
wenn mir's gereicht hat.

Hermann Heinz Wille

Die verheerenden Sturmhochwasser

>»Es brandet über Bäumen
Und Häuser hier die See.
Die Dünen wild zersplissen,
Zerklüftet das Gestad,
Vom Wasser fortgerissen,
Die Ernte samt der Saat ...«

>*Ferdinand Freiligrath*

Halbwegs zwischen Zempin und Koserow, an der alten Trasse der F 111, steht ein schlichter Gedenkstein mit der Inschrift: »Sturmfluten zerstörten hier am 11. bis 13. November 1872 und 9. bis 10. Februar 1874 das Vorwerk Damerow«.

Wer von den Urlaubern, die daran vorübergehen, nimmt sich Zeit, über die Inschrift nachzudenken? Im Zeitalter der elektronischen Nachrichtenübertragung eilen Berichte über Naturkatastrophen fast täglich um die Welt. Nur in den Aufzeichnungen der Augenzeugen lebt die Erinnerung an jene Unglückstage weiter ...

Die Wettersituation für das verheerende Sturmhochwasser in den Spätherbsttagen des Jahres 1872, dem Damerow zum Opfer fiel, war typisch. Lang anhaltende Winde aus westlicher Richtung hatten gewaltige Wassermassen der Nordsee durch die dänischen Sunde in die Ostsee gedrückt und im Finnischen Meerbusen gestaut. Am 12. November schien sich das Meer vorübergehend zu beruhigen, lag die See vor der Insel Usedom spiegelglatt. Gegen Abend jedoch frischte der Sturm auf, sprang auf Nordost um und steigerte sich zum Orkan, der die gestauten Wassermassen mit ungeheurer Gewalt zurücktrieb. Das Toben der Brandung währte die ganze Nacht und erreichte gegen Mittag des 13. November seinen Höhepunkt. Springflutähnlich stürzten sich die Wassermassen auf die mecklenburgisch-pommersche Küste, zerschlugen am Strekkelsberg die Steinpackwerke und unterspülten den Deich, der die Durchbruchstelle bei Damerow schützen sollte, rissen nieder, schwemmten fort, was sich ihnen entgegenstellte.

Erst am nächsten Tag, als der Sturm abflaute und das Wasser zurückwich, ließ sich der angerichtete Schaden überblicken. Entlang der Küste von Wollin-Usedom bis hinüber in die Wismarer Bucht war das Land weithin überschwemmt, waren Dörfer verwüstet, Vieh ertrunken, Fischerboote abgetrieben und zerschellt, Schiffe gestrandet, Hafenanlagen und Badeeinrichtungen zerstört. Mit dem Deich hatten die Fluten bei Damerow die Straße weggespült, die Katen, Scheunen und Ställe des Vorwerks vernichtet. Wie durch ein Wunder war es den Ansiedlern gelungen, sich vor der Flut nach Koserow zu retten. Kaum aber waren die gröbsten Schäden behoben, stürzten sich vierzehn Monate später – am 9. und 10. Februar 1874 – die Meeresfluten abermals auf die Insel Usedom und zerstörten die Reste des Vorwerks Damerow. Damals, als im ganzen Land die Bevölkerung durch Geld- und Sachspenden ihre Solidarität mit den Bewohnern der Notstandgebiete an der Ostseeküste bekundete, schrieb der greise Ferdinand Freiligrath in der »Augsburger Zeitung« das dem Kapitel vorangestellte Gedicht: »Vineta allerorten«.

Der Gedenkstein bei Damerow müßte von beträchtlichen Ausmaßen sein, sollte er alles Leid vermelden, welches das Meer an der Küste Usedoms über die Menschen gebracht hat. Urkundlich wird die erste Sturmflut im Jahre 1182 erwähnt. Ihr folgte die nach dem Tage ihres Auftretens genannte »Allerheiligenflut« von 1304, von der die Chronisten übereinstimmend behaupten, sie habe – in Verbindung mit einem Erd- und Seebeben – die Insel Ruden von Rügen getrennt. Wohl die schlimmste Flutkatastrophe, die Nord- und Ostseeküste im Mittelalter heimsuchte, war die »Marcellusflut« am 16. Januar 1362.

Obwohl statistische Berechnungen besagen, daß an der südlichen Ostseeküste im Mittel etwa alle zwei Jahre mit einem leichten Sturmhochwasser, in Abständen von etwa zwölf Jahren mit einem schweren Sturmhochwasser zu rechnen ist, scheint es im Rückblick, als hätte sich um die Jahrhundertwende das Unglück gegen die Insel Usedom verschworen. Nicht geringer als 1872 und 1874 waren die Verwüstungen, die Not und das Elend, welche die Sturmhochwasser von 1880, 1883, 1887, 1894, 1895 und 1903 dem Land und seinen Bewohnern zufügten. Ganz besonders betraf es dabei die erst neuerrichteten oder noch im Bau befindlichen Badeeinrichtungen. So auch an jenem unheilvollen Silvestertag des Jahres 1904, der die Erinnerung an die großen Sturmfluten der siebziger Jahre wachrief. Der Wasserstand war mit 2,8 Metern über Mittelwasser so hoch, daß die Insel Ruden fast völlig überspült wurde. Bei Damerow brach der Damm auf einer Breite von dreihundert Metern. Wie in fernsten Zeiten bildeten Ostsee und Achterwasser zwischen dem Forsthaus Damerow und Lüttenort ein einziges Gewässer.

Die Außen- und Binnenküste der Bäderinsel Usedom blieb auch in jüngerer Zeit nicht vom Sturmhochwasser verschont. So meldeten am 4. Januar 1954 Rundfunk und Tagespresse:

»Eine Sturmflut, die in der Nacht zum 4. Januar durch anhaltenden Nordoststurm von Windstärke acht bis zwölf verursacht wurde, drückt zur Zeit ungeheure Wassermassen der Ostsee gegen die Küste der Deutschen Demokratischen Republik. Auf der Insel Usedom besteht besondere Gefahr in Zempin und Kölpinsee ...«

Der Verlauf dieser Sturmflut unterschied sich kaum von früheren Hochwassern, dennoch konnten größere Schäden vermieden werden, weil die Küstenbewohner den entfesselten Elementen nicht unvorbereitet und nicht auf sich allein angewiesen wie in früheren Zeiten gegenüberstanden. Das Hydrometeorologische Amt in Warnemünde hatte bereits in der Nacht zum 3. Januar Sturmhochwasserwarnung gegeben. Sofort organisierten Staatsorgane und Hochwasserkommissionen die erforderlichen Sicherheits- und Hilfsmaßnahmen. In Wolgast stellten die Arbeiter der Holzindustrie und der Peenewerft Wachen auf, die das Steigen der Flut beobachteten. Entlang der Küste zogen die Fischer ihre Boote höher aufs Land.

In den Mittagsstunden des 4. Januar erreichte das Wasser seinen Höchststand. In Wolgast stieg es auf 1,70 Meter über Normal und überflutete einen Teil des Schloßplatzes. Der Strand der Insel stand bis an die Dünen unter Wasser und ließ die Steilküste zwischen Koserow und Bansin in Bewegung geraten. Die unterspülten Steilhänge rutschten nach und rissen Bäume und Strauchwerk mit sich in die Tiefe. Hauptangriffspunkte der Fluten waren – wie von der Hochwasserkommission erfahrungsgemäß vorausgesehen – der Streckelsberg, der Langenberg und die Landbrücke bei Zempin, wo an zwei Stellen die flachen Weißdünen durchbrochen wurden. Erst am Fuße des durch Sandsäcke verstärkten Schutzdeiches kam das Wasser zum Stehen. In Zinnowitz und Bansin zerstörte der Sturm die baufälligen Reste der Seebrücken, doch Menschenleben waren auf der Insel nicht zu beklagen. Die zur Rekonstruktion und Erweiterung des Küstenschutzsystems getroffenen Maßnahmen hatten sich bewährt. Trotzdem dürfen die Küstenbewohner in ihrer Wachsamkeit gegenüber dem Meer keinen Augenblick nachlassen, droht selbst dann Gefahr, wenn die Wassermassen im Eis gefangen liegen.

Rauh ist das Bild der Küste im Winter. Bizarre Eisgebilde überziehen Buhnen und Brückenpfeiler. Die Dünen, unter Schnee verschüttet, gleichen endlosen weißen Wällen. Eisige Nordwinde treiben Schneeschauer vor sich her und türmen die eisige Pracht auf Straßen zu hohen Wehen. Seerauch zieht in dichten Schwaden über den Strand, zaubert das Bild arktischer Regionen.

Die Festeisbildung auf offener See, das Erstarren des ständig bewegten Wassers, gehört zu jenen Naturereignissen, die schon die Chronisten des 14. Jahrhunderts für bedeutsam genug hielten, um aufgezeichnet zu werden. Ihren Berichten zufolge soll die mittlere Ostsee im Winter des Jahres 1323 zwischen Usedom – Rügen – Hiddensee und Dänemark so fest zugefroren gewesen sein, daß Reisende ihren Weg mit Schlitten über das Eis nehmen konnten. Geschäftstüchtige Mönche stellten unterwegs Verpflegungszelte auf.

Seit etwa dreihundert Jahren liegen bedingt verwertbare Aufzeichnungen vor. Dazu gehört das norddeutsche Sagenbuch von einem gewissen Temme, das die Geschichte »Vom Bettler auf der

Oie« enthält. Sie erzählt von einem Bettelmann, der im ungewöhnlich strengen Winter 1810, als die Ostsee von Peenemünde bis zur Greifswalder Oie zugefroren war, auf den Einfall kam, zu Fuß den Weg über das Eis zu wagen und auf dem kleinen Eiland an die Türen zu klopfen. Die Bewohner der drei Gehöfte, die noch nie von einem Bettelmann behelligt waren, sollen den armen Mann so reichlich mit Kleidung und Lebensmitteln beschenkt haben, daß er außerstande war, alles fortzutragen.

Ein exaktes Eisbeobachtungssystem besteht an unserer Küste erst seit der Jahrhundertwende. Und noch längst nicht sind alle Probleme der Meeresforschung in der Ostsee gelöst. Die neueren Beobachtungen sprechen dafür, daß die Eiswinter in unserer Küstenregion häufiger geworden sind. Eine Beobachtungsreihe vom Winter 1903/04 bis 1975/76 weist aus, daß zehn Winter eisreich, sechs Winter sehr eisreich und drei Winter extrem eisreich waren. Im Mittel erschwert jeder vierte Winter die Ostseeschiffahrt. Besonders rasch vollzog sich die Ausbreitung des Festeises im Februar/März 1929. Am 11. Februar fiel die Quecksilbersäule des Thermometers in Wolgast auf dreißig Grad unter Null. Zahlreiche Schiffe, die nicht rechtzeitig einen Hafen erreichten, froren auf offener See ein und trieben wochenlang im Eis. Flugzeuge versorgten die Besatzungen aus der Luft, bis es dem zu Hilfe gerufenen sowjetischen Eisbrecher »Jermak« gelang, eine Fahrrinne aufzubrechen. 1939/40 bis 1941/42 folgten unmittelbar aufeinander drei strenge Winter, in denen die Ostsee gänzlich vereiste. Daß Eisgang ähnliche Zerstörungen anrichten kann wie Sturmhochwasser, wissen die Einwohner von Kamminke, dem kleinen, idyllisch gelegenen Fischerdorf an der Haffküste von Usedom, aus eigener, leidvoller Erfahrung.

Im Winter 1969/70 befanden sich von Mitte Dezember bis Anfang April, vier lange Monate, die Eisbrecher vor der Ostseeküste, auf Peene und Haff in ständigem Einsatz. In der Nacht vom 4. zum 5. April brach das Haffeis und schreckte mit Donnergedröhn die Einwohner von Kamminke aus dem Schlaf. Eisalarm! Die Fischer eilten zum Hafen, der eine Szenerie der Verwüstung bot. Riesige Eisschollen schoben sich unaufhaltsam heran, zermalmten die 150

Meter lange und 25 Meter breite Hafenmole, knickten Telefon-
und Lichtmasten wie Streichhölzer, zertrümmerten die Produk-
tionshallen der FPG »Vorwärts« am Kleinen Haff und türmten sich
auf einer Länge von 300 Metern zu einem haushohen Wall. Ohne
die Mole als Wellenbrecher waren das Dorf und sein Hafen wehr-
los der Natur ausgeliefert. Woher die Steine für den Wiederaufbau
nehmen? Wer sollte sie antransportieren?

Unter dem Motte »Helft Kamminke« rief die »Ostsee-Zeitung«
zu einer Solidaritätsaktion auf. Aus allen Teilen des Kreises Wolgast rollten Fahrzeuge, beladen mit Feldsteinen, Betontrümmern,
Gesteinsschutt und Kies an die Haffküste. Mit der 736sten Wagen-
ladung, die Ende Februar 1971 in Kamminke eintraf, waren in nur
vier Wochen 4500 Tonnen Steine zu einem neuen Schutzwall gegen Sturmhochwasser und Eisgang aufgetürmt.

Schon acht Tage nach ihrer Grobaufschüttung, als Sturmhochwasser die Haffküste erneut in Bewegung geraten ließ, hatte die neue
Mole ihre erste Bewährungsprobe zu bestehen. Und sie bewährte
sich im »Jahrhundertwinter«, als zum Jahreswechsel 1978/79, gefolgt von einer zweiten Attacke Mitte Februar, von Sturmböen ge-
peitschte Schneemassen die Insel buchstäblich zudeckten, meter-
hohe Eisbarrieren die Küsten blockierten und den Verkehr fast
völlig zum Erliegen brachten. Jedwede Technik half den Räumko-
lonnen aus Betrieben und Verwaltungen, den Soldaten und Matrosen, die mit Schippen und Schaufeln gegen die weißen Lasten
angingen: Räumfahrzeuge, Bagger, Traktoren, Autokräne, Panzer.
In pausenlosen Einsätzen befreiten sie vom Schnee begrabene
Züge und Autos, legten sie Schienenstränge und Straßen frei, stie-
ßen sie zu den von der Außenwelt abgeschnittenen Dörfern, Ge-
höften und Stallanlagen vor. Eisbrecher, Hochseeschlepper und
Boote der Volksmarine bahnten den im Eis eingeschlossenen Fi-
schereifahrzeugen und Motorschiffen den Kurs in offenes Fahrwasser. Selbst der härteste Winter geht einmal zu Ende, aber auch
er läßt Narben im Landschaftsbild zurück.

Naturereignisse wie jene, von denen in diesem Kapitel die Rede ist,
wird der Urlauber in der kurzen Zeit seines Inselaufenthaltes wohl

kaum miterleben. Aber es gibt einen stummen und dennoch bered-
ten Zeugen, der anschaulich und eindrucksvoll von Sturmfluten
und Eisgang zu berichten weiß. Gemeint ist der Streckelsberg, der
selbst denjenigen Lesern unseres Buches, denen die Begegnung mit
der Bäderinsel noch bevorsteht, schon ein vertrauter Bekannter geworden sein mag.

Beweise dafür sind genug erbracht, daß die höchste Erhebung der
Insel als Teil einer Stauchendmoräne mit aufgesetzter Kliffrand-
düne ehemals weit in die See hineinreichte und ihr Gipfel bedeu-
tend höher war. Die Koserowbank und das Vinetariff, Ablagerun-
gen gewaltiger Geschiebe auf dem Meeresboden, markieren ihre
ursprüngliche Ausdehnung, lassen die Spuren des Streckelsberges
bis Mönchgut auf Rügen verfolgen. Die über die Kliffkante abge-
stürzten Bäume, deren Wurzelwerk in den lockeren Sandmassen
keinen Halt mehr fand, und die in Trümmer geschlagene Stück-
mauer am Fuße des Berges zeugen wie der Denkstein bei Damerow
für die Zerstörungskraft von Wind und Wellen.

»Witter Barch« (Weißer Berg) nannten die Fischer und Bauern
in früheren Zeiten den Streckelsberg, von dessen kahler Kuppe der
Wind den Sand mit sich forttrug und auf die Felder der Bauern von
Koserow, Damerow und Loddin wehte. Bestrebt, die Ernteerträge
der königlichen Vorwerke zu erhöhen, erhielt 1818 die Forstver-
waltung den Auftrag, den Streckelsberg dauerhaft zu »bewalden«.
Dem Oberförster namens Schröder, der die Aufforstung leitete, errichtete die Gemeinde für sein erfolgreiches Wirken ein Denkmal
aus Stein. Ein literarisches Denkmal setzte Theodor Fontane dem
»vorzüglichen gütigen, gewissenhaften und gastlichen Herrn«,
dessen Schwester der Familie Fontane in Swinemünde den Haus-
halt besorgte, in seinem Buch »Meine Kinderjahre«.

Der Oberförster selbst schuf sich ein »grünes Denkmal« aus Buchen, Kiefern, Weiden. Seit Generationen gleicht der sanft abfallende
Südhang des Streckelsberges mit seinem alten Baumbestand, der
dicken Humusdecke und der stark fortgeschrittenen Ortsteinbil-
dung dem Rücken einer bejahrten Braundüne. Ein Naturschutzge-
biet mit reichen Beständen von Leberblümchen und Maiglöck-
chen, mit seltenen geschützten Orchideen wie Rotes und Bleiches

Waldvögelein, mit der Weißen und Grünlichen Waldhyazinthe, Nestwurz, dem Gefleckten Knabenkraut und dichten Moospolstern.

Anders der Nordhang. Erste Versuche, seine weitere Abtragung durch Holzgeflechte aufzuhalten, schlugen fehl. Den Forstleuten folgten Betonarbeiter. In den neunziger Jahren des vorigen Jahrhunderts erbauten sie aus Geschieben, Stahl und Beton eine massive Uferschutzmauer von dreihundertundzwanzig Meter Länge und sechs Meter Höhe, breit genug, um ihre Krone mit einem Fuhrwerk zu befahren. In späteren Jahren um weitere einhundertundzwanzig Meter verlängert, von einem kilometerlangen Buhnen- und Faschinensystem flankiert, das dem Strand von Zempin bis Ückeritz das Gepräge gibt, setzte sich vor der Mauer eine breite Strandzone an.

Die Silvestersturmflut 1913/14 schlug die erste Bresche in das Deckwerk. Kleinere Attacken folgten. Im Frühjahr 1949 setzte das Meer seinen Angriff gegen die im Kriege verwahrloste Mauer fort. Dann unterspülten die Sturmhochwasser von 1954 und 1960 das aufgerissene Mauerwerk und brachten es auf weiten Abschnitten zum Einsturz. Seither hat die Brandung die Trümmer immer weiter unter- und hinterspült, sinken immer neue Erdmassen, Bäume und Strauchwerk mit sich reißend, in die Tiefe. Das Meer macht es den Menschen nicht leicht, die Landschaft der Insel unversehrt zu erhalten.

HANS WERNER RICHTER

Dat is kein Schwin, dat is jo ein Giraff
Pommersche Gastronomie

Es herrscht dort ein unglaublicher Überfluß an Fischen, sowohl aus dem Meere wie aus Gewässern, Seen und Teichen, und für einen Pfennig würdest du einen ganzen Wagen frischer Heringe bekommen, und wenn ich über den Geschmack und die Dicke derselben sagen würde, was ich denke, so würde ich der Gefräßigkeit beschuldigt werden. An Wildbret von Hirschen, Büffeln und wilden Pferden, Ebern, Schweinen und anderem Wild hat das ganze Land Überfluß; Butter von Kühen und Milch von Schafen mit dem Fett der Hammel und Böcke, mit Überfluß an Honig und Weizen, mit Hanf und Mohn und jeder Art von Gemüse, und wenn es den Weinstock, den Ölbaum und die Feige hätte, so würdest du es für das Gelobte Land halten wegen der Menge der fruchttragenden Bäume.

HERBORD ÜBER DIE FRUCHTBARKEIT POMMERNS, 1159

Die Pommern haben (oder hatten) eine Küche, die zwar nicht luxuriös, aber gediegen ist. Sie besteht aus vier Grundnahrungsmitteln: Hering, Gans, Schwein, Kartoffel. Natürlich ist der Hering kein gewöhnlicher Hering, kein Hering schlechthin, und die Gans, das Schwein und die Kartoffel sind es auch nicht. Es sind pommersche Heringe, pommersche Gänse, pommersche Schweine und pommersche Kartoffeln.

Pommersche Heringe, und wir wollen zuerst von ihnen sprechen, unterscheiden sich von holländischen, norwegischen oder englischen Heringen. Der pommersche Hering ist im Gegensatz zu dem, was 1159 Herbord festgestellt haben will, klein, schmal, zierlich. Er hat eine bestimmte Länge, etwa eine Hand lang, ein festes Fleisch, und hält sich so lange frisch, bis ihn ein Pommer verzehrt hat. Ißt ihn ein anderer, so gibt er seine Frische beizeiten auf. Warum das so ist, kann ich nicht erklären, aber es ist so. Ich muß es wissen, denn meine ganze Kindheit war von diesem Hering überschattet.

Er spielt in der Geschichte der Pommern eine besondere Rolle, und die pommerschen Herzöge waren schlecht beraten, als sie den Greifen als ihr Wappentier wählten und nicht den Hering. Mit dem Hering auf Banner und Wappen wäre ihr Untergang nicht so trostlos und traurig gewesen. Aber sie wollten über sich selbst hinaus und erkannten nicht das Nächstliegende. Das Nächstliegende aber war auch zu jener Zeit: der Hering.

Ohne ihn gäbe es die Pommern wahrscheinlich schon lange nicht mehr. Der Hunger, der infolge der vielen Plünderungen und Brandschatzungen nicht ausblieb, hätte sie ganz ausgerottet, wäre der Hering im Herbst nicht immer wieder an ihre Küste gekommen, um dort geduldig auf seinen Abtransport zu warten.

Kaum lief die Vorhut in die pommersche Bucht ein, so ging es auch schon von Haus zu Haus: »Dei Hiring is dor«, oder »Dei Hiring kümmt«. Der Vorhut folgte die Hauptmacht der Heringe und der Hauptmacht die Nachhut. Waren sie alle unmittelbar an der Küste versammelt, dann standen sie so dicht, daß die Pommern sagten: »Heute kann man wieder wie Jesus Christus über das Wasser gehen.« Oder, wie es mein Vater sagte, der nicht viel von Religion und Frömmigkeit hielt:

»Minsch, hüt steiht hei werra so dicht, dei Hiring, dor kannst du ut dat Boot utstiegen und öber dei See gohn und dor sackst du nich in und versüpst nich und nix.«

An normalen Tagen aber kamen die Boote mit hoch über Bord aufgetürmten Netzen zurück, und in fast jeder Masche dieser Netze saß ein Hering, der darauf wartete, aus dieser Masche »herausgepult« zu werden. Dann standen wir als Kinder mit unseren Müttern, Schwestern und was sonst noch arbeitsfähig war, am Strand, Körbe, Kisten und Kasten neben uns, und begannen mit unserer Arbeit. Die Netze wurden aufgehängt, und wir pulten die Heringe heraus, Hering für Hering, Hunderte und Tausende. Meistens blies ein harter, kalter Nordost über das Meer und über den Strand. Es war Ende Oktober, Anfang November, die Finger wurden kalt, klamm und steif, aber es gab keinen Pardon. Wollte der eine oder der andere von uns aufgeben, und sagte er etwa: »Was wollen wir bloß mit dem vielen Hering?«, dann bekam er zur Antwort: »Öber Hiring äten, dat kannst du. Nu man tau. Nu holl di man ran.« Man hätte auch sagen können: »Wer den Hering nicht ehrt, ist der Badegäste nicht wert«, denn diese »Heringssaison« folgte zwei Monate nach der Badesaison, und so wie die Schwärme der Badegäste erleichtert werden mußten, so auch die Schwärme der Heringe. Es ging, wie immer, um das tägliche Brot.

Waren die Heringsschwärme, meistens um ein Viertel, um ein Drittel oder auch um die Hälfte erleichtert, wieder weg, so gab es den ganzen Winter über Heringe: Heringe grün, Heringe sauer, Heringe gebraten, Heringe geräuchert, Heringe eingelegt, Bismarckheringe in Senfkörnern und eingesalzene Heringe. Je nach Art der Zubereitung des Herings gab es dazu Pellkartoffeln oder Bratkartoffeln, und mochte der eine oder der andere einmal keinen Hering mehr und sagte: »Nu kann ick öber keinen Hiring mihr seihn«, dann mußte er sich gefallen lassen, als Feinschmecker eingestuft zu werden. »Du büst jo werra so küsottsch«, hieß es dann, und »küsottsch«, das war jemand, der einen zu feinen Gaumen hatte und dem, infolge dieses Gaumens, der Schiffbruch im Leben mit Sicherheit bevorstand. Jemand, der keinen Hering aß, der war ein feiner Pinkel, und feine Pinkel waren nur dann angesehen, wenn sie Geld hatten und etwas springen lassen konnten. Sonst aber waren sie zu nichts nutze.

Wie es aber auch immer war, ohne den Hering ist Pommern nicht vorstellbar, so wie es ohne seine Gans nicht denkbar ist.

Über die läßt sich weniger aussagen. Sie ist einfach berühmt, und wie es mit Berühmtheiten so geht, man weiß alles über sie und doch nichts. Sie ist pommersch, das heißt, sie ist zurückhaltender, schlanker, schmaler, edler und knuspriger. Statt sich nudeln zu lassen, grast sie die pommerschen Stoppelfelder ab, erhält sich dadurch eine hohe Körnigkeit und gibt mit ihrer Brust so das her, was die Pommern erfunden haben: die »Gänsebrust«. Jeder Pommer, der es sich leisten konnte, Gänsebrust zu essen (das waren nicht alle, die meisten blieben bei Heringen), war dafür seiner Gans dankbar.

Auch diese Gänse zogen im Herbst, den Schwärmen der Heringe gleich, in Küche und Keller der Pommern.

Auch ich mußte noch das Schwarzsauer essen, das aus ihrem Blut in Pommern hergestellt wird. Bevor es aber bei uns zum Gänsebraten kam – und es gab ihn nur einmal im Jahr, zu Weihnachten –, mußten wir uns durch Schwarzsauer und Gänseklein und alles andere, was eine Gans hergibt, bis zum Gänsebraten durchessen. Erst dann erschien er selbst auf dem Tisch. Ja, wir mußten uns schon Wochen vorher dieser Gans würdig erweisen.

»Wer seinen Hering nicht ißt, der kriegt auch zu Weihnachten keinen Gänsebraten. Merk dir das.«

Mir ist noch heute unklar, wer eigentlich die vielen Gänse aufgegessen hat, die bei uns auf den Stoppelfeldern herumliefen. Aber irgendwer wird sie wohl gegessen haben.

Im übrigen gab es bei uns Schweinefleisch, auch das nicht alle Tage, aber sonntags immer. Und damit wäre ich bei dem pommerschen Schwein, dem eigentlichen Hauptnahrungsmittel neben Hering und Kartoffel. Natürlich ist es ein besonderes Schwein, eine Rasse, die sonst nirgends vorkommt. Wahrscheinlich ist es gotischer Herkunft oder eine Kreuzung aus Schweinen, die die Goten einerseits, die Wenden andererseits und die Niedersachsen zusätzlich mitgebracht haben. Ich weiß zwar nicht, ob die Goten schon Schweine besaßen, aber ich nehme es an, denn ich kann mir nicht vorstellen, daß jemand in Pommern ohne Schweinefleisch leben konnte. So entstand das unvergleichliche pommersche Schwein.

Mein Vater lehnte alle Schweine anderer Rassen ab. Wurde ihm ein solches angeboten, so sagte er:

»Dat is doch kein Schwin. Dat is jo ein Giraff.«

Meistens zog er seine Schweine selbst auf, pflegte eine erzieherische Freundschaft mit ihnen und war immer verstört, wenn das eine oder das andere geschlachtet werden sollte.

Das geschah wie mit den Heringen und den Gänsen im Spätherbst. An einem solchen Tag hatte mein Vater immer woanders etwas zu tun, in Wolgast, Anklam oder Pasewalk, und fuhr schon am frühen Morgen mit dem ersten Zug davon. Das Schlachten überließ er einem berufsmäßigen Schlächter und natürlich den

Frauen, die ja auch schon zur Zeit der Goten alles machen mußten, was den Herren zu hart ankam. Wie fast alle Pommern war er weichherzig. Kam er am Abend zurück, so aß er mit Vergnügen die Wurstsuppe, die Tollatsche, die Blutwürste, die ihm meine Mutter vorsetzte, und dachte wohl nicht mehr daran, daß alles, was in seinen Magen rutschte, Teile und Teilchen eines guten Freundes waren.

An einem solchen Tag rochen Küche, Wohnung, Haus, Hof, Wald, ja der halbe Ort nach Thymian, wie überhaupt der Thymiangeruch für mich mit der pommerschen Küche unlösbar verbunden ist. Es gab natürlich auch noch Majoran und andere Gewürze, ja, man kann sagen, an einem solchen Tag brach eine wahre Gewürzwut aus, und man mußte sich vorsehen, nicht selbst eine Prise ätzenden Gewürzes in die Augen oder in den Hintern zu kriegen. Die Würste, die aus solcher Würzerei hervorgingen, waren von unnachahmlichem Geschmack. Es gibt sie heute nicht mehr, und deswegen kann ich sie noch mehr loben, als ich sie sonst gelobt hätte. Wer jemals eine pommersche »Lungwurst« gegessen hat, der gibt die ganze französische Küche, falls er sie kennt und liebt, ohne Bedauern dafür auf.

War die große Würzerei zu Ende, dann verschwand alles vor unseren Augen. Die Würste kamen in den Räucherofen oder wurden weggeschlossen, und das Fleisch, mit Salz eingepökelt, versank in große Fässer, die in den tiefsten Keller geschoben wurden. Dann gab es neben den Heringen und sonstigen Fischen den ganzen Winter über folgende Gerichte: Spitzbein mit Erbsen, Eisbein mit Erbsen, Schweineohren mit Erbsen, Schweineschnauze mit Erbsen, Schweinebauch mit Weißkohl, und alles andere auch mit Weißkohl, und nur an hohen Feiertagen gab es Karbonade mit Rotkohl.

Natürlich gab es immer die unvermeidliche pommersche Kartoffel dazu, und damit bin ich bei dem vierten Hauptnahrungsmittel der Pommern: der Kartoffel.

Die pommersche Kartoffel übertrifft jede andere Kartoffel, wo sie auch immer angebaut wird. Es ist zumindest keine bayrische Kartoffel. Die bayrische Kartoffel ist naß, zäh und matschig, gelbgrün, die pommersche Kartoffel aber ist weiß, mehlig und zergeht auf der Zunge. Sie ist von einer trockenen, herben Süße. Als Salzkartoffel hergestellt, kann sie einen Mann sein ganzes Leben lang ernähren, ohne daß dieser jemals die Lust auf sie oder den Geschmack an ihr verliert.

Sie ist friderizianischer Herkunft, und obwohl sich das Friderizianische für die Pommern auch nicht bewährt hat, diese Kartoffel hat sich bewährt. Als die Kartoffel von Friedrichs Gnaden ins Land kam und auf seinen Befehl angebaut werden sollte, wußten die Pommern natürlich nichts damit anzufangen. Sie kochten zuerst das Kartoffelkraut und bekamen alle den Durchfall davon, und ein pommerscher Durchfall hält lange an. Sie verwünschten ihren preußischen König ob dieses höchst fragwürdigen und anrüchigen Geschenks.

Trotz dieser »Mißlichkeiten« gelang es den Pommern, aus ihrer Kartoffel etwas Einzigartiges zu machen, nämlich die pommersche Kartoffel. Schon ein oder anderthalb Jahrhunderte später ernährte ihre Kartoffel andere Landstriche mit. Natürlich essen die Pommern neben Hering, Gans, Schwein und Kartoffel auch noch anderes, vor allen Dingen Kohl, viel Kohl. Es gibt fast nichts, außer den Heringen und anderen Fischen, was nicht in Kohl oder mit Kohl zubereitet wird. Da sie Meister in der Kohlkocherei sind, haben sie neben den üblichen Kohlsorten, dem Weißkohl, dem Rotkohl, dem Grünkohl, dem Wirsingkohl, auch noch den Braunkohl, den Schmorkohl, den Kümmelkohl, den Mischkohl und, wie überall, den Sauerkohl.

Blähungen sind bei dieser Kohlesserei nicht zu vermeiden, aber, wie ich gehört habe, gingen die höheren Stände früher dazu vor die Tür. »Sie ließen einen ab«, sagten die Pommern dazu. Was aber die niederen Stände, die große, überwiegende Mehrheit, in solchen Situationen taten, das ist mir nicht bekannt. Ich habe nur einen plattdeutschen Satz öfter in meiner Kindheit gehört, und der hieß:

»Wenn du furzen möst, dann go vor dei Dör.«

So versuchten sich die niederen Stände den höheren anzupassen, was aber nie oder nur selten gelang.

Von Aal bis Zander – Von Fliederbeersuppe bis Machandel
Köstlichkeiten einer Inselküche

Landwirtschaft und Fischerei spielen in Mecklenburg-Vorpommern eine bedeutende Rolle. Die traditionelle Küche des Landes wird daher von der Nähe zum Meer, den vielzähligen Seen und dem ertragreichen Anbau geprägt. Alle Arten von Fisch, dazu Geflügel, Rind- und Schweinefleisch, Kohl, Kartoffeln und Milchprodukte sind Grundelemente der heimischen Küche.

Fisch, vor allem Aal, Hecht, Dorsch, Zander, Flunder und den zarten Hering, gibt es immer frisch. Man verarbeitet ihn zu Suppen, Fischtöpfen, oder er wird gedünstet bzw. gebraten serviert. Dazu gibt's Pellkartoffeln, am liebsten mit Speck.

Auch die stets gut gemästeten pommerschen Gänse werden verschiedenartig zubereitet: entweder als knuspriger Braten mit einer Füllung aus Kastanien, oder man genießt gepökelte, geräucherte Teile wie Gänsebrust bzw. -keule mit verschiedenen Gemüsen. Aus Gänseklein wird eine Brühe gekocht, die man als »Gänseweißsauer« bezeichnet und nach Fertigstellung wie eine Sülze serviert. Neben den Gänsen sind auch fleischige Enten sehr beliebt. Für beide Geflügelsorten kennt man verschiedene Füllungen, meist unter Verwendung von frischem oder getrocknetem Obst. Die Liebe zu Backpflaumen läßt die Früchte in vielen Gerichten vorkommen: in Suppen, in Geflügel- oder Fleischfüllungen und verschiedenen Nachspeisen sowie Gebäcken.

Daneben finden sich Äpfel und Birnen in vielen pikanten, aber auch süßen Gerichten wieder. Zu geschmortem Rindfleisch oder dem beliebten Rippenbraten sind sie als Geschmacksverfeinerer nicht wegzudenken.

Dazu gibt's Kartoffeln in verschiedenen Variationen: als Stampf-, Salz-, Brat- bzw. Pellkartoffeln oder in Form eines attraktiven Kartoffelkuchens. Rotkohl, Rosenkohl, Bohnen, rote Rüben und Salate ergänzen die Gerichte sinnvoll.

Speck, Schinken und die berühmten Wurstwaren, wie die pikante Lungwurst, sind ebenfalls sehr beliebt. Die Weite des Landes und der immer noch natürlich wachsende Wald sorgen für einen reichhaltigen Wildbestand.

Zum Nachtisch gibt's häufig Grütze aus frischen Beeren oder die bekannten »Plinsen« (Eierpfannkuchen). Nach einem guten Essen wird anschließend gerne ein kräftiger Kaffee getrunken. Dazu serviert man einen saftigen Kuchen vom Blech, in Mecklenburg-Vorpommern als »Plattenkuchen« bezeichnet, oder eine feine Apfeltorte.

Die Küche des Landes ist bäuerlich geprägt und mit Raffiniertem ergänzt, man findet geschmackliche Verbindungen aus Süßem, Säuerlichem und Salzigem.

Sie liefert Gerichte aus feudalen Gutsküchen neben einfachen Rezepten aus bäuerlichen Haushalten. Es bleibt trotzdem leicht, die verschiedenen Spezialitäten nachzukochen, da die Zutaten fast immer frisch zu haben sind.

Pommerscher Betenbarsch

1 kg Suppenfleisch vom Rind
(Brust- oder Querrippe)
1 Markknochen
2 Bund Suppengrün
2 Zwiebeln
1–2 Lorbeerblätter
etwas Majoran

500–600 g rote Rüben
(rote Bete)
2 Eßlöffel Essig
weißer Pfeffer
1 Teelöffel Zucker
Dill
$\frac{1}{8}$ l Schmand

Zuerst die Knochen in einen großen Topf legen, dann das Fleisch auflegen und ca. 3 Liter Wasser hinzufügen. Die Zwiebeln schälen und kleinschneiden. Das Suppengemüse putzen und zerteilen. Mit Lorbeer und Majoran zur Suppe geben, zum Kochen bringen, den Schaum abschöpfen. 2–2½ Stunden kochen lassen. Inzwischen die roten Rüben abbürsten, in einen zweiten Topf geben und mit Wasser bedeckt weichgaren, noch heiß abziehen, dann auskühlen lassen. Fein reiben, dann sofort den Essig untermischen, damit die Rüben ihre rote Farbe behalten. Das Rindfleisch aus der Suppe nehmen und warmstellen. Die Fleischbrühe durch ein Sieb gießen, zurückfüllen. Das Rübenmus hinzufügen und mit Pfeffer, Zucker und etwas Salz kräftig würzen. Einige Minuten lang durchkochen. Den Schmand mit frisch gehacktem Dill vermischen und unter Rühren in die Suppe geben. Nochmals kurz aufkochen. Das gekochte Rindfleisch in Würfel schneiden und untermischen

Fliederbeersuppe (Holundersuppe)

500 g reife Fliederbeeren
(Holunderbeeren)
1 ½ Liter Wasser
ca. 175 g Äpfel
ca. 175 g Birnen
80–100 g Zucker
30 g Stärkemehl
1 Prise Salz

¼ Stange Zimt
2–3 Nelken
nach Belieben
abgeriebene Schale ½ unbehandelten Zitrone
etwas Zitronensaft
1 Brötchen, etwas Butter
1 Eßlöffel süße Sahne

Die Fliederbeeren von den Stielen abstreifen, gründlich waschen.
Mit dem Wasser in einen Topf geben und in ca. 20–30 Minuten
weichkochen. Durch ein Sieb passieren, dabei die Flüssigkeit auf-
fangen. Äpfel und Birnen schälen, halbieren, vom Kerngehäuse befreien und kleinschneiden. Mit dem Fliederbeersaft, Zucker, Zimt,
evtl. Nelken und abgeriebener Zitronenschale sowie -saft ca. 10
Minuten kochen lassen, dabei mehrfach umrühren. Mit Stärkemehl die Suppe binden, nochmals kurz aufkochen lassen, dann
salzen und die Zimtstange herausnehmen. Das Brötchen in feine
Streifen schneiden und in Butter goldgelb rösten, auf die fertige
Suppe geben und diese noch mit etwas Sahne verfeinern.

Ein Schuß lieblicher Rotwein gibt der »Fliederbeersuppe« ein
besonderes Aroma. Sie läßt sich, aus Saft zubereitet, im Winter
heiß und im Sommer am besten kalt servieren.

Dorschsuppe von der Odermündung

1 mittelgroßer Dorsch   ½ Liter Milch
Zwiebeln, Lorbeerblatt   20 g Mehl (oder Maizena)
Gewürzkörner, Salz, Pfeffer   1 walnußgroßes St Butter
1 Bund Suppengrün   Petersilie oder Dill

Den gewaschenen und ausgenommenen Dorsch in Wasser kochen, dem Milch, Butter und Gewürz beigefügt werden. Der gekochte Dorsch wird herausgenommen, zerteilt und entgrätet, in eine Schüssel gelegt und mit der weißen, mit Mehl oder Maizena gut angedickten Suppe übergossen, mit Dill oder Petersilie bestreut.

Ahlbecker Fischsuppe

4 Zwiebeln in Scheiben, einen kleinen Weißkohlkopf in Würfel

4 Zwiebeln   6 Kartoffeln
1 Weißkohlkopf   Lorbeerblätter
5 Eßlöffel Öl   ¼ Liter Milch
500 Gramm Fischfilet (Dorsch)   Dill, Salz, Pfeffer, Anchovisbutter

schneiden, beides in 5 Eßlöffel heißem Öl anschwitzen, leicht salzen und mit Pfeffer überstreuen. Wasser oder Brühe und ein Lorbeerblatt zugeben und das Gemüse auf kleiner Flamme garen.

500 g Fischfilet (möglichst vom Dorsch) in große Würfel schneiden, leicht salzen, in das Gemüse legen und den Fisch garziehen lassen. 4 bis 6 Kartoffeln in kleine Würfel schneiden, in wenig Salzwasser mit einem Lorbeerblatt garen und mit dem Kochwasser zur Suppe hinzufügen. 5 Eßlöffel Mehl ohne Fett in einer Pfanne braun rösten, mit ¼ Liter kalter Milch verquirlen, durchseihen und an die Suppe geben. Mit reichlich gehacktem Dill bestreuen und dazu kleine Schwarzbrotecken mit Anchovisbutter oder Räucherfischpastete servieren.

Aal und Kartoffeln

1 Portion Aale	*Zwiebeln*
Kartoffeln	*Lorbeerlaub*
Petersilienwurzeln	*Pfefferkörner*
Mohrrüben	*Salz*

Den Aal säubern, abziehen und salzen. Die Kartoffeln schälen und in Scheiben schneiden. In den Topf abwechselnd eine Schicht Aal und eine Schicht Kartoffeln legen. Gemüse und Gewürze hinzufügen, das Ganze von Wasser bedeckt garen lassen.

Saurer Aal

600 g Aal	*2 Lorbeerblätter*
1 ½ Liter Wasser	*Gelatine*
¼ Liter Essig	*Mohrrüben oder*
12 Pfefferkörner	*Eier als Garnierung*
2 Teelöffel Salz	

Das Wasser samt Gewürzen kurz aufkochen, den gewaschenen und kleingeschnittenen Aal dazugeben und zum Garen bringen. Die Gelatine nach Vorschrift einweichen und auflösen und mit ihr die durchgeseihte Brühe anrühren. Man legt eine Schale mit den Garnierungen aus, gibt den Aal darauf und gießt die Brühe darüber, läßt sie erstarren.

Ostseedorsch in Senfbutter

4 Scheiben frisches Dorschfilet
à 200 g
Salz, 1 Eßlöffel Zitronensaft
1 Zwiebel
4 Pfefferkörner

4 Eßlöffel Obstessig
Senfbutter
150 g Butter
1½ Teelöffel Senf
etwas Fischsud

Die Dorschstücke kalt abspülen und mit Küchenpapier trockentupfen, salzen und mit Zitronensaft beträufeln, etwas durchziehen
lassen, dann in einen Fischtopf geben. Die Zwiebeln schälen, in
Ringe schneiden und auf dem Fisch verteilen. Zerstoßene Pfefferkörner und Essig hinzufügen. So viel Wasser dazugeben, daß die
Fischstücke gerade bedeckt sind. Etwa 15 Minuten zugedeckt dünsten lassen. Inzwischen die Senfbutter vorbereiten. Hierzu die Butter zerlassen, Senf und etwas Fischsud einrühren, erhitzen. Die
Fischstücke anrichten und mit der Butter überziehen. Als Beilage
passen Bratkartoffeln oder Kartoffelsalat.

Gebackene Heringsdorfer Flundern

8 kleine Flundern
Salz
2 verquirlte Eier

100 g Semmelbrösel
200 g Speck
Petersilie

Die vorbereiteten Fische mit Salz einreiben und 2 Stunden ziehen
lassen. Dann in Ei und danach in den Semmelbröseln wälzen. In
dem zerlassenen Speck ausbacken, bis sie goldgelb sind. Mit Peter-
siliensträußchen, die in das siedende Fett getaucht wurden, garnie-
ren. Dazu paßt Kartoffelsalat.

Gespickter Hecht

1 großer Hecht
Speck, Fett
geriebene Semmel

Sahne
Zitronenscheiben

Der Hecht wird geschuppt und mit Speck gespickt. Man legt ihn in
die Pfanne, tut Fett dazu und brät ihn unter vorsichtigem Zusetzen
von Wasser gar. Anschließend überstreue man ihn mit geriebenen
Semmeln, gebe die Sahne daran und serviere mit Zitronenscheiben.

Delikateßhering

15 mittelgroße grüne Heringe
2 Eßlöffel Salz
1 Eßlöffel Zucker
1 ½ Eßlöffel weißer Pfeffer

mit Gewürzkörnern zusammen
gemahlen
2 Eßlöffel Senfkörner
3–4 mittelgroße Zwiebeln

Die Heringe gut säubern, sehr sorgfältig auskratzen und 24 Stunden in Essigwasser liegen lassen. Danach läßt man sie über einem
Durchschlag gut abtropfen. Alle Gewürze miteinander mischen.
Man schichtet den Fisch mit je einer Zwischenlage Gewürze in
eine Schüssel oder in einen Topf. Sorgfältig gewässerte Salzheringe
können ebenso verarbeitet werden.

Schollen in Biertunke

4 Schollen
3 Flaschen Dunkelbier
3 Gewürzkörner
etwas Lorbeerlaub

1 Zwiebel
1 Stück Pfefferkuchen
2 Eßlöffel Mehl
1 Eßlöffel Butter

Die vorbereiteten Schollen werden mit dem Bier zusammen in den Topf gegeben. Man läßt 2 Minuten kochen und 15 Minuten ziehen. Inzwischen wird der Pfefferkuchen angerieben und das in Wasser angerührte Mehl beigegeben. Wenn man das Gericht vom Feuer nimmt, kommt die Butter hinzu.

Zander im eigenen Saft

1 mittelgroßer Zander
Pfefferkörner, Lorbeerblatt

Zwiebel, Salz
Zitrone oder Essig

Den Fisch säubern, salzen, mit Zitrone (oder Essig) beträufeln, mit den anderen Zutaten füllen, in Pergamentpapier fest einwickeln und in den Topf legen. Gegart wird bei mittlerer Hitze.

Gänseweißsauer (Gänsesülze)

½ mittlere Gans von ca. 1,5 kg   *6 Gewürzkörner*
mit Gänseklein   *2 Lorbeerblätter*
(Flügel, Hals, Magen)   *½ Teelöffel Beifuß, Zucker*
½ Liter Obst- oder Weinessig,   *200 g vorgegartes Wurzel-*
kaltes Wasser   *gemüse*
1 Bund Suppengrün   *(Mohrrüben, Zwiebeln etc.)*
1 Zwiebel   *3 hartgekochte Eier*
Salz, 8 zerdrückte Pfefferkörner   *Blattgelatine bei Bedarf*
1 Bund Petersilie   *2 Essiggurken*

Die Gans sowie das Gänseklein zerteilen, waschen und in einen
Topf geben. Mit ½ Liter Essig und so viel kaltem Wasser ansetzen,
daß alles knapp bedeckt ist. Anschließend zum Kochen bringen,
den sich bildenden Schaum abheben. Das geputzte, gewaschene
und kleingeschnittene Wurzelgemüse sowie die geschälte, kleingeschnittene Zwiebel und alle Gewürzzutaten dazugeben, auch die
Stengel der gewaschenen Petersilie. Etwa 2 ½ – 3 Stunden langsam
»köcheln« lassen. Dann das Fleisch aus der Brühe nehmen und
vom Knochen lösen. Die Brühe durchsieben und mit Pfeffer sowie
Zucker pikant abschmecken. Das Gänsefleisch im Wechsel mit
dem bereits vorgegarten Wurzelgemüse sowie Eischeiben und Pe-
tersilienblättchen in eine kalt ausgespülte Schüssel oder eine längliche Kastenform füllen und mit der Weißsauerbrühe übergießen,
bis alles bedeckt ist. Ausgekühlt im Kühlschrank fest werden lassen, dann kurz in heißes Wasser eintauchen, stürzen und mit Essiggurken garniert servieren. Als Beilage passen Bratkartoffeln.

Mecklenburger Rippenbraten

2 kg leicht gepökelte Schmorrippe vom Schwein
(vom Metzger eingeschnitten)
Küchengarn
Füllung: 3 säuerliche Äpfel
250 g Backpflaumen
1–2 Eßlöffel Zucker

Schale und Saft 1 unbehandelten
Zitrone
125 g Semmelmehl
Salz, weißer Pfeffer
zum Braten: Butterschmalz
½ Liter Brühe
1 Eßlöffel Stärkemehl

Die Schmorrippe kurz kalt abspülen und trockentupfen, innen und außen mit Salz und Pfeffer würzen. Die Äpfel schälen, achteln, vom Kerngehäuse befreien und grob würfeln. Die Backpflaumen einweichen, gut ausdrücken und kleinschneiden. Mit den Äpfeln, Zucker, Zitronensaft sowie -schale, Semmelmehl und Gewürzen gut durchmischen. Den Braten damit füllen und mit Küchengarn zunähen. Auf der Kochstelle in einem ausreichend großen Bräter in heißem Butterschmalz rundum anbraten. Etwas Brühe angießen, zudecken und im vorgeheizten Backofen ca. 90 Minuten lang schmoren lassen. Den Deckel abheben und weitere 30 Minuten offen braten, dabei evtl. erneut Brühe darübergießen. Das Fleisch herausnehmen und warm stellen. Den Bratenfond loskochen, etwas Fett abschöpfen und mit in kaltem Wasser angerührtem Stärkemehl binden. Das Küchengarn entfernen, den Braten in Scheiben schneiden und die Soße separat dazu servieren.

Als Beilagen passen Kartoffelklöße, grüner Salat und frische Frühlingszwiebeln.

Kartoffel-Bohnentopf mit Lungwurst

2 Zwiebeln
1 Knoblauchzehe
2 Eßlöffel Öl oder Butter
½ Teelöffel Wasser
500 g frische oder gefrorene, grüne Brechbohnen
¼ Stück Sellerie
500 g festkoch. Kartoffeln

½ Liter Fleischbrühe
2–3 Lungwürste (oder Mettwürste)
250 g frische Tomaten
Salz, weißer Pfeffer, etwas Majoran, Muskat, Kümmel
2 EL geh. Petersilie

Die Zwiebeln schälen und fein hacken. Mit dem gepreßten Knoblauch in heißem Fett glasig dünsten. Das Wasser dazugeben. Die Brechbohnen waschen, abtropfen lassen und in Stücke zerteilen. Zu den Zwiebeln geben und etwa 15 Minuten dünsten. Sellerie und Kartoffeln schälen und in größere Würfel zerteilen. Mit den kleingeschnittenen Lungwürsten zu den Bohnen geben, die Fleischbrühe abgießen. Einmal abkochen lassen, umrühren, würzen und etwa 30–40 Minuten weitergaren. Die Tomaten heiß überbrühen, häuten und würfeln. Zuletzt zum Bohnentopf geben, einige Minuten lang mitkochen lassen, dann das Gericht nochmals abschmecken und mit frisch gehackter Petersilie bestreut servieren.

Scharfe Tüften

½ Liter Buttermilch
1250 g Kartoffeln
1 Salzhering, 1 saure Gurke

2 Zwiebeln
2 TL Senf, Salz, Essig
Pfeffer, etwas Zucker

Zur kochenden Buttermilch die geschälten, geschnittenen und gekochten heißen Kartoffeln geben. Beides eine Weile miteinander verkochen. Hering, Gurke und Zwiebeln fein wiegen und zu den Kartoffeln geben. Alles mit Senf, Salz, ein wenig Essig, Pfeffer und etwas Zucker würzen und kurz aufkochen. Ist die Speise zu dick, Wasser oder Buttermilch hinzugießen. Zu gekochtem Rindfleisch auftragen.

Machandel

4 Backpflaumen
4 Schnapsgläser guten Wacholderschnapses

Die Backpflaumen entkernen. In hohe, längliche Trinkgläser füllen, den Schnaps darübergeben und etwas durchziehen lassen, dann als Aperitif servieren.

Eiergrog

2 Eier und 2 Eigelbe von sehr frischen Eiern
150 g feiner Zucker
⅛ Liter Rum, ⅛ Liter Wasser

Eier, Eigelbe und Zucker mit dem Elektroquirl verrühren und bei schwacher Hitze dickschaumig schlagen. Den Rum sowie das Wasser erhitzen und unter beständigem Weiterrühren zur Schaummasse geben. Noch heiß servieren.

Rotwein-Teepunsch

0,7 Liter trockener Rotwein *ca. 180 g Zucker*
½ Liter starker, schwarzer Tee *3 Nelken, 1 Stückchen Zimt*
abgeriebene Schale *⅛ Liter Rum, Zitronensaft*
1 unbehandelten Zitrone *4 dünne Zitronenscheiben*

Rotwein, Tee, Zucker, Zitronenschale und Gewürze langsam erhitzen, jedoch nicht kochen. Zuletzt Rum und Zitronensaft dazugeben, kurz mit erwärmen, dann das Getränk durchsieben, in Punschgläser füllen und mit Zitronenscheiben dekoriert heiß servieren.

Ahlbeck in den fünfziger Jahren

Usedom in den fünfziger Jahren

Bruder Martin

Der Pastor hatte mich gebeten, in der Kirche zu lesen. Sein Wunsch war mir nur schwer verständlich und wahrscheinlich nicht erfüllbar. Die Behörden der DDR würden es nicht zulassen. Noch war der Kalte Krieg nicht zu Ende.

Die Kirche liegt nur ein paar Kilometer von der polnischen Grenze entfernt. Der Ort heißt Benz. Hier residierte der junge Pastor, und es war nicht nur seine, sondern auch meine Kirche. Fünf Jahre nach dem ersten Weltkrieg war ich dort konfirmiert worden. Alle meine Brüder, meine Schwestern, meine Eltern, meine Tanten, Onkel, Cousinen und Cousins, die ganze große Verwandtschaft, die in den umliegenden Dörfern lebte, alle hatten diese Kirche besucht und in ihr alles erlebt: Taufe, Konfirmation, Hochzeit und Beerdigung. Sie gehörte zum Leben, seinem Anfang und seinem Ende, und jedermann schien das bis in die letzten Jahrzehnte hinein eine festgefügte Ordnung zu sein.

Nun war es anders geworden. Der zweite Weltkrieg hatte die Ordnung zerstört, Polen war bis auf wenige Kilometer an meine Kirche herangerückt. Swinemünde, die ehemalige Kreisstadt, in der hundert Jahre zuvor Theodor Fontane seine Jugend erlebt hatte, war polnisch geworden, und Benz gehörte nun zu einem Staat, dem Kirche und Religion ein Dorn im Auge war.

Die Kirchen waren dementsprechend weitgehend auf sich selbst gestellt, und das galt auch für den jungen Pastor in Benz.

Er hieß Martin, und bald nannte ich ihn Bruder Martin, was ihm wahrscheinlich nicht sonderlich gefiel, mir aber zeitweise Vergnügen bereitete. Er also lud mich zu einer Lesung in seine Kirche ein, und obwohl er nach vielen Versuchen keine Genehmigung dafür bekommen hatte, blieb er doch dabei. Er hatte meine Reise von

München nach Benz sorgfältig vorbereitet, und eines Tages im Juli, an einem hochsommerlichen Tag, machte ich mich mit meiner Frau auf den Weg. Wir flogen bis Berlin-Tegel. Dort erwartete uns jemand, der Johannes Adolf hieß und ein Freund von Bruder Martin war. Er besaß einen nicht mehr ganz neuen Mercedes und sollte uns durch die DDR nach Benz bringen.

Johannes Adolf war ein Sonderling, kein religiöser, was ja hätte sein können, nein, ein sonderbarer Liebhaber der Natur. Er führe immer wieder nach Mecklenburg, Pommern, Brandenburg, sagte er, um der Natur nahe zu sein. Nur hier gäbe es noch die unberührte Natur. Er züchte, so erzählte er, auf der Terrasse seiner Berliner Wohnung alle möglichen Getreidesorten. Und als ich ihn fragte, wie groß denn die Terrasse sei, waren es nur ein paar Quadratmeter. Ich wunderte mich über diese merkwürdige kleine Getreideanbaufläche, fragte aber nicht weiter, um ihn nicht zu verletzen.

In Prenzlau bogen wir von der Autobahn ab und fuhren der Ostsee zu, nach Anklam, der Insel Usedom entgegen. Noch waren wir im alten preußischen Kronland. Prenzlau, Pasewalk, das waren einmal bekannte Garnisonstädte gewesen, schon zur Zeit Friedrichs des Großen.

Je näher wir der Küste und den großen Wasserbecken, dem Großen und dem Kleinen Haff, dem Achterwasser und den Mündungsarmen der Oder kamen, um so stärker wurde für mich der Geruch des Meeres. Vielleicht empfand ich den Geruch nur in meinen Gedanken, nur in meiner Einbildung, nur in meiner Erinnerung. Meine ganze Kindheit und Jugend hatte unter diesem Eindruck gestanden. Auch das Geräusch des Meeres war dabei, dieses ewige Lispeln Tag und Nacht, ohne Unterlaß, das sich hin und wieder zu einem Sprechgesang erhob und sich nur selten zu einem unartikulierten Gebrüll entwickelte.

Wir näherten uns der Peene, einem der Mündungsarme der Oder, die mir einmal wie ein kleiner Fluß erschienen war und jetzt wie ein großer Strom vorkam. Jenseits seines Wassers lag die Insel Usedom, meine Heimat, meine ehemalige Heimat möchte ich sagen. Vielleicht war sie es nicht mehr, vielleicht war sie mir entwöhnt worden, vielleicht hatte ich sie mir selbst entwöhnt.

Wir fuhren über eine Eisenbahnbrücke, die es früher noch nicht gegeben hatte, und dann waren wir auf der Insel. Die Wälder standen rechts und links an den Straßenrändern wie eh und je, Kiefern und Buchen, ein Mischwald. Das Meer war jetzt ganz in der Nähe, das Achterwasser zeigte sich, ein großes Wasserbecken, durch die Peene mit dem Meer verbunden. Ich war zu Hause.

In den Wäldern hatte ich als Junge Pilze gesammelt, auf den Seen geangelt. Meine Kindheit wurde lebendig. Sie kam auf mich zu, als sei sie erst gestern gewesen. Sie schien mir verbunden mit einem Gefühl der Geborgenheit, ja, es kam mir vor, als führe ich in diese Geborgenheit hinein.

Wir kamen in das kleine, sehr kleine Dorf. Es sieht aus, als hätte man alle Häuser um die Kirche herum gebaut. Sie dominiert, sie ist der Mittelpunkt. Ein paar Häuser sind noch strohgedeckt, andere haben versucht, sich der Gegenwart anzupassen. Aber immer noch sieht es so aus, als hockten die Häuser schutzsuchend um die Kirche, wie seinerzeit im Mittelalter. Im Dreißigjährigen Krieg hat man sie niedergebrannt und dann wieder aufgebaut. Der Wall, der sie umgibt, besteht aus großen Steinen. Gleich hinter der Mauer

Kirche in Benz

säumt ein dichter Kranz von Bäumen die Kirche ein, Kastanienbäume und andere. Dieser Kranz war jetzt grün und so dicht, daß er stellenweise das Kirchendach verdeckte. Wir fuhren um die Kirche herum auf das dahinterliegende Pfarrhaus zu, einem Backsteinbau, mit roten Ziegeln gedeckt. Mit seiner Größe zeugte es von der ehemaligen Wohlhabenheit pommerscher Pastoren.

Bruder Martin kam aus seinem Pfarrhaus gestürmt, glücklich über unsere Ankunft. Er umarmte Johannes Adolf und schüttelte uns die Hände, und am liebsten hätte er auch uns umarmt. Er hatte es geschafft, er sah mich schon lesend in seiner Kirche, obwohl noch immer keine Genehmigung von den Behörden vorlag.

Er hatte uns auch eine traurige Mitteilung zu machen. Meine Schwägerin war krank geworden. Man hatte sie am Tag zuvor ins Krankenhaus gebracht, ja, meine ganze alte Familie, soweit sie noch existierte, war krank, und wir konnten nicht in dem Haus wohnen, in dem ich groß geworden war. Es liegt unten am Meer, nur hundert Meter von der Küste entfernt. Statt dessen mußten wir hier in Benz bleiben.

Eingang zur Kirche in Benz

Der Pastor, der so jung, beweglich und agil auf uns wirkte, bot uns sein Pfarrhaus an. Es sei sehr geräumig und hätte für viele Gäste Platz. Ich nahm sein Angebot an – es blieb mir auch nichts anderes übrig –, und wir bezogen unter dem Dach zwei Räume, die der Pastor eine Suite nannte. Es waren zwei schlauchartige Zimmer mit einem Vorraum, in dem man sich waschen konnte.

In dem Pfarrhaus, das anscheinend sehr viele Räume hatte, schien überall Leben zu sein. Erst allmählich begriffen wir, daß es viele Gäste beherbergte. Der Hausherr war mehr als gastfreundlich.

Schon am nächsten Morgen erlebten wir etwas Seltsames. Gefrühstückt wurde unten im Garten. Ein richtiger alter Pfarrgarten, groß, mit Obstbäumen durchsetzt. Er ging in Wiesen und Weiden über und in ein leicht hügeliges Gelände, das sich bis zu einem See hinzog, der mir aus meiner Jugend gut bekannt war und der sich Schmollensee nannte. Es war ein schöner, heller Julimorgen, der mich mit seinem blauen Himmel an meine Kindheit erinnerte. Nie hätte ich damals geglaubt, einmal, ganz gleich zu welcher Zeit, in diesem Pfarrgarten zu sitzen. Der Garten sah etwas verwildert aus, eine Verwilderung, die ihm einen Hauch von Unberührtheit gab. Ich kam mir vor wie in eine andere Zeit zurückversetzt. Das Gras stand hoch unter den Obstbäumen und war vor langer Zeit zum letzten Mal gemäht worden.

Kaum hatten wir an den bereits gedeckten Gartentischen und auf den alten Gartenstühlen, wie man sie in Biergärten findet, Platz genommen, erschien etwa ein Dutzend junger Leute, mit Blasinstrumenten, mit Trompeten und Posaunen. Sie waren einheitlich gekleidet – schwarze Hose und weißes Hemd – und nahmen vor einer Buschhecke im Halbkreis Aufstellung. Es war eine Begrüßung, doch ich kam zuerst nicht auf die Idee, daß sie mir galt.

Sie spielten Volkslieder und Choräle, und sie spielten so gut, daß mir der morgendliche Ostsee-Himmel noch heller erschien. Die Julisonne saß in den Obstbäumen, und die Wiesen draußen, außerhalb des Gartens, lagen schon im Sonnenglast. Aber erst dann wurde es wahrhaft festlich für mich, als ich begriff, daß die jugendlichen Bläser für mich, zu meiner Begrüßung spielten.

Die Kapelle war aus Berlin, eine kirchliche evangelische Kapelle, die sich auf einer Rundreise über die Insel befand.

Eine Stunde später betraten wir die Kirche, um an einem Gottesdienst teilzunehmen, den der junge Pastor abhielt.

Die Kirche hatte sich nicht verändert. Es war, als hätte die Zeit in diesem Raum stillgestanden. Jetzt, an diesem Vormittag, war sie voller Kinder, die den Gottesdienst zu einer Kinderstunde machten. Es waren, wie ich später erfuhr, die Kinder eines Kinderheims aus einem Badeort an der Küste. Sie durften den Pastor fragen, und er gab oft lachend Antwort, und es war so viel Fröhlichkeit in der Kirche, daß es schien, als sei die strahlende Julisonne hereingekommen.

Die jugendlichen Bläser aus Berlin spielten zwischendurch kirchliche Lieder, und die Kinder sangen dazu mit hellen Stimmen. Es war ein fröhlicher Auftakt für mich.

Zwei Tage später, am Dienstag, sollte ich in dieser Kirche lesen. Es lag immer noch keine Genehmigung der Behörden vor, und der Pastor telefonierte mit allen möglichen Stellen, bekam aber nur ausweichende Antworten. Niemand wollte zuständig sein, aber wahrscheinlich wollte niemand die Verantwortung für meinen Lese-Auftritt übernehmen. Zu dieser Zeit war eine Lesung eines westlichen Autors in der DDR noch ganz unüblich und eigentlich auch ganz unmöglich – und noch dazu in einer Kirche.

Doch der Pastor tröstete mich. Er würde sich durchsetzen, und die Lesung würde auf jeden Fall stattfinden, auch wenn keine Genehmigung käme. Ich hielt das für ziemlich verwegen, aber Bruder Martin war anscheinend zu allem entschlossen, obwohl er so gar keine Ähnlichkeit mit Martin Luther hatte. Er stand nicht vierschrötig auf der Erde, war kein wuchtiger Opponent, nein, er war eher leichtfüßig, behende, vigilant und sehr beweglich. Er hätte ein siegreicher Schnelläufer sein können, aber auch eine Art Überredungskünstler. Diese Seite an ihm gefiel mir besonders gut. Er war kein Priester, sondern ein Mensch, dessen Freundschaft mir von Anfang an wichtig war.

Schon am Sonntag hatte sein siebenjähriger Sohn Philipp damit begonnen, Plakate zu malen, die meine Lesung in der Kirche ankündigten.

Sonst aber war meine Lesung wohl auf Mundpropaganda angewiesen. Ich kümmerte mich nicht darum. Die Dörfer ringsum saßen ja voll von Verwandten, all die Nachkommen meiner Tanten, Onkel, Großonkel, Großtanten, Cousinen und Cousins und so fort. Die Neugier würde sie schon in die Kirche treiben.

Ich fuhr hinunter an die Küste, um meine Familie zu besuchen. Die Dämmerung hatte sich schon über sie gelegt, mein Bruder erkannte mich nicht mehr, der Zustand meiner Schwägerin im Krankenhaus schien hoffnungslos. Alles war überaus traurig. Ich war, so kam es mir vor, im letzten Augenblick gekommen. Wir kehrten erst am Abend nach Benz zurück.

Im Pfarrgarten brannte ein Lagerfeuer, das die Kinder angezündet hatten und mit viel Lärm unterhielten. Rings um das Lagerfeuer herum saßen die Bewohner des Pfarrhauses, Gäste: eine Liedermacherin, ein Flötist, ein katholischer Pfarrer, ein Freund Bruder Martins, der mit ihm in Greifswald studiert hatte, und andere, die ich noch nicht kannte. Sie waren fast alle aus Ost-Berlin. Zuerst, nach der Begrüßung, schien man sich fremd – jemand sagte: »Eine Ost-West-Begegnung am Lagerfeuer« –, aber das änderte sich schnell. Mein Pastor begann zu singen, ein überaus langes Geburtstagslied für ein Mädchen, das gerade zehn Jahre alt geworden war.

Diese Nacht, die Landschaft, der verwilderte Pfarrgarten, die dahinter ansteigenden Wiesen, die dunklen Wälder im Hintergrund, all das erinnerte mich an das Gedicht »Der Mond ist aufgegangen«. Ich wußte nicht, daß es so viele Strophen hatte, aber Bruder Martin kannte sie und sang sie alle mit seinen Gästen. Mir wurde sehr heimatlich zumute, eine Welle der Sentimentalität packte mich, ich konnte mich nicht dagegen wehren. Fast traten mir die Tränen in die Augen. Alle längst vergessene Jugendromantik wurde lebendig: das Lagerfeuer, die Nacht, der Himmel, der Mond, der angesungen wurde, und der dunkle Schattenriß der Kirche im Hintergrund.

Ich vergaß meine Lesung in der Kirche. Sie schien mir jetzt ganz unwesentlich zu sein. Aber schon am nächsten Tag wurde ich wieder daran erinnert. Der Pastor hatte zwar immer noch keine schriftliche Genehmigung, aber nun konnte er nicht länger warten.

Ich hatte Lampenfieber. Zum ersten Mal las ich in einer Kirche, in meiner Kirche, der Kirche meiner Kindheit und Jugend, und ich las zum ersten Mal in meiner Heimat und zum ersten Mal in der Deutschen Demokratischen Republik.

Schon am frühen Morgen saß ich in einem etwas abgelegenen Teil des Pfarrgartens und versuchte, mich vorzubereiten. Dieser Teil des Gartens schien mir noch verwilderter, aber ich fühlte mich äußerst wohl.

Ein überaus heißer Julitag kündigte sich an. Nach einer Stunde ließ mich der Pastor rufen. Eine Mikrophonanlage sollte installiert werden, ohne sie wäre meine Stimme in der Kirche verloren gewesen. Bald war alles so, wie es sein sollte, weil Bruder Martin organisatorische und technische Fähigkeiten zeigte, die ich bei einem Pastor nicht vermutet hätte.

Der Abend kam schnell. Schon eine Stunde vorher füllten sich die Plätze rings um die Kirche mit parkenden Autos. Die Kirchenglocken begannen zu läuten, nur kurz, nur ein paarmal. Sie läuteten, wie ich später erfuhr, meine Lesung ein. Bruder Martin kam, um mich in die Kirche zu führen. Er gab sich sehr selbstsicher, war voller Energie, wenn auch ein wenig aufgeregt. Bruder Martin ging voran, meine Frau und ich folgten ihm. Wir gingen um die Kirche herum zum Haupteingang, und dann hinein.

Ich wagte nicht, aufzusehen. Überall Gesichter, bekannte und unbekannte, die Kirche war übervoll. Es gab keinen freien Platz, auch die Empore war besetzt. Immer noch wurden Stühle hereingetragen, jeder freie Platz wurde mit Stühlen ausgefüllt. Es kam mir vor, als hätte sich der ganze Landkreis versammelt, alle, die um viele Ecken herum mit mir verwandt waren. Sie waren aus den umliegenden Dörfern gekommen, Sellin, Sallenthin, Neppermin, Bansin. Aber auch andere, von denen ich nichts wußte und die ich nicht kannte.

Auf dem Podest, von wo aus sonst der Pastor predigt, hatte man für mich ein Stehpult aufgestellt, ich konnte also im Stehen lesen, was ich gern tue. Daneben stand ein Sessel, auf dem ich vorerst Platz nehmen mußte.

Der Pastor hielt einen einführenden Vortrag. Er wies darauf hin, daß ich auf Usedom, in dieser Gegend, ja, in den Dörfern, die zu seinem Kirchspiel gehörten, meine Kindheit und meine Jugend verlebt hatte. Er erwähnte auch seine Kirche, in der ich vor über sechzig Jahren konfirmiert worden war. Dann sollte ich lesen.

Ich erhob mich und trat an das Stehpult. Sofort setzte Beifall ein. Er kam unmittelbar und spontan und füllte den ganzen Raum bis zum Dach der Kirche aus. Für einen Augenblick fühlte ich mich hilflos. Ich sah die Bank in der vierten Reihe, auf der ich damals, vor langer Zeit, gesessen hatte, mit dem Blick auf das große Ölgemälde, die Abnahme Christi vom Kreuz, und auf das runde Fenster darüber, in dem ein Lamm auf einer nicht sichtbaren Wiese dahinschritt.

Nichts hatte sich in den sechs Jahrzehnten, die inzwischen vergangen waren, in dieser Kirche geändert.

Jemand hatte mir gesagt, ich solle nicht länger als neunzig Minuten lesen, länger hielte es niemand in diesen Bänken aus. Wahrlich, es waren protestantische Kirchenbänke, die noch keine Veränderung in ihrem langen Leben erfahren hatten. Wahrscheinlich hatten auch meine Mutter, mein Vater und alle meine Vorfahren, bis zum Dreißigjährigen Krieg zurück, auf diesen Bänken gesessen. Damals hatten zuerst die kaiserlichen Truppen Wallensteins, dann die Schweden unter Gustav Adolf die Kirche verwüstet. Für die armen Fischer und Bauern dieses Küstenstrichs waren die Bänke immer gut genug gewesen. Jetzt stand ich vor dieser übervollen Kirche und konnte nicht beginnen. Meine Stimme versagte, eine Welle der Rührung überfiel mich. Ich stand hinter dem Pult und hatte keine Sprache mehr.

Ja, mir war, als hätte ich nur ein Gesicht vor mir, das neugierige Gesicht meiner Kindheit.

Ich war in Gefahr, hinter meinem Katheder ohne ein Wort stehenzubleiben. Dann gab es einen Ruck, der durch meinen ganzen Körper lief, und nun kam es mir vor, als sei ich ganz allein in der Kirche. Ich begann zu lesen, ich spürte, wie meine Stimme mich trug, ich las in eine für mich jetzt leere Kirche hinein. Unter mir war eine große Stille, kein Räuspern, kein Husten störte mich. Ich las Geschichten, die ich vor fünfzehn Jahren geschrieben hatte,

Geschichten aus Bansin, die in der Vergangenheit spielten, in der Kaiserzeit, in der Zeit der Weimarer Republik. Die erste Geschichte spielte in dem Dorf Neu-Sallenthin, einem Dorf, in dem ich geboren wurde und das nur wenige Kilometer von dieser Kirche entfernt an zwei Seen liegt, die sich der Große und der Kleine Krebssee nennen. Tatsächlich trugen sie ihren Namen nicht zu Unrecht. In jener Zeit vor dem ersten Weltkrieg waren sie noch voller Krebse, ja, sie waren mit Krebsen so dicht besiedelt, daß die Kinder sie mit den Händen fangen konnten. Diese beiden Seen waren zu meiner Jugendzeit wahre Wunder an Fischreichtum. Hechte standen im hohen Rohr, das die Seen wie Kränze umflocht, sie waren der Jagd der Ostseefischer ausgesetzt, die um die Seen in ihren Strohkaten wohnten. Fischen war natürlich verboten, denn die beiden Seen gehörten dem preußischen Fiskus, dessen Vertreter ein kaiserlich-preußischer Förster war. Sein Forsthaus lag zwischen den beiden Seen, und von dort aus überwachte er sie und die Wälder, die zu seinem Forstgebiet gehörten.

In meiner Jugend gab es noch zahlreiche Geschichten über Fischräuberei und Fischdiebstahl, über Verfolgungsjagden des Försters auf solche Diebe und über Tricks der Dorfbewohner, den Förster hinters Licht zu führen. Meine Kindheit war noch belebt von solchen Erzählungen, bei denen der Förster fast immer den kürzeren zog; eine solche Geschichte hatte ich nacherzählt.

Mein Vater spielte in ihr die Rolle des Fischräubers, und ein Förster mit Namen Jäde die Rolle der gestrengen Staatsmacht und des Verfolgers. Diese Geschichte las ich jetzt, nachdem ich mich von der anfänglichen Befangenheit gelöst hatte.

Zuerst setzte unterdrücktes Kichern ein, dann Lachen, das jemand zurückzuhalten versuchte. Ich hatte nie jemanden in dieser Kirche lachen hören, ich konnte mir ein fröhliches Lachen in ihr auch nicht vorstellen, aber es geschah jetzt. Es wurde gelacht, und es kam mir vor, als hätte ich mich gegen die heilige und strenge protestantische Ordnung dieser Kirche versündigt, aber ich fühlte mich zugleich erleichtert. Die Anspannung dieses Tages, jetzt verflog sie, eine heitere Kirche, das hatte ich mir gewünscht. Nichts Besseres konnte ich mir vorstellen, mir selbst gegenüber hatte ich gewonnen.

Unter denen, die vor mir saßen, die die Kirche füllten, waren nur noch wenige aus jener Zeit, der Zeit meiner Kindheit, meiner Jugend. Die meisten jenes Palmsonntags 1923 hatte der Krieg geholt, sie sind gefallen in Rußland, in Frankreich, in Italien. Ihre Namen sind mir noch geläufig, aber mehr ist von ihnen nicht geblieben. Ich spürte es in dieser Stunde stärker als sonst, die zu große Lücke, die die Vergangenheit meiner Generation geschlagen hat, ich spürte es, obwohl doch nachhallende Heiterkeit die Kirche füllte.

Wieder überfiel mich ein Gefühl der Rührung, der sentimentalen Erinnerung. Es kam mir ganz unwahrscheinlich vor, daß ich hier stand, auf diesem Podest, auf dem einmal Pastor Petermann gestanden hatte. Ich versuchte, dieses Gefühl zu unterdrücken, zu verdrängen, ich wollte mich konzentrieren – aber es gelang mir schlecht.

Ich las ein Porträt des Schriftstellers Uwe Johnson, mit dem ich lange befreundet und der ein Jahr zuvor gestorben war. Sein Geburtsort lag nicht weit von hier an der Dievenow, einem der Mündungsarme der Oder. Er war ein Pommer, und ich hatte die Landschaft ausführlich beschrieben, die unsere gemeinsame Heimat war, die riesige Wasserlandschaft der Oder mit dem Großen Haff, dem Achterwasser und den drei ins Meer fließenden Armen. Man sagt, dies sei einmal eine Moränenlandschaft gewesen, zurückgelassen von der abziehenden, letzten Eiszeit. Aber für alle, die vor mir saßen und die Kirche füllten, war es das Zuhause. Dieses Land war noch sehr wenig besiedelt, als im elften Jahrhundert die Christianisierung begann und der Bischof Otto von Bamberg nach Stettin fuhr. Er segelte durch eine fast unberührte Landschaft, die von blühender, für ihn unvergleichlicher Schönheit war, in der die Fische in den Seen und Flüssen so zahlreich waren, daß man sie mit den Händen fangen konnte. Damals war es noch ein Land der Wenden. Sie sind längst untergegangen, verdrängt durch immer neue Besiedlungen. Die Zeit ist über dieses Land hingezogen, mit Kriegen, mit Siegen und Niederlagen und mit immer neuen Besatzungen – die Schweden, die Franzosen, die Russen. Auch jetzt, so meine ich, ist es ein besetztes Land, obwohl es doch zu einem eigenen deutschen Staat gehört. Mir wurde es wieder bewußt, als ich über

Uwe Johnson las, dessen Bücher hier nicht erscheinen durften, und ich machte meine Zuhörer darauf aufmerksam. Ich sagte auch, daß Uwe Johnsons Bücher hoffentlich bald in den Buchhandlungen zu finden sein möchten. Wäre ich ein konservativer oder ganz anders gearteter Schreiber, so würde ich hier wohl etwas über den Atem geschichtlicher Veränderungen einflechten, der in diesem Augenblick durch meine Kirche ging und meine Phantasie beflügelte, was wahrscheinlich aber nur ich und sonst niemand spürte. Nein, das war es nicht, es klänge auch vermessen, es war nur dieses Gefühl kommender und vielleicht schon sehr naher Ereignisse. Es stand am Ende dieser Lesung über Uwe Johnson. Es überwältigte mich, stimmte mich über die Maßen optimistisch, und als der Beifall nach dem Ende der Lesung aufkam, hätte ich gern selbst Beifall geklatscht – dem Publikum, dieser Kirche und diesem optimistischen Gefühl.

Ich las noch eine Geschichte, die in meiner frühesten Kindheit spielt, als mein Vater mich mit aufs Meer zum Fischen nahm. Aber bevor ich zu lesen begann, zog ich meine Jacke aus und stand nun in Hosenträgern vor meinem Publikum, das immer noch auf den harten, engen, alten Holzbänken ausharrte. Ich fragte: »Können Sie noch sitzen auf den harten Bänken?« Und als einige mit einem Kopfnicken antworteten, sagte ich: »Wenn Sie noch sitzen können, kann ich auch noch stehen.«

Also begann ich wieder zu lesen, und diesmal setzte wieder Lachen ein und füllte die Kirche mit dem Vergnügen an dem sechsjährigen Jungen, der die Seefahrt noch nicht vertrug. Die Geschichte endete mit einem Satz in dem Kauderwelsch von hochdeutschen und plattdeutschen Worten, wie es manchmal die Originale sprachen, die es in dieser Zeit unter den Fischern noch gab.

Ich war am Ende. Ich konnte die rutschende Brille von meinem Gesicht nehmen und sie beiseite legen, ich konnte meine Jacke wieder anziehen, während sich die Kirche leerte und einige zu mir heraufkamen, um mir die Hand zu geben. Es waren die Söhne meiner Schulfreunde, auch sie jetzt schon in der Mitte des Lebens.

Der Abend endete im Pfarrhaus. In dem großen Zimmer des Pastors hatten sich seine Gäste und einige meiner Verwandten und

Freunde versammelt. Ich wußte nicht, ob ich mit meinem Auftritt in der Kirche zufrieden sein sollte oder nicht. Ich war es und war es nicht. Die Ausnahmesituation hatte mich vielleicht eingeengt. Ein wenig abgespannt fragte ich den Pastor, ob er vielleicht einen Schluck Rotwein habe. Ja, er habe, und ich bemerkte erst zu spät, daß diese Flasche Rotwein für ihn eine Kostbarkeit, ja, eine Rarität war, die er lange aufbewahrt hatte, doch das wurde mir erst bewußt, als die Flasche fast leer war.

Die Unterhaltung bewegte sich schnell weg von meiner Lesung. Man war heiter, fröhlich gestimmt, die vielen Anekdoten, die hier im Plattdeutschen zu Hause sind, beherrschten das Gespräch. Der Abend ging erst nach Mitternacht zu Ende, aber ich mochte ihn nicht gehen lassen.

Schon am nächsten Morgen war er Vergangenheit. Es war ein warmer, sonnendurchwirkter Julitag wie die vorhergegangenen. Wir saßen im Pfarrgarten, und jetzt kam mir alles vor, als sei es nie gewesen. Etwas Traumartiges war zurückgeblieben, ein Märchen, und vielleicht war es das: ein Märchen. Die Realität sah anders aus, ich wußte es leider nur zu genau. Jetzt wollte ich sie nicht wahrhaben, nicht hier, im Garten neben der Kirche, dessen Verwilderung ich jetzt wie ein Stück zurückgebliebener Romantik empfand.

Wir ließen uns etwas später zum Meer hinunterfahren, durch die Dörfer meiner Jugend, an den Seen vorbei. Das Meer atmete, wie es mir vorkam, schwer in der Hitze. Ich kannte solche Stunden aus meiner Kindheit, Stunden bleierner Reglosigkeit.

Ich suchte das Haus meiner Eltern auf. Der Hof, auf dem früher meine ganze Familie ihre Feste feierte, war leer und kam mir wie verlassen vor. Eine andere, jüngere Generation war hier zu Hause. Meine beiden noch lebenden Brüder waren alt und krank, und ich wußte, ich würde sie nicht wiedersehen. Etwas wie Abschiedsstimmung wollte mich überfallen, aber ich verdrängte sie, bevor sie mich übermannte.

Nur noch ein Tag blieb uns, dann mußten wir uns wieder auf den Weg nach München machen. Der Pastor lud uns zu einer Kutschfahrt durch den Wald ein, der sich zwischen den Dörfern und den

Seen bis zum Meer hinzieht, ein Mischwald, Buchen und Kiefern. Je mehr wir uns aber dem Meer und damit der Steilküste näherten, um so mehr herrschten die Buchen vor, zum Schluß gab es nur noch sie. Die beiden Pferde zogen unsere Kutsche über sandige, oft staubige Waldwege. Mir kam es vor, als würde der Wald heute weniger gepflegt als zur Zeit meiner Kindheit, als er noch dem preußischen Förster anvertraut war. Das Unterholz schien mir übermäßig zu wuchern. Aber vielleicht irrte ich mich, meine Kindheit lag schon zu weit zurück, um Vergleiche anstellen zu können.

An der höchsten Stelle der Steilküste ließ der Pastor die Kutsche halten. Wir stiegen aus und sahen aufs Meer hinunter. Es lag weit unten, achtzig oder hundert Meter tief. Wie in meiner Kindheit kam es mir vor, als zöge sich die riesige Wasserfläche bis in die Unendlichkeit hin. Es gab keine Grenze. Unten am Strand sprangen ein paar Menschen ins Wasser. Sie spielten mit den Wellen. Es war ein Bild, das mich an den Süden erinnerte, ein Traumbild. Arkadien, dachte ich, es könnte Arkadien sein.

Dann kam der letzte Abend. Wir saßen wieder in dem Pfarrgarten um ein Lagerfeuer herum. Bruder Martin war guter Laune, es war ihm wieder einmal alles gelungen. Er forderte mich auf, einen Satz mit »Flöte« zu bilden. Doch bevor ich dazu kam, sprang der Mann auf, der neben ihm saß, und sagte: »Jetzt reicht's mir, kommt mit in die Kirche.« Man hatte mir vorher gesagt, er sei ein berühmter Flötist aus der Philharmonie in Ost-Berlin. Er wohnte wie ich mit seiner Frau auf dem Boden des Pfarrhauses, als Gast und Freund des Hauses.

So saßen wir fast um Mitternacht noch einmal in der Kirche. Es war ein unheimliches Gefühl, die leere Kirche und nur wir drei, vier Zuhörer. Dort, wo ich gelesen hatte, stand nun der Flötist und spielte Telemann, und die Töne fielen in die Stille der Nacht und füllten die Kirche. Ich wußte, dieses Flötenkonzert war ein Abschiedsgeschenk für mich. Bruder Martin hatte es sich ausgedacht.

GUDRUN BUSCH

Bekanntschaft

Ich habe einen Lieblingsbaum,
der steht auf Usedom;
bewundernd muß ich zu ihm schaun,
sooft vorbei ich komm'.

Er ist ganz knorrig, dick und groß,
von eichener Gestalt;
doch Zärtlichkeit ist im Geäst
und in der Wurzel Halt.

Ihn schützt kein Haus und auch kein Zaun,
er steht am Straßenrand;
ein jeder, der ihn sehen will,
macht sich mit ihm bekannt.

Ich grüß' ihn oft und ruf' ihm zu:
He Du, bleib tapfer stehn!
Ich möchte Dich mein Leben lang
auf dieser Stelle sehn.

GEORG LENTZ

Mein Lieblingsplatz auf der Insel

Seit der Jahrhundertwende nennt man die Seebäder auf Usedom
die Perlen Vorpommerns.
Gleich hinter den Stränden entdeckt man ein Land wie aus einem
alten Bilderbuch.

»Großstadt-Gören müssen in den Ferien ans Meer«, bestimmte
mein Vater, und so fuhren wir, wie Tausende andere Berliner, nach
Bansin oder Heringsdorf oder Ahlbeck. Kinder, die zu Hause blieben, holten sich damals die Englische Krankheit – im Lexikon
siehe unter Rachitis. Meine Großmutter reiste nicht mit an die See.
Auf Usedom bekäme sie den Inselkoller, behauptete sie. Der Inselkoller ist jetzt vorprogrammiert, wenn der Wochenend-Rückver-
kehr einsetzt. Die beiden Fluchtwege, über Wolgast und Anklam,
sind dann verstopft. Kalle, der in Zinnowitz Strandkörbe vermie-
tet, sinniert: »Zu DDR-Zeiten haben wir uns gefragt, wenn sie in
Westdeutschland Stau ansagten: Wat iss'n dat? Wir waren direkt
scharf drauf. Nu isset Fakt.«

Zinnowitz ist das erste der Usedomer Seebäder, die laut Prospekt »wie Perlen aufgereiht« am Meeresstrand liegen. Alle Perlen
sind in Nicht-Stau-Zeiten leicht zu erreichen, auf der parallel zur
Küste verlaufenden B 111 oder zu jeder Zeit mit dem Inselbähnchen. Zinnowitz zeichnete sich bereits in der deutschnationalen
Epoche dadurch aus, daß es sich als judenfrei anpries. Die Berliner
machten allerlei Spottverse darauf, zum Beispiel:

»Die Ostsee ist mir einerlei – doch Zinnowitz ist judenfrei.«

Zinnowitz sieht heute noch ein bißchen angenagt aus – als habe
ein Unbekannter Rache genommen für damals. Vielleicht sind es
auch nur die schwer zu beseitigenden Spuren, die jahrelange Über-

belegung durch den DDR-Gewerkschaftsbund hinterlassen hat. Gemalt und geputzt wird überall. Und weil die Strandkörbe nur noch so heißen, nicht mehr geflochten sind, sondern aus Sperrholzdeckeln bestehen, bekommen sie gleich auch einen Anstrich, leuchtend blau oder grün. Für die nähere Zukunft verspricht Kalle »echte« Strandkörbe. In Heringsdorf habe einer aufgemacht, der würde wieder flechten.

In Bansin ziehen die Fischer ihre Boote an Seilen auf den Strand. Ein Motor knattert, und eine Winde setzt sich in Bewegung. Ihre Geräte verstauen die Fischer in malerischen Schuppen. Dahinter glänzen die renovierten Fassaden der Badehotels an der Bergstraße. Eine der schönsten Stellen am Ostrand von Bansin hat Stasi-Mielke mit einem Plattenkasten verschandelt, jetzt »Strandhotel« und bei den Einheimischen beliebt. Wen's gerne gruselt, der kann sich in Mielkes Kinosaal Videos ansehen.

Wir hielten im Strandhotel die Trauerfeier ab, als wir den in Bansin geborenen Gruppe-47-Schriftsteller Hans Werner Richter zu Grabe getragen hatten. Ein großer Tisch war mit lauter Richters besetzt. Ursprünglich Fischer, hat diese Familie ein Stück Bansiner Geschichte mitgeformt. Alle sind begabte Darsteller, ein bißchen schlitzohrig und unerbittlich. Der Vater rettete 1945 halb Usedom, indem er sich den Russen mit weißer Fahne entgegenwarf, im Kübelwagen des geflohenen deutschen Wehrmachtskommandeurs.

Auf den dichtenden Bruder, der sie in seinen »Bansiner Geschichten« allzu trefflich schilderte, sahen sie ein bißchen herab. Kaum lag er auf dem Friedhof, brachte die Familie einen zweiten Autor hervor. Egon Richters Bücher über Bansin, Heringsdorf und Usedom sind Bestseller. Die Richters kommen aus Neu-Sallenthin und Bansin Dorf. Das Seebad entstand erst kurz vor 1900 und wurde 1901 selbständige Gemeinde.

Heringsdorf ist die dickste Perle, seine Villen im Stil der Kaiserzeit sind pompös zu nennen. Viele erstrahlen wieder im alten Glanz. Der Rittergutsbesitzer v. Bülow baute die ersten Logierhäuser. 1820 kam Friedrich Wilhelm III. zu Besuch, uns bekannt als der Mann von Königin Luise, mit Kronprinz und Prinz Wilhelm. Bülow bat den Kronprinzen, sich einen Namen für den neu entstehenden Ort auszudenken. Der blickte sich um, sah überall Heringstonnen und stammelte: »Heringsdorf.«

Ein Geistesblitz, wie wir ihn von unseren Hohenzollern so lieben! Bei Heringsdorf blieb es, Bülow, behauptet der Chronist, war's zufrieden. Später wollten Majestäts wieder bei Bülow Badeferien machen. Aber der hatte verkauft, und die neue Besitzerin ließ wissen, sie wolle selber den Sommer auf ihrem Besitz verbringen, Besucher seien nicht willkommen. Majestäts schmollten und blieben fern. Erst Wilhelm II. beehrte das Seebad wieder. Er logierte in der – noch vorhandenen – Villa von Konsul Staudt. Inzwischen gab es auch das Protz-Hotel Kaiserhof-Atlantic, an dessen Stelle der DDR-Gewerkschafts-Feriendienst später den Erholungskomplex Solidarität hinklotzte.

Als ich Kind war, spielte die Kurkapelle Paul Lincke, »Das ist die Berliner Luft« und »Glühwürmchen, Glühwürmchen, schimm're«, und manchmal auch die Ouvertüre zur »Schönen Galathee« von Franz v. Suppé. Der heimliche Reim in der Plakat-Ankündigung dieser berühmten Operette entzückte mich. Mein Vater trug zum Konzert weiße Hosen mit scharfer Bügelfalte, navyblaue Jacke und weiße Schirmmütze. Er rauchte Boenicke-Zigarren.

In Ahlbeck machte der Seebäder-Dampfer an der Mole fest, sie existiert wieder in voller Länge. Nur redet heute niemand mehr von Mole. Die Besucher aus Hamburg sagen Anleger. Das türmchenbewehrte Restaurant-Café an der dicksten Stelle wurde bekannt durch einen weiteren Bülow – mit Künstlernamen Loriot. Er drehte hier eine Sequenz seines Films »Pappa ante portas«.

Von Ahlbeck bis zur polnischen Grenze bildet sich täglich ein weiterer Autostau. Wir lassen das Fahrzeug auf dem Grenzparkplatz. Von hier aus geht es erst mal zu Fuß weiter. Hinter der Grenze warten Polen mit Fiakern und fahren die Besucher im wilden Galopp in Richtung Stadtkern Swinemünde. Oder an jene Stelle, wo wir ihn vermuten, es gibt ihn nach den Zerstörungen von 1945 nicht mehr. Ossis schauen sich mit angenehmem Schaudern um. So grau, so heruntergekommen soll es auch bei ihnen vor vier Jahren ausgesehen haben? Das kann sich schon so kurze Zeit nach der Wende niemand mehr vorstellen. Im Hafen liegt der malerische Zweimaster »Henryk Rudkowski«, ein Windjammer, dahinter ankern düstergrau gemalte Torpedoboote. Von den Decks einiger ansehnlicher Segeljachten herunter verkaufen Jungunternehmer West-Zigaretten. Eine Fähre füllt sich mit Menschen und Fahrzeugen und überquert die Swine, diesen mittleren Mündungsarm der Oder. Hier ist Usedom zu Ende. Drüben liegt Wollin. Eine Zeile aus einem Gedicht von Robert Gilbert, dem Sohn des Operetten-Komponisten Jean Gilbert, fällt mir ein: »Wer jemals war in Usedom – der sehnt sich nach Wollin.« – Wirklich?

Weiter südlich, auf dem Landklecks zwischen Achterwasser und Oderhaff, führt eine zweite Straße zur polnischen Grenze, die B 110 von Anklam über Usedom. Die Chaussee wird schmaler und schmaler, vor der Grenze sprießt Gras zwischen den Pflastersteinen. Ein Brückchen führt über einen Kanal. Mitten auf der Brücke zeigt ein weißer Strich an, wo Polen beginnt. Wir können ohne Paß einreisen, drei Meter weit. Dann schließt ein Gittertor die Passage. Verschließt ist übertrieben. Statt eines Schlosses hält ein dünner Draht mit zwei Plomben die beiden Torflügel zusammen. Für obrigkeitsgläubige Germanen offenbar eine ausreichende Sicherung. Drü-

Prächtige Alleen durchziehen das Achterland

ben steht regungslos ein Angler. Wirklich ein Angler? Oder ist es ein polnischer Grenzpolizist?

Das Flugfeld bei Garz nennt sich jetzt Flughafen Heringsdorf. Hier landen neuerdings sogar Boeing 737. Eine Berliner Gesellschaft fliegt zum Dumpingpreis Gäste ein. Die werden in Zelten auf dem Flugfeld zwanzig Minuten lang mit Fisch und Krebsen gefüttert und wieder in die Hauptstadt verfrachtet. Sie haben das Meer gesehen. Von oben. Und ganz Usedom.

Im Schilfgürtel entlang dem Oderhaff liegt der Hafen von Dargen versteckt, ich nehme an, es ist der kleinste und einsamste Hafen der Welt.

Ungerührt spannt ein Fischer seine Netze quer über die Einfahrt des höchstens fünfzig Quadratmeter großen Liegebeckens. Mit häufigem Schiffsverkehr muß er wohl nicht rechnen.

Die nach Norden ins Achterwasser ragende Landzunge, als Lieper Winkel bekannt, versetzt Usedom-Fans immer wieder in Verzückung wegen ihrer unberührten Schönheit. In Liepe steht die älteste Kirche der Insel. Hinter Warthe ist die Welt zu Ende, ein Fischer in hohen Stiefeln watet an Land, ein paar Kähne liegen im Sonnenlicht, und die Einwohner blicken über die Gartenzäune, mit Mienen, die sagen: »Wat wullt je hier?« In Quilitz am Peene-Steilufer steht ein ehemaliger Bauarbeiter-Wagen, darin bereitet eine junge Sächsin Kartoffelsalat. Wir sitzen davor, mit meinem neuen Freund Paule, der jetzt, am späten Vormittag, bereits ein Bier und einen Korn braucht.

Paule deutet auf die Reihen von Ferienhäusern links von uns, alles Spitzgiebel, ohne was drunter. »Das sind Nistkästen für die Quilitze«, sagt er und kneift die Augen zusammen: »Sie brüten hier im Juli und August, dann fliegen sie aus. Nach allen Richtungen. Bis nach Sachsen.«

Sie spinnen immer noch gerne ihr Garn, die Usedomer. Im nächsten Dorf, in Rankwitz, hat ein Künstler einen schweren Findling auf einen drei Meter hohen Baumstamm gehievt, und es wundert uns nicht, daß uns ein Einheimischer aufklärt: »Dat is'n Adler-Ei.«

Schloß Mellenthin und Schloß Pudagla sind oft beschriebene Touristenziele. In Pudagla weste die Bernstein-Hexe; ein immer wieder aufgelegtes Büchlein berichtet darüber. Das neue Schloßrestaurant gibt sich altdeutsch mit Butzenscheiben. Überlaufen ist die Gegend nicht. Wer sich am Strand aalt, rafft sich selten auf, das Hinterland zu erforschen. In die Kirche von Benz, für mich die schönste der Insel mit ihrem Kranz von uralten Kastanien ringsherum, pilgert saisonbedingt das Konzertpublikum. Mit Pfarrer Bartels sitzen wir im Garten vor dem Pfarrhaus. Bruder Martin nennen wir ihn, den mutigen Freund aus Vorwende-Zeiten. Westdeutsche Autoren durften damals in seiner Kirche lesen.

Unweit davon wohnte der Maler Otto Niemeyer-Holstein. Mit ihrem Segelboot »Der Lütte« waren die Niemeyers einst nach Usedom gekommen. An der schmalsten Stelle der Insel stellten sie einen billig in Berlin erworbenen S-Bahn-Wagen auf, die Urzelle der heutigen Atelierhäuser in der kuriosen Melange aus Japanischem, Mal-Kloster und Quittengarten, geschmückt mit Skulpturen von Niemeyers Künstlerkollegen (Gustav Seitz, Fritz Cremer, Sabine Teubner). Vorbild waren die Brissago-Inseln am Lago Maggiore.

Von den Nazis als »unerwünscht« klassifiziert und ständig von ihrem Plan bedroht, diesen Teil der Insel zur Verteidigung Peenemündes zu fluten, fand er schließlich späte Anerkennung in DDR-Zeiten, obwohl er nie auf die verordnete Linie einschwenkte. Mit 65 Jahren erlebte Otto Niemeyer-Holstein seine erste große Ausstellung in der Berliner Nationalgalerie. Mit dem Geld des Nationalpreises restaurierte er die holländische Mühle auf dem Hügel von Benz. Er starb 1984, sein Atelier ganz in der Nähe von Koserow ist zu besichtigen.

Für Koserow schwärme ich. Das Dorf ist zwar immer noch ein bißchen nichtssagend. Gerade war Sperrmülltag. Die Koserower trennten sich von etlichen echten, geflochtenen Strandkörben. Am Dorfende liegen ein paar Hütten mit Schilfdächern, in denen Hering gesalzen wurde. In gigantischen Schwärmen kam er früher in der Ostsee vor. Die Hütten sind überrestauriert, in einer breitet sich ein Andenkenladen aus, die Kneipe bietet Gambas in mexikanischer Sauce an.

Aber dann: Ein paar Schritte über den Hügel – und vom Steilufer des Streckelsbergs soweit das Auge reicht Strand! Mit dem aller-

Ostseebad Koserow, Fischerhütten

weißesten Sand, den die Ostseeküste zu bieten hat. Die neue Mole
– Verzeihung, der Anleger – führt weit ins Meer hinaus. Eine frische Brise durchlüftet die Promenierenden. Weit draußen schnauft
ein Frachtschiff, rechts zeichnet sich die Küste von Wollin ab.
Links blitzen die Kreidefelsen Rügens – jedenfalls könnten die hellen Stellen die Felsen sein.

Alles Eierkuchen auf Usedom? Jahrhundertwende-Nostalgie,
ein bißchen DDR-Grau hier und da, Fisch meistens aus der Tief-
kühltruhe, die Rouladen erstklassig, und Strand und Sonne und
Wind. Die Hotels und Pensionen werfen ihre dreiteiligen Matrat-
zen hinaus. Der Gast kann übernachten, ohne am Morgen danach
den Orthopäden zu konsultieren. Wir könnten uns noch das
Städtchen Usedom ansehen, auf den Gnitz, den Loddiner Höft
vorstoßen oder an einem der einsamen Seen ins Träumen geraten.
Dabei könnten wir es bewenden lassen, würde nicht ein kräftiger
Touristenstrom nach »oben links« zum Inselende schwappen –
nach Peenemünde.

Wir wissen: Wernher v. Braun, das V1- und V2-Versuchsgelände,
wobei das V für Vergeltungswaffe stand. Hinter Karlshagen war

zu DDR-Zeiten alles abgesperrt, die Welt zu Ende. Der Ort, einst von Mitarbeitern des Versuchsgeländes besiedelt und von der Royal Air Force zerbombt, ist nun Plattenbau-Trabantenstadt von Wolgast. Das Inselbähnchen rollt unkontrolliert weiter bis zur Endstation. Die Straße zum Flugplatz allerdings ist immer noch – oder bereits wieder – durch ein Gittertor versperrt. Ein Wachmann, der sich für im Gebüsch abgestellte, nun zu verkaufende NVA-Armeelastwagen verantwortlich fühlt, trägt uns in ein Buch ein und gibt uns einen Merkzettel mit Verhaltensvorschriften. Selbstverständlich ist es verboten, von den Wegen abzuweichen.

Am Rollfeld, wo bis zur Wende MiG-Düsenjäger der Nationalen Volksarmee starteten, parkt ein Wohnwagen. Er sieht nach Eigenbau aus. Der Besitzer erklärt uns, daß es sich um einen ehemaligen Gefangenentransportwagen der Stasi handelt. In der Decke sind noch die Lampen für die fünf Käfige zu sehen, in denen die Gefangenen saßen. Der Mann bucht einen Rundflug mit der kleinen Cessna, die hier zur Verfügung steht. Er hofft, von oben die Reste des berühmten Prüfstandes VII zu orten, von dem die Raketen abgeschossen wurden.

Die Bunker und Hallen wurden gesprengt, die Natur hat das meiste gnädig mit Gras bedeckt. Am Modell im Bunker-Museum beim Bahnhof sind die Details allerdings deutlich zu erkennen. Als »Wiege der Raumfahrt« wird Peenemünde jetzt verkauft. Aber Orte, an denen sich Generäle und Wissenschaftler zusammentun, um Apparate zu erfinden, mit denen man andere Menschen umbringt, bleiben trostlos. Zäune mit schiefhängenden Toren ziehen sich immer noch durch das Sumpfgelände. Ein düsterer Kraftwerkblock riegelt den Blick aufs Wasser ab. Unweit ragt der Klinkerbau der ehemaligen Sauerstofffabrik. Die Mauern sind dermaßen stabil, daß sie allen Sprengversuchen standhielten.

Vor dem Museumsbunker stehen eine MIG 21 PFM und eine MiG 23 ML, dahinter parkt der Salonwagen des einstigen DDR-Verteidigungsministers Heinz Keßler, den er als Manövergast benutzte. Jetzt ist ein Restaurant drin.

Alles wirkt martialisch-verdorben, die aufgefundenen und polierten Raketenteile im Museum verwischen diesen Eindruck nicht.

Die Hoffnung, daß nun die Bewohner von Peenemünde nach rund sechzig Jahren ans Ufer der Peene, des westlichen Mündungsarmes der Oder, treten dürfen, erfüllt sich nicht. Die Bundesmarine hat das ehemalige NVA-Areal mit einem frisch gestrichenen Gittertor abgeriegelt. Im Hafenbecken von Peenemünde dümpeln zur Verschrottung freigegebene Räumboote der DDR-Volksmarine.

In die kleine rundgebaute Kirche von Peenemünde kann man jetzt wieder hinein. Lange Zeit lag sie im militärischen Sperrgebiet. Neben dem aufwendig restaurierten Kapellchen auf dem zertrampelten Dorffriedhof steht auf einem Gedenkstein, der vorher wohl am Ufer der Pommerschen Bucht gelegen haben muß, der Spruch: »Verzage nicht, du Häuflein klein. Gustav Adolf landete hier Mittsommer 1630.«

Ach, Usedom. Es bleibt mir nichts anderes übrig, als zum Schluß mein Lieblingsplätzchen zu verraten: das Fischerdorf Kamminke »ganz unten rechts«, an der polnischen Grenze. Als glänzender Spiegel, mit einem bißchen Dunst drüber, verschmilzt das Wasser des Oderhaffs mit dem Horizont. Sonnenglast, Wärme, Windstille. Fischer flicken ihre Netze. Auf den Pfählen der Buhnen sitzen Möwen, unbeweglich. Nur ab und zu streicht eine im Gleitflug über das Wasser.

Stettiner Haff bei dem Fischerdorf Kamminke

KLAUS PETERS

Miene leiwe Insel

Wolgast

Hier bin ich zu Haus',
weil ich anderswo
kein Fremder sein will
es sei denn, ich sehe
die Vergangenheit
als eine verlorene Zeit.
Hier lebe ich,
weiche unbequemen
Fragen nicht aus.
Hier bin ich zu Haus',
in der kleinen Stadt
am Peene-Strom.

Vineta

Versunkene Stadt.
Gab es sie wirklich?
Ist sie genau so
untergegangen
wie das Land,
welches wir vergessen …
Frag' ich mich,
was man in fernen Jahren
von mir und meiner Zeit
wie von Vineta
bewahren wird?

Philipp Otto Runge

Zu schmal
das Peene-Ufer
für den,
auf dessen Leinwand
sich die Weite
widerspiegeln sollte.
Hamburg.
Das Tor zur Welt,
gab dem Romantiker
strahlende Flächen,
die satt und warm
sind zu Bildern geworden,
ungekümmert.
Das Meisterhafte gelang ihm
hier,
was später
unsterblich wurde.

Morgens

am Achterwasser. Bewegte
Schatten, Adler gleiten,
stoßen herab.
Wildenten. Der Nebel
birgt sie noch.
Sanft hebt
sich der Tag
am Achterwasser.

Usedom

Wälder,
Wiesen,
Wellen, die
ans Ufer streben.
Linien im Sand
zeichnen Grüße
von Dir.
Zum Abschied.
Für mich bleibt
die Erinnerung.
Nur ein Lufthauch
streichelt
meine Wangen.

Miene leiwe Insel

As jung Kierl wull ick in de Welt
un dei Welt wier lütt
för mie
von Kap
bit taum groten Barg
in Sachsen
nu is dat anners
blos ick bün nu ollt
wat nu noch blewen is
miene Heimot
de lütte Insel
dor bliew ick
un wenn miene Enkel
sich dei Welt nu ankieken
hoff ick
sei komen taurück
noh unsre Insel
denn dor
sünd wie doch tau Hus.

CLAUS-PETER LIECKFELD

Vom Vogelparadies

Eine Kornweihe – rötester Rote-Listen-Vogel. Wahrhaftig, eine Kornweihe, die ihr schlankes Flügel-V gegen die Sonne stellt im wiegenden Mäusesuchflug. Immer dreißig Zentimeter über der Grasnarbe. Und eine reife Herbstsonne dippt hinter der Erscheinung ins Usedomer Achterwasser …

Bernd Schirmeister, Biologielehrer im Usedomer Seebad Ahlbeck, Ornithologe von Ruf und Naturschützer aus Passion, läßt das Fernglas sinken und ist eine Weile stumm vor Glück. Eine Kornweihe ist eben nicht nur ein Greifvogel wie Habicht oder Milan. Eine Kornweihe ist eine Offenbarung. Ein Gruß aus einer Welt, die es eigentlich in Deutschland mit seinen saubergefegten Landschaften nicht mehr gibt. Gegen *Circus cyaneus* verblassen all die anderen Mecklenburger Raritäten, ist ein Seeadler – fünf Paare brüten wohlbehütet auf Usedom – nur ein zu groß geratener Bussard, ein Kranich, na ja, so etwas wie ein kräftiger Graureiher mit zuviel Schwanzgefieder, und sogar ein Schwarzstorch scheint nicht mehr zu sein als ein zu dunkler Adebar.

Soviel Lyrik zum Einstieg verlangt nach etwas ordnender Geographie, zumindest aber nach der Frage: Was macht die Ostsee-Region zum Vogel-Wunderland? An diesem Küstenstreifen treffen zweimal im Jahr Tausende von gefiederten Weltreisenden aufeinander. Von Norden her kommt vom Hochsommer an der Vogelzug aus Schweden, Finnland und Norwegen, von Osten her fädeln sich die Weltflieger aus der Tundra und Taiga ein. Die Ostsee-Route ist für die Zugvögel auf ihrer jährlichen Flucht vor der Kälte und auf dem Weg zurück zu den Brutplätzen konkurrenzlos gut und richtig. Zum einen ist die Küste selbst ein unübersehbarer Wegweiser. Zum anderen hält sie ideale »Tankstellen« bereit. Buchten, Bodden, Haffs und Usedomer Achterwasser bieten den Fernreisenden aus Skandinavien und Sibirien alles, was sie brauchen: Nahrung, Schutz und relative Abgeschiedenheit.

Das Spektakel beginnt Ende Juli, wenn die Watvögel (zum Beispiel Säbelschnäbler, Alpenstrandläufer, Gold-, Sand- und Flußregenpfeifer) die Ostseeküste westwärts in die Nordseewatten ziehen. Anfang August schwirren die Sicheln von unzähligen Seeschwalben über den Inseln. Vierzehn Tage darauf wuselt es von Krick-, Löffel-, Pfeif- und Spießenten. Später dümpelt auf der kabbeligen See ein lockerer Flottillenverband von Eider-, Samt-, Trauer- und Eisenten. Bis weit in den November hinein reiten Lach-, Silber-, Mantel- und Zwergmöwen auf dem Wind, der das Achterwasser, oft getüpfelt von Gruppen von Singschwänen, gegen die sandigen Ufer drückt.

Singvögel wirken da fast verschwenderisch in den Himmel gestreut: Zehntausend ziehende Feldlerchen pro Tag kann man auf Usedom beobachten, von günstigem Standort aus, am richtigen Tag zur rechten Stunde. 30 000 Buchfinken: Trupps, die sich wie große Amöben über den Himmel bauschen. Wolken von Wiesenpiepern. Reisegruppen von Staren. Seit ein paar Jahren übrigens nicht nur auf dem Weg in mediterrane Gegenden, sondern auch nach Südengland.

Sie alle machen Hiddensee, Rügen, Usedom, den Darß, ja den ganzen Küstenstreifen der Ostsee zu einem wahren Vogelparadies. Die Saisongäste prägen das Land, entzücken Fernglas-Touristen – und einige von ihnen sorgen, einfach weil sie so viele sind, für Probleme, die wir in Mitteleuropa gar nicht mehr so recht gewohnt sind.

Von Bauern und Gänsen

Als die hiesige Fernseh-Wetterkarte noch wenig mit atlantischen Hochs zu tun hatte und streng ostlastig war, konnte Bernd Schirmeister die Ankunft der Gänse exakt vorhersagen: »Wenn auf der Weißmeer-Halbinsel Kola die Temperaturen unter zwei Grad minus sanken, wußte ich, in drei Tage sind die ersten Trupps da.« Bläß-,

Saat- und Graugänse rasten auf den Inseln und im küstennahen Festland dann vier bis sechs Wochen lang, praktisch den ganzen Herbst über bis zum ersten harten Frost, bevor sie in den milderen Südwesten weiterfliegen. Nicht alle Usedomer sind begeistert, wenn sich der Himmel im Oktober verfinstert und die Luft erfüllt ist vom Flügelpfeifen und den hinaustrompeteten Flugkommandos der Leittiere. Bis zu 30 000 Gänse bevölkern die 373 Quadratkilometer (deutscher Teil) große Insel an manchen Tagen, was nicht so dramatisch wäre, würden sie sich nicht auf relativ kleinem Raum, im fruchtbaren Süden der Insel, zwischen Zecherin und der polnischen Grenze, vereinen – eine Art Daunenmantel, der die Raps- und Wintergetreide-Schläge überzieht.

Sie waren schon immer da im Herbst, Flurnamen wie Gänsemoor belegen das. Aber, so meinen Landwirte wie Vogelfreunde, es sind in den letzten 30 Jahren mehr geworden. Sechstausend zählte der Landwirt Hans-Rudolf Littmann einmal zwischen vier Leitungsmasten, eine Gänse-Armada, die ernährt sein will. Im Frühjahr, auf der Rückreise in die russische Tundra, räumen die Tiere großflächig die Rapskulturen ab, die ihnen hervorragend bekommen, seit man die Bitterstoffe weggezüchtet hat. »Reh-, Rot-, Dam- und Schwarzwild verursachen nicht annähernd solchen Schaden«, weiß der Usedomer Forstamtsleiter Norbert Sündermann zu berichten.

Schäden, die wirklich schwer ins Gewicht fallen, entstehen im Herbst. Da Mais und Zuckerrüben meist erst spät geerntet werden, ist das Wintergetreide noch zartwurzlig, wenn die abertausend Schnäbel darübergehen. Es wird also nicht nur beweidet – was erträglich wäre –, sondern ausgezupft. Was tun? Verscheuchen mit Böllerschüssen und Geschrei ist ein müßiges Spiel, die Federwolke erhebt sich, stiebt ein paar hundert Meter davon und senkt sich erneut herab. Viele Starts und Landungen zehren überdies Energie; die Vögel werden nur um so hungriger. Auch die Jagd bringt bei rund 500 Abschüssen zwischen Peenemünde und der Insel Usedom nur wenig mehr als Unruhe … und diese und jene Bio-Gans unterm Weihnachtsbaum. Also die jährliche Gänse-Invasion aus dem Nordosten zähneknirschend ertragen? Arno Koop, ehemaliger Geschäftsführer der Agrar-GmbH Usedom, hat einen Vorschlag: »Wenn wir die Felder im Winter brachlassen und einfach nur Sommergetreide anbauen, hätten wir 25 Prozent Ertragsverlust, und den muß man uns ersetzen. Die Gänse finden dann immer noch reichlich Futter: Ernterückstände, liegengebliebene Rüben und Maiskolben ...«

Vogelfreund Schirmeister kann da nur begeistert zustimmen, wie überhaupt Landwirtschaft und Vogelschutz sich auf dieser Insel weniger reiben als andernorts. Es klingt glaubwürdig, wenn Alt-LPGler und agrarische »Neueinrichter« unisono feststellen: »Gänse gehören hierher!«

Von Fischern und Kormoranen

Ums Bleiberecht geht es auch bei einem anderen Wasserfreund: beim Kormoran. Seit er in Skandinavien geschützt wird, hat der elegante schwarze Vogel auch in Deutschland Aufwind unter den Schwingen.

Es gibt wieder Brutgebiete an der südlichen Ostseeküste. Eines davon hielt sich selbst in den Zeiten, in denen die Kormorane verfolgt wurden. Am Peenemünder Haken, ein wenig nördlich des ehemaligen Versuchsgeländes, bescherten zuerst die Raketenbauer, dann die Nationale Volksarmee mit Absperrungen und Stacheldrahtverhauen den Vögeln einen fast menschenleeren Siedlungsraum. Die Watten, seit 1936 praktisch unzugänglich, bieten unzähligen Gründelenten und Limikolen (Uferschnepfen, Regenpfeifer, Grünschenkel) ein Futterparadies. Hier brüten vor allem aber auch rund 2200 schwarze Kormorane.

Für viele Ostseefischer sind sie eine unerträgliche Provokation. Daß sie dort brüten, daß sie sich in aufreizender Lässigkeit zum Trocknen in den Wind hängen wie zerfledderte Piratenfahnen, daß sie mit ihrem Kot die Nistbäume zu Tode beizen – all das wird noch hingenommen. Schlimmer scheint, daß sie als Unterwasserjäger mit Hakenschnabel und höchst effizienter Technik Fische fangen. Damit gelten sie schlichtweg als Beutekonkurrenten des Menschen.

Der Augenschein spricht gegen sie. Liegen nicht vorzugsweise dicke Aale unter ihren Nistbäumen und fast nie wertlose Kleinfische? Es nützt wenig, wenn Experten ein ums andere Mal diesen Beweis zerpflücken: Die Jungkormorane, sagen sie, würgten die vielen kleinen, für den Menschen ungenießbaren Weißfische, die die Eltern ihnen bringen, rückstandslos runter, ein kampfstarker Aal aber könne sich schon mal über den Rand des Nestes winden und entwischen. Es überzeugt auch nicht wirklich, wenn der Naturschutzbund beschwörend die Hände hebt: »Der Schutz des Kormorans durch die Berner Konvention und die EU-Vogelschutzrichtlinie ist durchaus gerechtfertigt. Keine einzige Fischart ist durch diesen Vogel, der mit 9500 Paaren in Deutschland noch immer zu den seltenen Brutvögeln zählt, gefährdet.« Die Fischer haben ihren Feind ausgemacht. Sie fordern Abschußgenehmigung für den geschützten Kormoran.

Ein anderer Reibungspunkt zwischen Vogelfreunden und Küstenfischern wird vielleicht in einigen Jahren verschwinden. 5029 Tauchervögel (registrierte – die tatsächliche Zahl liegt vermutlich wesentlich höher) fingen sich zwischen 1989 und 1993 in den Stellnetzen. Die Ornithologen weisen darauf hin, daß darunter viele seltene Vögel wie Sterntaucher, Gänsesäger und Trottellummen waren. Die Fischer klagen, daß ihnen die Vögel im Todeskampf die Netze zerreißen. Wahr ist indessen, daß Tordalk, Tafelente, Prachttaucher, Zwergsäger und Ohrentaucher im trüben Wasser die Netze zu spät erkennen. Die Sicht wird wohl klarer werden, wenn die polnische Küstenstadt Swinemünde demnächst für ihre 50 000 Einwohner mit deutscher Finanzhilfe eine funktionierende Großkläranlage in Betrieb nimmt. Es ist ein Unterfangen, das Naturschützer und Tourismus-Unternehmen, die Hoffnungsträger in Dörfern mit achtzig Prozent Arbeitslosigkeit, gleichermaßen ersehnen. Schließlich wird es auch die Wasserqualität vor den weißen Stränden verbessern.

Usedom und die Odermündung wurden gerade zur Landschaft des Jahres erklärt wegen eines Reichtums, der dem viel reicheren Westen schon lange abhanden gekommen ist: Seeadler, Fischotter, Sumpfohreulen, Beutel- und Bartmeise, Rohrdommeln. Und die

Flußseeschwalben nicht zu vergessen! Für sie halten Usedoms Naturschützer zwei winzige Brutschutzinseln bei Neppermin im südlichen Achterwasser menschen- und brennesselfrei.

Der Lohn wird in weicher Währung ausgezahlt: Vogeleier, Daunen und Federn im Wind. Einen Spätsommer und einen Herbst lang sind die Freilichtbühnen umschwärmt. Und im Oktober dann ein furioses Finale: Kraniche! Aber von denen erzählt man besser nach einem Ortswechsel, 120 Kilometer nordwestlich in den Nationalpark Vorpommersche Boddenlandschaft/Westliches Rügen.

Seeadler leben in den ungestörten Winkeln Usedoms

CHRISTOF ERBEN

Die Kirche zu Koserow

Alt sind die Steine –
vielfältig die Freuden, Lasten und Sorgen,
von denen sie erzählen.
Heimat und Ermutigung
fanden in diesen Mauern
Menschen zu allen Zeiten
– arme und reiche,
schwache und starke,
stille und laute,
fragende und suchende –
sie alle fanden zusammen
zu der Gemeinde,
die auch unsere Zeit überdauert.

Kirche in Koserow

IRIS MARX

Begegnung

Ich saß ihm gegenüber –
eine zufällige Begegnung
ich sah ihn mir an
und ich spürte die Regung –
näher auf ihn einzugehn
seine Ausstrahlung war irgendwie anziehend – schön
die Haut war braun und vom Wind gegerbt
Bartstoppeln und Haare von Sonne verfärbt
das Hemd alt – die Arme voll Kraft
mit beiden sicher schon vieles geschafft
Ich schau auf die Hände – voll Schwielen und sehnig
viel schon berührt – scheint's – auch Schweres nicht wenig
Ich kann nicht umhin
ihm in die Augen zu seh'n
Sie blicken fernschweifend, strahlend und schön
Der Geruch von ihm nach Grog, Salz und Teer
Es hat ihn ganz – den Fischer – das Meer.

NELLA INSULANDER

Pommerscher Sommer

In allen Zellen regt sich das Leben
liebliche Sommerzeit bricht heran
die Natur vollendet ihr Streben
daß mein Herz freudenvoll jauchzen kann

Es faßt mich der blaue Meeresrand
und fängt meine glücklichen Träume ein
an den Füßen kitzelt der feine Sand
Strandkörbe warten im Sonnenschein

Ich finde zwischen Gräsern versteckt
seltsame blühende Orchideen
flinke Schwalben haben wieder geheckt
am Gesims sind die Nester zu sehen

Ginster an sandigen Säumen prangt
pralle Eichen schauen wie Riesen
wilder Wein strebsam zum Strohdach rankt
Störche waten auf saftigen Wiesen

Korn wiegt sich reifend im Sommerwind
mohnblumenrot leuchtet auf Feldern
längs Straßen säuseln Baumkronen lind
Kuckucksrufe schallen aus Wäldern

Dörfer liegen einander verwandt
mit verbummelten Backsteingiebeln
Schafherden ziehen über das Land
junge Mädchen und Burschen gern liebeln

Ein gesunder Geist lebt überall
bei den Menschen, Pflanzen und Tieren
vielleicht kommt deshalb keiner zu Fall
und läßt nicht Tod noch Teufel regieren

Am blauen Meer blühst du, Pommernland
wirst immer und ewig dort bleiben
wer jemals Heimatliebe empfand
will sie ganz gewiß dir verschreiben.

Sommer auf Usedom

WILHELM KUTZ

Winterlicher Strand

Flüchtiger Sonnenblick –
kurz sind die Tage.
Erloschener Muscheltraum
ist voller Klage.
Gefrorner Sand und Tang
streifen den Fuß.
Weit sind nun Lied und Klang –
des Sommers Gruß.

Schwanenflug weckt meinen
hörenden Sinn.
Gleißendweiße Vögel
am stahlblauen Himmel,
wie wattige Schneebälle
sicher vorwärtsstrebend
zum fernen Ziel.
Guter Wunsch begleitet sie.
Unsicher ist das Leben
in gefährdeter Welt.

CLAUS SCHÖNERT

Winter zieht ins Küstenland

Verschwunden sind die Sommergäste,
Kutter liegen hoch am Strand.
Der Wind zerstreut Verpackungsreste,
Winter zieht ins Küstenland.

Der Schnee verhüllt die rauhen Klippen
und Dünengras und Sanddornstrauch.
Die illegalen Abfallkippen,
die bedeckt verschämt er auch.

Am Horizont ein kalter Schein.
Die See dröhnt orgelgleich nach Noten.
Der Gastwirt nimmt das Schild herein:
»Für Hund und Heimische verboten!«

Nordost bläst kalt durch Mark und Bein.
Und wo sonst tausend Menschen sind,
gehört der Strand nun ganz allein
den Möwen und dem Winterwind.

GÜNTER RADDATZ

Heimat

Das schönste an der Heimat ist
geboren dort zu sein
das schönste an der meinen ist
der Möwen Flug und Schrei'n

Das schönste an der meinen ist
die Luft so klar, so rein
es wird für mich mein Eiland stets
die schönste Heimat sein

Buchten und Inseln am Achterwasser

Zu den Autoren

WILLIBALD ALEXIS (1798–1871). (Eigtl. Georg Wilhelm Heinrich Häring). Alexis war Begründer des realistischen historischen Romans in der deutschen Literatur; tätig auch als Publizist, Lustspieldichter, Übersetzer. Als freiwilliger Jäger nahm er an den Befreiungskriegen teil. Ab 1817 studierte er Jura in Berlin und Breslau, dann freischaffender Schriftsteller, besaß als einer der ersten Badegäste ein Haus in Heringsdorf. »Die Hosen des Herrn von Bredow«, ein Roman in zwei Bänden, 1846 geschrieben, gehört zu seinen bekanntesten Werken und trug zu einem kritischen deutschen Geschichtsbild bei.

ERNST MORITZ ARNDT (1769–1860). Geboren in Schoritz auf Rügen. Nach dem Besuch des Gymnasiums in Greifswald studierte er 1791–1794 dort und in Jena Theologie und Geschichte. 1796 ging er als Hauslehrer nach Altenkirchen, 1805 wurde er in Greifswald Professor für Geschichte und Philosophie. 1806 bis 1809 lebte er als politischer Flüchtling vor Napoleons Truppen in Stockholm. Arndt, der sich auch in Schweden durch seine politische Aktivität gegen Napoleon exponiert hatte, kehrte illegal in seine pommersche Heimat zurück, um unterzutauchen. Er beschreibt diese abenteuerliche Heimkehr in seinen »Erinnerungen aus dem äußeren Leben«. 1818 erhielt er in Bonn eine Professur. Arndt war ein streitbarer Schriftsteller und politischer Publizist sowie Lyriker, ein patriotischer Dichter von antifeudaler Gesinnung und zugleich nationalistischem Eiferertum. Gegen die napoleonische Fremdherrschaft schrieb er kraftvolle volkstümliche Lieder. Er geißelte Untertanengeist, unpolitische Haltung und antinationale Gesinnung.

KARL BAEDEKER (1801–1859). Sohn eines Buchhändlers und Buchdruckers. 1827 gründete er selbst eine Buchhandlung mit Verlag in Koblenz. Er gab eine Anzahl von Reisehandbüchern heraus, die in der Reihe des bis heute existierenden »Baedekers« bekannt wurden.

RICHARD BARTZ (1880–1955). Besuchte das Lehrerseminar in Pyritz, war dann von 1903–1945 Lehrer in verschiedenen Orten. Er schrieb Gedichte und journalistische Arbeiten.

JOHANNES R. BECHER (1891–1958). Der Lyriker, Erzähler und Dramatiker wurde in München als Sohn eines Oberlandesgerichtspräsidenten geboren. Studierte

Medizin und Philosophie in Berlin, München und Jena. Nach Mitarbeit an verschiedenen Zeitschriften wurde er 1928 Vorsitzender des Bundes proletarisch-revolutionärer Schriftsteller. 1933 emigrierte Becher, dem 1934 die deutsche Staatsbürgerschaft aberkannt wurde, über Österreich, die Schweiz, Tschechoslowakei und Frankreich in die UdSSR, war dort Chefredakteur einer antifaschistischen Literaturzeitschrift in Moskau. Kehrte 1945 nach Berlin zurück, war Mitbegründer des Berliner Aufbau-Verlages und wurde 1954 erster Kulturminister der DDR. Er schrieb den Text der Nationalhymne der DDR, die von Hanns Eisler vertont wurde.

GEORG BERLING (1816–1873). Wurde in Altenkirchen auf Rügen geboren; starb in Anklam. Als Sohn eines Bauern besuchte er in Greifswald das Gymnasium, studierte von 1837–1843 dort und in Jena Medizin. Ließ sich in Anklam als Arzt nieder.

JOHANN BERNOULLI (1744–1807). Die Familie Bernoulli war eine berühmte Mathematikerfamilie in der Schweiz; Johann Bernoulli, in Basel geboren, ein sogenanntes »Wunderkind«. Mit 14 Jahren wurde er Magister. Nach einer juristischen Doktorarbeit 1763 berief ihn Friedrich II. nach Berlin, wo der Neunzehnjährige feierlich in die Mathematische Klasse der Berliner Akademie aufgenommen wurde. Seit 1767 leitete er in Berlin die Sternwarte. Johann Bernoulli hinterließ neben mathematischen und astronomischen Werken auch Reisebeschreibungen. Auf seiner Reise nach Danzig kam er 1777 auch durch Pommern.

DIETZ BUCHHIERL. Geboren 1928 in Berlin. War als Buchhändler tätig, später Werbeleiter im Verlag. Von 1931–1935 verlebte er als Kind seine Ferien auf Usedom.

ALBERT BURKHARDT. Geboren 1927 in Berlin. Erzähler, Herausgeber und Übersetzer. Gab 1957 »Sagen und Märchen der Insel Rügen« heraus; 1965 erschienen seine »Sagen und Märchen vom Ostseestrand«; 1975 »Auf Fontanes Spuren«; 1983 »Mitten in Mecklenburg«. Lebt in Berlin-Köpenick.

GUDRUN BUSCH. Geboren 1936. Staatsexamen als Pianistin, Ausbildung als Schauspielerin und Engagements an verschiedenen Theatern der DDR, freiberufliche Tätigkeit als Kabarettistin und Autorin. Lebt in Stralsund.

EDUARD DULLER (1809–1853). Geboren in Wien, studierte dort Philosophie und Rechtswissenschaft, zog 1830 nach München, später nach Darmstadt, das er 1848/49 wegen seines Engagements an der politischen Bewegung verließ; lebte aber später dort als Prediger.

CHRISTOF ERBEN. Geboren 1933 in Königsberg. Pfarrer an der evangelischen Kirche in Koserow auf Usedom.

THEODOR FONTANE (1819–1898). Geboren als Sohn eines Apothekers in Neuruppin, verlebte er die Kinderjahre in Swinemünde, wohin 1827 seine Eltern gezogen waren. Besuchte 1832 das Neuruppiner Gymnasium, danach die Gewerbeschule in Berlin und war ab 1836 als Apothekerlehrling in Berlin, Dresden und Leipzig tätig. Seit 1850 lebte er in Berlin als freier Schriftsteller. Fontane war der bedeutendste deutsche kritisch-realistische Romancier des 19. Jhrh.; auch Erzähler, Lyriker, Balladendichter, Theaterkritiker und Journalist. Sein Werk umfaßt über 20 Romane und Erzählungen.

FRIEDRICH II., DER GROSSE (1712–1786). Wurde von seinem Vater, Friedrich Wilhelm I., sehr streng erzogen. 1740 wurde er König von Preußen und machte Preußen zur Großmacht. Er führte umfassende Reformen in der Wirtschaft, Landwirtschaft, im Heer, Rechtswesen und in der Verwaltung durch. Die Politischen Testamente sind 1752 und 1768 entstanden und wurden erst nach dem ersten Weltkrieg im Jahre 1920 im französischen Text vollständig publiziert, die deutsche Ausgabe erschien 1922. Sie beinhalten sein politisches Vermächtnis. In dem Kapitel »Innere Politik« faßt Friedrich seine Gedanken über die verschiedenen Provinzen und ihre Bewohner, über die Stände, die Geistlichen, die Religion zusammen. Das zweite Testament von 1768 entstand nach den Fehleinschätzungen und den bitteren militärischen und politischen Lehren des Siebenjährigen Krieges.

HEINRICH LUDWIG THEODOR GIESEBRECHT (1792–1873). Geboren in Mirow, trat Giesebrecht 1813 ins Mecklenburger Husarenregiment ein. Von 1816–1866 lebte er als Lehrer in Schwerin.

MAXIM GORKI (1868–1936). (Eigtl. Alexej Maximowitsch Peschkow). 1892 Beginn der schriftstellerischen Tätigkeit. Er schrieb revolutionär-romantische Erzählungen, Märchen, Lieder mit allegorischen Gestalten (Der Sturmvogel, 1903). Seine Romane spielen in den Kreisen des russischen Kleinbürgertums. Das Drama »Nachtasyl« entstand 1903. Es zeigte das Schicksal von der Gesellschaft ausgestoßener Menschen und zugleich ihr Sehnen nach einem glücklichen Leben. In seinen Schauspielen entlarvte er die Ideologie des Kleinbürgertums verschiedener Generationen und zeigte die russische Intelligenz, die sich vom Volk gelöst hat. Von 1921–1928 lebte Gorki im Ausland, um seine Gesundheit zu festigen. Sein bedeutendster Roman ist »Die Mutter«.

KLAUS GRANZOW (1937–1986). Hamburger Schauspieler und Autor. Der Bauernsohn stammt aus Pommern und kam 1948 nach Hamburg. Er hatte mehrere Engagements an norddeutschen Bühnen, zuletzt war er am Ohnsorg Theater in Hamburg engagiert. Er machte mit Funkerzählungen und Hörspielen, sowie Sachbüchern auf sich aufmerksam.

HANS HOFFMANN (1848–1909). Lebte von 1877–1879 als Gymnasiallehrer in Berlin, dort ab 1882 als freier Schriftsteller. 1884–1886 war er als Redakteur tägig. 1909 wurde er zum Generalsekretär der Deutschen Schillergesellschaft in Weimar berufen.

MORITZ HOLFELDER. Lebt in Oberbayern am Ammersee, verbringt seinen Urlaub meist in Norddeutschland und arbeitet als freier Kulturredakteur beim Bayerischen Rundfunk.

NELLA INSULANDER. Geboren 1932 in Ramin bei Stettin. Journalistin in Halmstad, Schweden.

THOMAS KANTZOW (1505–1542). Der Geschichtsschreiber wurde in Stralsund geboren. Nach dem Studium ab 1528 Sekretarius der herzoglich-wolgastschen Staatskanzlei. Er erhielt verschiedene Vikarien an Kirchen. Mit seiner »Pommerschen Chronik« (Pomerania) um 1540 machte er sich einen Namen.

ALFRED KERR (1867–1948). (Eigtl. Kempner). Einflußreicher Theaterkritiker und Essayist, brillanter Stilist, der in der Kritik eine gleichberechtigte vierte Kunstgattung (neben Lyrik, Drama, Epik) sah. Schrieb auch Gedichte und Reisebücher. Sohn einer wohlhabenden jüdischen Familie, studierte in Breslau und Berlin. Galt in den zwanziger Jahren als Repräsentant des Berliner Theaterlebens (1900–1919 Theaterkritiker am Berliner Tageblatt). 1933 wurden Kerrs Bücher verbrannt, er emigrierte über die Schweiz nach Frankreich und England; starb in Hamburg.

E. KRON ist eine Dame aus der Schweiz, die 1872 ihre Freundin in Carlsburg (Neu-Vor-Pommern) auf dem Besitztum des Grafen von Bismarck-Bohlen besucht und von dort aus eine Fahrt nach der Insel Usedom unternimmt. Ihre Erlebnisse erschienen 1873 als »Reisebilder aus dem deutschen Norden« in Basel.

WILHELM KUTZ. Geboren 1932 in Greifswald. Diakon in der Kirche zu Wolgast, lebt in Kröslin bei Wolgast.

HEINRICH LAUBE (1806–1884). Laube war Publizist, Dramatiker, Romanschriftsteller, Novellist und Theaterdirektor. Sohn eines Maurermeisters, studierte 1826–1830 in Halle und Breslau Theologie und Literatur. Burschenschafter. Zunächst als Hauslehrer tätig, arbeitete er vorwiegend journalistisch in Leipzig. Wegen Veröffentlichung oppositioneller Schriften wurden seine Arbeiten wie die anderer Jungdeutscher verboten, und er mußte eine Festungsstrafe auf Schloß Muskau verbüßen. Von 1849–1867 war Laube Direktor des Wiener Burgtheaters. 1837 erschien der erste Band der »Neuen Reisenovellen« im Verlag Heinrich Hoff zu Mannheim.

GEORG LENTZ. Geboren 1928 in Blankenhagen bei Rostock. Arbeitet als Journalist und Schriftsteller. Er lebt in Zernikow in der Mark Brandenburg und in Frankreich.

BERNFRIED LICHTNAU. Geboren 1943 in Schwetz/Weichsel. Schulbesuch in Görlitz. Von 1962–1966 Lehrerstudium Kunsterziehung und Geschichte. Ab 1970 Universität Greifswald. 1992 Professur für Kunst- und Architekturgeschichte.

CLAUS-PETER LIECKFELD. Geboren 1948. Freier Journalist. Er kommt von der Küste und lebt heute in Windach, Bayern. Lieckfeld selbst bezeichnet sich als »Küstenvertriebenen«, den die »Sehnsucht nach der See« nie verlassen hat.

INGEBORG LOHFINK. Geboren 1931 in Greifswald. Schriftstellerin und Publizistin. Schrieb historische Feuilletons, autobiographische Erzählungen, Märchen, Hörspiele, Tiergeschichten, vorwiegend aus ihrer pommerschen Heimat.

IRIS MARX. Geboren 1963 in Heringsdorf. Krankenschwester in Benz auf Usedom.

WILHELM MEINHOLD (1797–1851). Er wurde in Netzelkow auf Usedom geboren. Nach dem Studium der Theologie, Philologie und Philosophie in Greifswald seit 1815 in Ückermünde als Hauslehrer tätig. Ab 1820 Rektor in Usedom, danach übernahm er eine Pfarrstelle in Crummin, die er 1850 niederlegte. Sein Hauptwerk ist sein 1834 erschienenes Buch »Die Bernsteinhexe Maria Schweidler. Der interessanteste aller bekannten Hexenprozesse«.

BRIGITTE METZ. Geboren 1933. Studierte von 1952–1957 Theologie in Greifswald, war bis 1997 als Pastorin in Usedom tätig. Veröffentlichte Arbeiten über Pommersche Kirchengeschichte und über die Geschichte der Insel Usedom.

JOHANNES MICRAELIUS (1597–1658). Geboren in Köslin, schloß sein Studium 1621 mit dem Magister in Greifswald ab; danach wurde er Reisebegleiter. Ab 1641 als Rektor des Pädagogiums in Stettin tätig. 1640 sind seine »Sechs Bücher vom alten Pommernlande« entstanden.

OTTO NIEMEYER-HOLSTEIN (1896–1984). Geboren in Kiel, gestaltete er als Maler und Graphiker Motive seiner norddeutschen Heimat. Seit 1926 lebte er in Berlin und beteiligte sich an verschiedenen Ausstellungen. Zunächst nur Sommeraufenthalte auf der Insel Usedom, in Kölpinsee und Neuendorf. Die Landschaft an der Küste wird zum Hauptthema seiner Kunst. 1933 Kauf von Brachland am Achterwasser zwischen Koserow und Zempin, das den Namen Lüttenort bekommt. Nach 1945 Teilnahme an den Deutschen Kunstausstellungen in Dresden sowie in Norddeutschland. Einzelausstellungen im In- und Ausland. Porträtmaler bedeutender Persönlichkeiten. Er starb mit 88 Jahren in Lüttenort und wurde auf dem Friedhof in Benz auf Usedom beigesetzt.

EMIL PALLESKE (1823–1880). Nach dem Besuch des Gymnasiums in Stettin studierte er in Berlin Philologie und absolvierte eine Ausbildung zum Schauspieler. 1845 ging er ins Engagement nach Posen und Stettin, 1851 nach Berlin.

KLAUS PETERS (1931–1996). In Swinemünde geboren, ging er in Greifswald auf die Arbeiter- und Bauern-Fakultät (ABF). Schrieb Heimatberichte aus Vergangenheit und Gegenwart, Skizzen, Biographien, Feuilletons und Gedichte. Peters lebte zuletzt in Wolgast. 1995 erschien sein Buch »Aus Urgroßvaterszeiten«, in dem er großen Söhnen seiner pommerschen Heimat, für die nur noch wenige Zeugen zu finden sind, ein Denkmal setzt.

GUSTAV ADOLF REINHARD POMPE (1831–1889). Studierte 1849–1854 in Halle Philologie und Theologie. Anschließend war er Gymnasiallehrer in Stettin und lebte von 1872–1883 als Superintendent in Demmin.

GÜNTER RADDATZ. Geboren 1960 in Wolgast. Eisenbahner in Zinnowitz auf Usedom.

HANS WERNER RICHTER (1908–1993). Romanschriftsteller und Publizist. Geboren in Bansin. War Buchhändler in Swinemünde und lebte ab 1927 in Berlin. Verließ 1933 Deutschland, kehrte aber 1934 nach Berlin zurück und war in verschiedenen Berufen tätig. Nach Krieg und Gefangenschaft freischaffender Schriftsteller. Er zählte zu den Initiatoren der »Gruppe 47«. Lebte in Hamburg, und München. 1953 erschien sein autobiographischer Roman »Spuren im Sand«.

JOACHIM RINGELNATZ (1883–1934). (Eigtl. Hans Bötticher).Lyriker, Kabarettdichter, Schriftsteller und Maler. Ging als Schiffsjunge zur See und war vier Jahre Matrose auf Segel- und Dampfschiffen, durchfuhr die Ostsee und Nordsee und den Ozean bis Westindien. War in ungefähr 30 Berufen tätig. Seine Satire richtet sich gegen bürgerliche Umgangsformen und kleinbürgerlichen Lebensstil. Schrieb Verse von skurriler, heiter-wehmütiger Lebensbetrachtung. 1923 erschien seine Sammlung von Seemannsgedichten »Kuddel Daddeldu«.

FRIEDRICH RÜCKERT (1788–1866). Spätromantischer Dichter; verdienstvoll als Übersetzer und Nachdichter. Er studierte Jura und Philologie in Würzburg, wurde 1811 Privatdozent in Jena. 1815 zog er nach Stuttgart, 1819 nach Coburg. 1841–1848 Professor in Berlin. Einen unmittelbaren Zeitbezug zeigen seine patriotischen Sonette. Viele seiner Lieder haben die Zeit überdauert und wurden von Schubert, Brahms, Reger und Mahler vertont.

PHILIPP OTTO RUNGE (1777–1810). Neben Caspar David Friedrich der bedeutendste Maler der deutschen Frühromantik. Er wurde in Wolgast geboren und nahm mit 10 Jahren Zeichenunterricht bei einem dortigen Maler. Seit 1789 besuchte er die Wolgaster Stadtschule und erhielt Unterricht bei dem Dichter Gotthard Ludwig Theobul Kosegarten. Seit 1795 Kaufmannslehre im Geschäft des Bruders Daniel in Hamburg. 1799–1801 Besuch der Kunstakademie in Kopenhagen, 1801–1804 in Dresden, danach in Hamburg ansässig. Während der Kriegswirren 1806 einjähriger Aufenthalt mit der Familie bei den Eltern in Wolgast, in demselben Jahr besuchte er die Inseln Rügen und Usedom.

CHRISTIAN FRIEDRICH SCHERENBERG (1798–1881). Verließ 1817 heimlich das Elternhaus und lebte in Berlin; schloß sich später einer Schauspielertruppe an. Seit 1837 Bibliothekar in Berlin. Mitglied der literarischen Vereinigung »Tunnel über der Spree«. Gedichte wie »Leuthen« und »Hohenfriedberg« gehören zu seinen bekanntesten Schöpfungen.

CLAUS SCHÖNERT. Geboren 1934 in Dresden. Biologe, Naturschutzbeauftragter in Heringsdorf auf Usedom.

HANS BOGISLAW GRAF VON SCHWERIN (1883–1967). Er verlebte seine Kindheit in Pommern und studierte in Greifswald Jura, danach war er als Referendar in Stettin tätig. Schrieb Gedichte und Aphorismen.

BERNHARD TRITTELVITZ (1878–1969). Wirkte nach dem Studium der Medizin als Sanitätsarzt im Saarland und wurde nach 1945 mit plattdeutschen Erzählungen bekannt.

KURT TUCHOLSKY (1890–1935). Bedeutender Dichter und feinfühliger Poet, politisch-satirischer Schriftsteller und Publizist. Ab 1909 studierte er in Jena Jura, wurde danach Redakteur bei bedeutenden Zeitschriften und freischaffender Schriftsteller. 1924 ging er nach Paris, lebte ab 1929 in Schweden, wo er, nach 1933 aus Deutschland ausgebürgert, 1935 seinem Leben ein Ende setzte. Seine Kritiken, Feuilletons, satirischen Skizzen, Polemiken, Porträts, Gedichte und Chansons erschienen von 1907–1932 in zahlreichen Zeitschriften. Sein Werk markiert einen Höhepunkt literarischer Publizistik in Deutschland. Er war ein brillanter und geistreicher Kritiker des reaktionär preußisch-deutschen Spießbürger- und Beamtentums und des sich entwickelnden deutschen Faschismus.

EHM WELK (1884–1966). Romanschriftsteller, Erzähler, Dramatiker. Als Sohn eines Bauern fuhr er zur See und arbeitete danach als Journalist. Ging 1922 als Decksmann in die USA und nach Südamerika. 1923 Heimkehr nach Deutschland und Arbeit als Schriftsteller und Journalist in Berlin. 1934 kam er ins KZ Oranienburg. Entlassung und Berufsverbot. Von 1945–1949 Lehrer und Direktor an mecklenburgischen Schulen. Seit 1950 lebte er als freischaffender Schriftsteller in Bad Doberan. Sein bekanntestes Werk ist der Roman »Die Heiden von Kummerow«. Seine Arbeiten zeichnen sich durch Humor, feinsinnige Charakterisierung, urwüchsige Volksverbundenheit und humanistische Gesinnung aus.

HERMANN HEINZ WILLE. Geboren 1923 in Chemnitz. Romanschriftsteller und Jugendbuchautor. Verfasser von Landschaftsmonographien und populärwissenschaftlichen Büchern, Gedichten und Kurzgeschichten sowie Heimatbüchern. Er lernte Schlosser, wurde Soldat; nach 1945 Lehrer und Redakteur, seit 1948 freischaffender Schriftsteller.

JOHANN FRIEDRICH ZÖLLNER (1753–1804). Geboren in Neudamm in der Neumark als Sohn eines Königlichen Försters. Ab 1770 Studium der Theologie und Philosophie in Frankfurt (Oder); glühender Verehrer Friedrich II., Prediger an der Berliner Charité und seit 1788 Propst an der Berliner Nikolaikirche. Auf dem Gebiet der Volksbildung wirkte er segensreich und gab von 1782–1804 ein zehnbändiges »Lesebuch für alle Stände« heraus, eine populärwissenschaftliche Enzyklopädie. Als berühmter Reiseschriftsteller war er mit Pferd, Kutsche, Boot und zu Fuß ständig unterwegs.

Quellenverzeichnis

WILLIBALD ALEXIS: Bei einer flüchtigen Tour durch Mecklenburg
Aus: W. A., Herbstreise durch Skandinavien. Band 1, Berlin 1928
»Fridericus Rex
Aus: Unvergängliche deutsche Gedichte. Neuer Kaiser Verlag, Klagenfurt o. J.

ERNST MORITZ ARNDT: Illegale, abenteuerliche Heimkehr 1809 aus Schweden
in meine pommersche Heimat
Aus: Erinnerungen aus dem äußeren Leben, 2. unv. Auflage, Weidmann, Leipzig
1840.
Pommern als Heimat; Warum ruf ich; Ballade; Freiheit
Aus: E. M. A., Ausgewählte Werke in 16 Bänden. Herausgegeben von Heinrich
Meisner und Robert Geerds. Hesse, Leipzig 1908

KARL BAEDEKER: Mit dem Dampfschiff von Stettin nach Swinemünde und Rügen
Aus: Das deutsche Volk in seinen Mundarten, Sitten, Bräuchen und Trachten.
München 1847

RICHARD BARTZ: Vineta
Aus: R. B., Gedichte. Dresden 1901

JOHANNES R. BECHE: Vineta
Aus: J. R. B., Gesammelte Werke, 18 Bände. Band 6: Gedichte 1949–1958.
© 1973 by Aufbau Verlag, Berlin und Weimar

GEORG BERLING: Schlaap, Kindlein, schlaap
Aus: G. B., Lustig un trurig, as't järer hewn will. Gedichte 1860/61

JOHANN BERNOULLI: Ich habe ihre Wohnungen gesehen
Aus: J. B., Reisen durch Brandenburg, Pommern, Preußen, Curland und Poh-
len, in den Jahren 1777 und 1778. Band 1, Fritsch, Leipzig 1779

DIETZ BUCHHIERL: Sommer auf Usedom
Aus: D. B., Sommer auf Usedom.
© 1995 by Frieling und Partner, Berlin

ALBERT BURKHARDT: Sagen und Märchen vom Ostseestrand
Aus: A. B., Vineta. Sagen und Märchen vom Ostseestrand.
© 1960 by Hinstorff Verlag, Rostock

GUDRUN BUSCH: Bekanntschaft
Aus: G. B., Jeder Tag ist ein kleines Leben.
© 1991 by R. G. Fischer Verlag, Frankfurt

EDUARD DULLER: Bräuche der Schiffer und Fischer
Aus: Das deutsche Volk in seinen Mundarten, Sitten, Bräuchen und Trachten.
München 1847

THEODOR FONTANE: Meine Kinderjahre in Swinemünde
Aus: Fontanes Werke in 5 Bänden. Ausgewählt und eingeleitet von Hans-Hein-
rich Reuter. 1. Band: Meine Kinderjahre.
Aufbau Verlag, Berlin und Weimar

FRIEDRICH II.: Die Pommern – gute Soldaten, aber keine Diplomaten
Aus: Die Politischen Testamente von 1752 und 1768. Übersetzt von F. V.
Oppeln–Bronikowski und eingeleitet von G. B. Volz, Berlin 1922

HEINRICH LUDWIG THEODOR GIESEBRECHT: Pommernlied
Aus: H. L.Th. G., Ausgewählte Gedichte. Leipzig 1836

MAXIM GORKI: Sturmvogel. In der Nachdichtung von Bertolt Brecht.
Aus: Gesammelte Werke.
© 1967 by Suhrkamp Verlag, Frankfurt am Main

KLAUS GRANZOW: Pommersche Taufgebräuche
Aus: Typisch Pommern. Heiteres, Besinnliches und auch Wissenswertes über
das Land am Meer.
Weidlich/Flechsig Verlag, Würzburg

MORITZ HOHLFELDER: Der Strandkorb
Aus: M. H., Das Buch vom Strandkorb.
© 1996 by Husum Verlag, Husum

THOMAS KANTZOW: Das Volk ist gutherzig
Aus: Pomerania oder Ursprung, Altheit und Geschichte der Völcker und Lande
Pommern, Caßuben, Wenden, Stetin, Rügen. Herausgegeben von J. G. L. Kose-
garten. Stettin o. J.

ALFRED KERR: Sommer 1897
Aus: A. K., Wo liegt Berlin? Briefe aus der Reichshauptstadt.
© 1997 by Aufbau Verlag, Berlin

E. KRON: Reisebilder aus dem deutschen Norden 1872
Felix Schneider Verlag, Basel 1873.

HEINRICH LAUBE: Meine Fahrt nach Pommern 1836
Aus: H. L., Eine Fahrt nach Pommern und der Insel Rügen. Nach der Ausgabe
von 183 7 neu herausgegeben und mit einem Nachwort versehen von Michael
Huesmann. Edition Temmen, Bremen 1996

GEORG LENTZ: Mein Lieblingsplatz auf der Insel
Aus: G. L., Wo Berlin baden geht (Seiten 98–103).
CLAUS-PETER LIECKFELD: Vom Vogelparadies
Aus: C.-P. L., Die Vögel (Seiten 78–83).
In: MERIAN Deutsche Ostseeküste, Ausgabe 05/47, Mai 1994
© Hoffmann und Campe Verlag, Hamburg

BERNFRIED LICHTNAU: Lyonel Feininger auf Usedom 1908–1912
Aus: B. L., Usedom als Künstlerkolonie.
© 1993 by Verlag Atelier im Bauernhaus, Fischerhude

INGEBORG LOHFINK: So lebendig ist keinem andern die ganze Welt …
Aus: I. L., Mein Pommernbuch.
© 1991 by Hinstorff Verlag, Rostock

WILHELM MEINHOLD: Allgemeine Bemerkungen über die Insel Usedom und
ihre Bewohner; Hochzeitsfeierlichkeiten auf Usedom
Aus: Humoristische Reisebilder von der Insel Usedom. Beschrieben von Wilhelm
Meinhold 1837, neu bearbeitet von Heinz Jüpner.
Vision Verlag, Berlin 1992

BRIGITTE METZ: Kirchen auf Usedom
Baltic Verlagsagentur 1993
© by Brigitte Metz, Usedom

JOHANNES MICRAELIUS: Pommersche Fische und Seehunde
Aus: J. M., Sechs Bücher vom alten Pommernland. Stettin und Leipzig 1723

KLAUS PETERS: Er bewaldete den Streckelberg; Bademeister und auch Rettungs-
mann; Ruhe an der See und im Hotel »Das stille Haus am Meer«
Aus: Aus Urgroßvaters Zeiten. Wolgast 1995.
Gedichte: Wolgast; Philipp Otto Runge; Vineta; Morgens; Miene leiwe Insel;
Usedom

Aus: Reinhard Meyer, Malerisches Usedom. Impressionen von Land und Meer in Bildern und Poesie.
© 1994 by Verlag Dietrich Pfaehler, 97616 Bad Neustadt

GUSTAV ADOLF REINHARD POMPE: Pommernlied
Aus: G. A. R. P., Gesammelte Gedichte, 1889

FR. REICHE: Der Landtag zu Usedom
Aus: F. R., Preußens Vorzeit. Historische Unterhaltungen, Gemälde und Sagen der Vergangenheit. Von Städten, Burgen, Schlössern und Klöstern. Biographien und Züge aus dem Leben der Fürsten, Herren, Ritter und Bürger. 3 Bände, Berlin o. J.

HANS WERNER RICHTER: Betrachtungen über die pommerschen Küstenbewohner und ihre Badegäste; Dat is kein Schwein, dat is jo ein Giraff. Pommersche Gastronomie
Aus: H. W. R., Deutschland, deine Pommern.
© 1991 by Carl Hanser Verlag, München-Wien.
Bruder Martin
Aus: H. W. R., Reisen durch meine Zeit. Lebensgeschichten.
© 1989 by Carl Hanser Verlag, München-Wien.
Bansiner Topographie
Aus: H. W. R., Blinder Alarm. Geschichten aus Bansin.
© 1970 by Nymphenburger Verlag in der F. A. Herbig Verlagsbuchhandlung GmbH, München

JOACHIM RINGELNATZ: Störtebeckerlied
Aus: J. R., Das Gesamtwerk in sieben Bänden.
© 1994 by Diogenes Verlag AG, Zürich

Achim Roscher: Lüttenort. Das »Leben des Malers Otto-Niemeyer-Holstein.
© 1995 by Aufbau Verlag Berlin

FRIEDRICH RÜCKERT: Die Mönche auf Usedom
Aus: F. R., Gesammelte Werke. Erlangen 1834/38

PHILIPP OTTO RUNGE: Es ist erstaunlich schön, ein Künstler zu sein
Aus: Ph. O. R. Briefe und Schriften. Herausgegeben und kommentiert von Peter Betthausen. Henschelverlag Kunst und Gesellschaft, Berlin 1981

CHRISTIAN FRIEDRICH SCHERENBERG: Fischerlied
Aus: C. F. S., Gedichte 1845

Kurt Tucholsky: Saisonbeginn an der Ostsee
Aus: K. T., Gesammelte Werke.
© 1960 by Rowohlt Verlag GmbH, Reinbek

Ehm Welk: Pommernlied
Aus: Land und Meer. Pommersche Dichtung der Gegenwart. Abel Verlag,
Greifswald 1943.
© by Hinstorff Verlag, Rostock.

Hermann Heinz Wille: Badebetrieb und Badesitten vergangener Zeiten; Peenemünde – kein Geheimnis; Die verheerenden Sturmhochwasser
Aus: H. H. W., Usedom. F. A. Brockhaus Verlag, Leipzig 1983.
© 1991 by H. H. Wille, Limbach-Oberfrohna

Johann Friedrich Zöllner: Wir setzten nach Wolgast über
Aus: J. F. Z., Reise durch Pommern nach der Insel Rügen und einem Theile des
Herzogthums Mecklenburg im Jahre 1795. Maurer, Berlin 1797

Der Name Usedom. Eine Sage.
Vineta. Eine Sage.
Emil Pallaske: Wie reizlos ist doch euer Pommernland
Hans Hoffmann: Mein Pommernland
Bernhard Trittelvitz: Mien Pommernland
Hans Bogislaw Graf von Schwerin: Maikäfer, fliege!
Alle Texte aus: Pommersches Hausbuch. Pommern und die Neumark in Sagen
und Geschichten, Erinnerungen und Berichten, Briefen und Gedichten.
Herausgegeben von Diethard Klein und Heike Rosbach.
© 1992 by Husum Verlag, Husum

Dree Dag', dree lustige Dag'; Hal mi den Saalhund
Aus: Alfred Haas, Pommersche Volkslieder. Leipzig 1927

Christof Erben: Die Kirche zu Usedom
Nella Insulander: Pommerscher Sommer
Wilhelm Kutz: Winterlicher Strand
Iris Marx: Begegnung
Günter Raddatz: Heimat
Claus Schönert: Winter zieht ins Küstenland
Alle Texte aus: Reinhard Meyer, Malerisches Usedom. Impressionen von Land
und Meer in Bildern und Poesie.
© 1994 by Verlag Dietrich Pfaehler, 97616 Bad Neustadt

Anzeigen aus Ahlbeck, Bansin, Carlshagen, Heringsdorf, Swinemünde, Zinnowitz aus dem Jahre 1912.
Aus: Führer durch die Badeorte des Verbandes deutscher Ostseebäder, Berlin 1912

Anzeigen aus Ahlbeck, Bansin, Heringsdorf, Koserow, Zinnowitz aus dem Jahre 1925
Aus: Die Ostseebäder der Inseln Usedom-Wollin, Verlag F. Krüger, Leipzig 1925

Von Aal bis Zander ... Köstlichkeiten einer Inselküche
Aus: Anne Voss, Spezialitäten aus Mecklenburg und Vorpommern
© 1996 by Fleischmann und Mair, Innsbruck
Sowie: HELGA RUDOLPH, Schüsselhecht und nackter Barsch
© 1986 by Hinstorff Verlag, Rostock

Bildnachweis

Clemens Kolkwitz 38
Angelika Heim 51, 356
Elke Hänsel 236
Bert Lichtnau 332, 333, 337, 360
Wieland Förster 342
Bernd Lasdin 344, 347
Helmut Soldner 353
Daniel Biskup 393
Johannes Reimer 394
Nationale Forschungs- und Gedenkstätten, Weimar 59
Staatliche Museen, Berlin 69
Ernst Moritz Arndt Gesellschaft 77
Stiftung Pommern, Kiel 127
Cambridge Mass., Busch-Reisinger Museum 232
Archiv Moritz Holfelder 304
Art Color Verlag 122, 410, 415, 424, 426, 431
Vision Verlag 140, 141, 143
Ullstein-Bilderdienst 233, 234

Alle übrigen Abbildungen stammen aus dem Archiv der Herausgeberin.